그림으로 읽는

핵심 성경

What the Bible is All about for Young Explorers

그림으로 읽는 **핵심 성경**

지은이 · 헨리에타 미어즈
엮은이 · 프랜시스 블랭켄베이커
옮긴이 · 강선규
초판 발행 · 2014. 8. 20.
31쇄 발행 · 2026. 1. 20.
등록번호 · 제3-203호
등록된 곳 · 서울특별시 용산구 서빙고로 65길 38
발행처 · 사단법인 두란노서원
영업부 · 2078-3333 FAX 080-749-3705
출판부 · 2078-3331

책 값은 뒤표지에 있습니다.
ISBN 978-89-531-2082-2 03230

편집부에서 독자의 의견을 기다립니다.
tpress@duranno.com http://www.Duranno.com

두란노서원은 바울 사도가 3차 전도여행 때 에베소에서 성령 받은 제자들을 따로 세워 하나님의 말씀으로 양육하던 장소입니다. 사도행전 19장 8-20절의 정신에 따라 첫째 목회자를 돕는 사역과 평신도를 훈련시키는 사역, 둘째 세계선교(TIM)와 문서선교(단행본 · 잡지) 사역, 셋째 예수문화 및 경배와 찬양 사역, 그리고 가정 · 상담 사역 등을 감당하고 있습니다. 1980년 12월 22일에 창립된 두란노서원은 주님 오실 때까지 이 사역들을 계속할 것입니다.

그림으로 읽는

핵심 성경

헨리에타 미어즈 지음
프랜시스 블랭켄베이커 엮음
강선규 옮김

두란노

추천의 글

성경은 아주 깊고도 놀라우며 흥미진진한 책이다. 우리들은 성경을 공부할 때 하나하나의 사건이나 세부적인 이야기에 깊이 빠져서 '큰 그림'을 보지 못할 때가 많다. 이 책은 '큰 그림'을 볼 수 있도록, 즉 성경의 각 조각들이 어떻게 서로 꼭 들어맞는지 볼 수 있도록 도와준다.

우리는 성경 전체를 통해서 하나님이 하나의 계획을 가지고 계심을 보게 될 것이다.

- 이스라엘 민족을 위한 계획
- 인류에게 죄사함과 영생을 주시기 위한 계획
- 우리를 위한 계획

이 책은 성경에 나오는 사건들을 이해하는 데 도움을 준다. 연대표는 그 사건들이 언제 일어났는지, 그리고 여러 가지 사진과 지도는 그 일들이 어디에서 일어났는지를 보여 준다.

성경말씀이 언제 무슨 이유로 쓰였는지를 발견할 때, 그리고 고고학자들이 성지에서 발굴한 증거들을 볼 때 놀라고 흥분하게 될 것이다. 또 여러 가지 사건이 서로 어떻게 연결되고 있는지도 한눈에 볼 수 있을 것이다.

성경의 핵심을 쉽게 파악할 수 있게 돕는 이 책은 성경이 어렵게 느껴지거나 성경을 공부하고 싶은 새신자들에게 최고의 선물이다. 또 청소년들은 그림이 많아 성경을 재미있게 배울 수 있다.

이 책을 개인 성경공부나 가족 예배, 또는 소그룹 성경공부 등 어디에서든 사용할 수 있는 도구로 적극 추천한다.

빌리 그레이엄(Billy Graham) 목사

이 책의 특징

- 성경 66권의 핵심을 총정리하는 성경 공부 안내서다.
- 보기 쉽게 편집된 그림, 사진, 도표, 지도들이 가득하다.
- 성경책의 순서대로 저자, 역사적 시대 배경, 주요 등장 인물, 줄거리 요약, 고고학적 증거들이 담겨 있다.
- 부록으로 성경 낱말 사전이 있어 어려운 단어를 이해하는 데 도움을 준다.

contents

PART 1

성경의 흐름을 잡아라

PART 2

구약의 핵심을 잡아라

PART 3

신구약 중간기의 핵심을 잡아라

PART 4

신약의 핵심을 잡아라

90일 성경읽기표

1주차	창세기/출애굽기	
제 1일	창 1장-11:26	창조
제 2일	창 11:27-25:11	족장
제 3일	창 25:12-36장	족장
제 4일	창 37-50장	족장
제 5일	출 1-11장	광야
제 6일	출 12-24장	광야
2주차	**레위기/민수기**	
제 7일	출 25-40장	광야
제 8일	레 1-10장	광야
제 9일	레 11-16장	광야
제 10일	레 17-27장	광야
제 11일	민 1-10장	광야
제 12일	민 11-20장	광야
3주차	**신명기/여호수아**	
제 13일	민 21-36장	광야
제 14일	신 1-11장	광야
제 15일	신 12-26장	광야
제 16일	신 27-34장	광야
제 17일	수 1-12장	정복
제 18일	수 13-24장	정복
4주차	**사사기/룻기/사무엘상·하**	
제 19일	삿 1장-10:5	사사
제 20일	삿 10:6-21장	사사
제 21일	룻 1장-삼상 7장	사사, 통일
제 22일	삼상 8-15장	통일
제 23일	삼상 16-31장	통일
제 24일	삼하 1-10장	통일

5주차	열왕기상·하	
제 25일	삼하 11-20장	통일
제 26일	삼하 21장-왕상 2장	통일
제 27일	왕상 3-11장	통일
제 28일	왕상 12-22장	분열
제 29일	왕하 1장-8:15	분열
제 30일	왕하 8:16-17장	분열
6주차	**역대상·하**	
제 31일	왕하 18-25장	분열
제 32일	대상 1-10장	통일
제 33일	대상 11-29장	통일
제 34일	대하 1-10장	통일
제 35일	대하 11-24장	분열
제 36일	대하 25-36장	분열
7주차	**에스라/느헤미야/에스더/욥기/시편**	
제 37일	스 1-10장	포로 귀환
제 38일	느 1-13장	포로 귀환
제 39일	에 1-10장, 욥 1-3장	족장, 포로 귀환
제 40일	욥 4-27장	족장
제 41일	욥 28-42장	족장
제 42일	시 1-41편	통일
8주차	**시편/잠언**	
제 43일	시 42-72편	통일
제 44일	시 73-89편	통일
제 45일	시 90-106편	통일
제 46일	시 107-150편	통일
제 47일	잠 1-9장	통일
제 48일	잠 10장-22:16	통일

9주차	전도서/아가/이사야	
제 49일	잠 22:17-31장	통일
제 50일	전 1-12장, 아 1-8장	통일
제 51일	사 1-12장	분열
제 52일	사 13-23장	분열
제 53일	사 24-39장	분열
제 54일	사 40-66장	분열
10주차	예레미야/예레미야애가/에스겔	
제 55일	렘 1-13장	분열
제 56일	렘 14-25장	분열
제 57일	렘 26-33장	분열
제 58일	렘 34-45장	분열
제 59일	렘 46-52장, 애 1-5장	분열, 포로
제 60일	겔 1-11장	포로
11주차	다니엘/호세아/요엘/ 아모스/오바댜/요나	
제 61일	겔 12-24장	포로
제 62일	겔 25-39장	포로
제 63일	겔 40-48장	포로
제 64일	단 1-7장	포로
제 65일	단 8-12장, 호 1-14장	분열, 포로
제 66일	욜 1-3장, 암 1-9장, 옵 1장, 욘 1-4장	분열
12주차	미가/나훔/하박국/스바냐/ 학개/스가랴/ 말라기/마태복음/마가복음	
제 67일	미 1-7장, 나 1-3장, 합 1-3장, 습 1-3장	분열
제 68일	학 1-2장, 슥 1-14장, 말 1-4장	포로 귀환
제 69일	마 1-10장	복음
제 70일	마 11-18장	복음
제 71일	마 19-28장	복음
제 72일	막 1-9장	복음

13주차	누가복음/요한복음	
제 73일	막 10-16장	복음
제 74일	눅 1장-9:50	복음
제 75일	눅 9:51-19:44	복음
제 76일	눅 19:45-24장	복음
제 77일	요 1-12장	복음
제 78일	요 13-21장	복음
14주차	사도행전/로마서/고린도전·후서	
제 79일	행 1장-11:18	교회
제 80일	행 11:19-20장	교회
제 81일	행 21-28장	교회
제 82일	롬 1-16장	교회
제 83일	고전 1-16장	교회
제 84일	고후 1-13장	교회
15주차	갈라디아서/에베소서/빌립보서/ 골로새서/데살로니가전·후서/디모데전·후서/ 디도서/빌레몬서/히브리서/야고보서/베드로전·후서/ 요한일·이·삼서/유다서/요한계시록	
제 85일	갈 1장-엡 6:24	교회
제 86일	빌 1-4장, 골 1-4장, 살전 1-5장, 살후 1-3장	교회
제 87일	딤전 1-6장, 딤후 1-4장, 딛 1-3장, 몬 1장	교회
제 88일	히 1-13장, 약 1-5장	교회
제 89일	벧전 1-5장, 벧후 1-3장, 요일 1-5장, 요이 1장, 요삼 1장, 유 1장	교회
제 90일	계 1-22장	영원

성경을 통독할 때 90일 성경읽기표의
순서대로 하면 좋습니다.

PART 1

성경의 흐름을 잡아라

성경은 한 권의 책이며 하나의 이야기, 하나의 역사다. 또 성경은 하나님의 이야기다. 창조부터 세상의 종말까지 모든 이야기가 성경에 있다. 성경은 세계와 우리의 삶을 향한 하나님의 위대한 계획을 이야기한다.

성경의 큰 그림

하나님은 우리가 하나님을 알기를 원하신다. 또한 우리를 향한 하나님의 계획도 들려주기 원하신다. 이 흥미진진하고 진실한 이야기가 하나님의 이야기다.

지금부터 우리는 이제껏 경험해 보지 못한 아주 흥미진진하고 재미있는 여행을 떠나려 한다.
먼저 구약시대로 가기 전에 모두들 마음을 단단히 먹기 바란다. 경이로운 세상과 만물 창조, 어마어마한 우주의 신비, 스릴 넘치는 전쟁들, 극한 상황에서 펼쳐지는 기적 등을 만나게 될 마음의 준비를 하자.
그리고 이어질 신약시대 여행에서는 우리의 삶을 통째로 바꾸어 주실, 세상에서 최고로 멋진 분을 만나게 될 것이다.
예수님의 구원 사역과 그분을 따르는 제자들 그리고 사도들의 이야기를 만나게 될 것이다.

성경은 이런 책이다

1. 성경의 저자는 누구인가?

성경은 아주 오래 전에 쓰인 책이지만 성경에서 이야기하는 진리는 오늘날에도 조금도 변함없이 중요하고 담대하며 아름답다. 성경은 수천 년에 걸쳐 많은 사람들이 나누어 썼다. 쓰인 시대와 문화적 배경도 달랐지만 그들은 한 사람에 대해서는 동일하게 아름다운 메시지를 남겼다. 그분은 바로 하나님의 유일한 아들 예수 그리스도다.

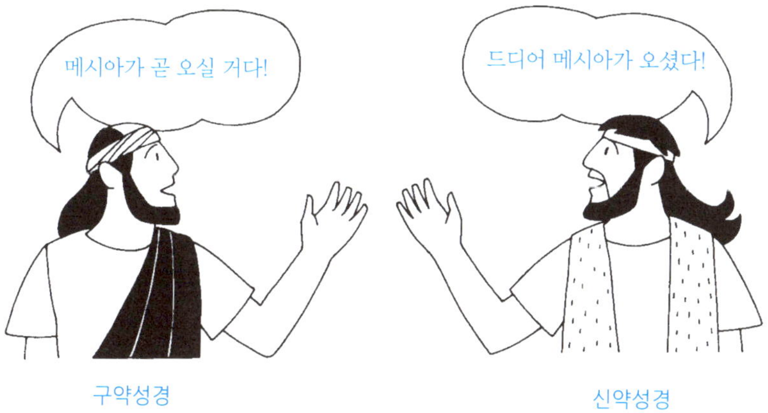

사람들이 성경을 부르는 명칭에는 어떤 것들이 있을까? 각 명칭의 의미를 알아보자.

바이블(책)	스크립처(글)
하나님의 말씀(하나님의 진실)	홀리 바이블(특별한 책)
복음(좋은 소식)	법(하나님의 규칙)

주 : '바이블'이라는 단어는 그리스어에서 유래하여 단순히 '책'이라는 의미만 가지고 있지만, 성경은 결코 평범한 책이 아니다. 그래서 성경에 '홀리'(특별하다거나 하나님이 선택하셨다는 의미로)라는 단어가 붙게 된 것이다.

2. 성경은 이야기다

생생하게 살아있는 여러 민족의 역사, 수많은 믿음의 인물들의 모험, 아름다운 시와 칼같이 날카로운 충고들이 모두 들어있는 책이 바로 성경이다. 우리는 성경 어디를 편다 해도 그 속에서 위대한 한 가지 약속을 발견할 것이며, 언제 어디서든 성경 속에서 변하지 않는 진리들을 보게 될 것이다.

3. 성경은 이렇게 구성되었다

성경에는 흥분과 스릴이 넘치는 모험으로 가득 차 있다. 하나님 말씀 어느 곳을 펼쳐도 재미있고 흥미진진한 읽을거리들이 넘쳐난다. 작고 세세한 이야기들까지 사실적으로, 또 역사적으로 잘 들어맞는다. 성경을 탐험하면서 이 사실을 발견할 때 찬양과 감탄을 하게 될 것이다.

성경은 크게 39권으로 된 '구약성경'과 27권으로 된 '신약성경'으로 구성되어 있다. 각 권들은 장과 절로 이루어져 있는데, 우리는 주소가 적힌 종이를 들고 집을 찾듯이 그 성경 구절을 찾으면 된다. 예를 들면, 창세기 1:1은 창세기라는 책의 1장 1절을 뜻한다.

구약성경은 한 마디로 말하면 '약속'이다. '구약'이라는 말 역시 '옛날 약속' 혹은 '오랜 약속'이라고 보면 된다. 구약성경의 처음부터 끝까지 이 약속이 언급된다. 구약의 각 권을 들여다볼 때마다 하나님이 해주신 약속이 무엇인지 찾아보는 재미를 발견하자.

1. 율법서

율법서는 구약성경의 처음 다섯 권을 말한다. 율법서에서는 하나님이 이 세상과 사람을 손수 만드신 이야기와 히나님이 선택하신 민족의 이야기를 볼 수 있다. 하나님은 이스라엘 백성을 이집트(애굽) 노예의 삶에서 해방시켜 자유를 주셨다. 하나님은 큰 바다(홍해)를 가르고 그들이 지나가도록 하셨으며, 하늘에서는 '만나'라는 양식을 내려주시고, 바위에서는 물이 나오게 하셔서 목마름을 채워 주셨다. 하나님은 이스라엘 백성에게 율법을 주시며 이에 순종하기를 바라셨지만, 그들은 불순종과 불평을 되풀이했다. 하나님이 만드신 첫 사람이 불순종했던 그때부터 하나님은 다시 모든 것을 온전하게 하실 한 가지를 약속하고 계획하셨다.

2. 역사서

역사서는 이스라엘의 역사 이야기다. 하나님은 자신의 백성에게 새로운 고향(가나안)을 주시고, 적을 이길 수 있도록 도우셨으며 그들을 다스릴 왕도 보내주셨다. 백성은 때때로 하나님이 주신 율법을 기억하며 지키려고 노력했지만, 대부분 자기들이 원하는 대로 행하고 마음대로 살다가 어려움을 만나곤 했다. 그러기를 수없이 반복하다가 결국 그 민족은 둘로 나뉘었고(북이스라엘, 남유다), 양쪽 모두 적들에게 정복되었다. 둘로 나뉘고 패망한 백성이라도 한 가지, 자기 민족을 회복시키고 위대한 왕을 보내주시겠다는 하나님의 약속만은 잊지 않고 기억했다.

3. 시가서

시가서는 히브리 시와 지혜 문학을 뜻한다. 시가서는 하나님의 위대하심과 그분이 만드신 창조물의 아름다움을 보여 주는 책이다. 또한 어떻게 하면 하나님이 기뻐하시는 삶을 살 수 있는지를 이야기한다. 시가서에는 '착한 사람에게 왜 나쁜 일이 일어날까?', '의인이 고난받는 이유가 무엇일까?' 등의 질문에 대한 해답도 들어 있다. 마지막으로, 하나님이 백성을 위해 메시아를 보내실 때 일어날 놀라운 일들도 약속하고 있으니, 아름다운 노래 속에서 이를 하나씩 발견해 보자.

4. 예언서

구약시대에 하나님은 백성에게 직접 말씀하지 않으시고 '예언자'라는 특별한 전달자를 통해 말씀하셨다. 말씀의 대부분은 하나님의 율법에 순종하라는 명령 혹은 형벌과 징계가 있으리라는 경고였다. 하나님은 이스라엘 백성이 적의 공격을 받아 힘겹고 어려울 때 예언자들을 보내주셨다. 후에 그들이 타국에서 포로생활을 할 때, 하나님은 예언자들을 통해 민족의 회복과 소망 가득한 미래를 약속하셨다. 예언서는 크게 대예언서와 소예언서로 구별되는데, 분량이 많은 책이 대예언서(5권), 분량이 적은 책이 소예언서다(12권).

신약성경

신약성경은 하나님이 하신 약속들이 어떻게 성취되었는가를 보여 주는 책이다. 하나님의 약속이 성취된 것을 본 사람들은 그 일이 어떻게 일어났는지 정확하게 기록했고, 하나님의 약속이 지닌 중요한 의미들을 적었다.

1. 복음서

복음서의 저자들은 하나님의 아들 예수 그리스도의 특별한 탄생과 감동적인 33년의 생애를 다루었다. 그들은 예수님의 삶에 대해서, 그리고 예수님이 얼마나 사람들을 사랑하셨는지 이야기했다. 또한 예수님이 십자가에서 죽으셨을 때 예언자들의 말이 어떻게 성취되었는지 이야기했다. 복음서에서 가장 가슴 벅찬 부분은 예수님의 부활 사건이다. 예수님은 죽음을 이기셨고, 이 땅에 다시 오시기 위해 하나님 보좌 우편에서 기다리고 계신다.

2. 역사서

예수님의 죽음은 끝인 것처럼 보였지만 오히려 시작이 되었다. 그분은 죽음을 이기시고, 제자들에게 온 세상에 복음을 전파하라고 말씀하셨다. 사도행전은 어떻게 제자들을 통해 복음이 전파되었는지, 사람들이 어떻게 복음을 듣고 믿게 되었는지를 보여 주고 있다.

3. 서신서

바울은 한때 예수님을 따르는 자들을 핍박하는 데 앞장섰다. 그러나 다메섹에서 예수님을 만난 후 열정적인 복음 전파자가 되었다. 그는 고린도, 갈라디아, 에베소 등에 가서 복음을 전했고, 믿는 사람이 있는 곳이라면 어디든지 교회를 세

웠다. 바울은 교회 공동체와 개인에게 유익한 권면과 조언을 하는 편지를 자주 썼는데, 그 편지들이 모여 서신서가 되었다. 그리스도인이 무엇을 믿고 어떻게 행동하며 어떤 삶을 살아가야 하는지 명확하고 분명하게 써 내려간 바울의 편지들은 이 시대를 살아가는 그리스도인들에게 커다란 지침이 된다.

예수님의 제자들도 바울처럼 여러 교회 공동체에 편지를 썼다. 편지들을 통해 예수님에 대해 더 많이 알려 주었고, 그리스도인이 행해야 하는 믿음의 본이 무엇인지를 가르쳐 주었다. 이들은 참된 그리스도인이 되는 것은 쉽지 않지만 귀한 일이라고 성도들을 격려하고 응원했다.

4. 예언서

요한계시록은 하나님이 보여 주신 미래의 모습과 이에 대한 예언을 예수님의 제자 중 하나인 요한이 기록한 책이다. 언제 어느 때인지는 아무도 알 수 없지만, 어느 날 반드시 예수님은 세상에 다시 오실 것이고, 모든 사람들은 그분이 왕 중의 왕임을 알게 될 것이다.

한눈에 보는 성경

구 약
율법서
창세기
출애굽기
레위기
민수기
신명기
역사서
여호수아
사사기
룻기
사무엘상
사무엘하
열왕기상
열왕기하
역대상
역대하
에스라
느헤미야
에스더
시가서
욥기
시편
잠언
전도서
아가서
대예언서
이사야
예레미야
예레미야 애가
에스겔
다니엘
소예언서
호세아
요엘
아모스
오바댜
요나
미가
나훔
하박국
스바냐
학개
스가랴
말라기
신 약
복음서
마태복음
마가복음
누가복음
요한복음
역사서
사도행전
교회에게 보내는 바울 서신서
로마서
고린도전서
고린도후서
갈라디아서
에베소서
빌립보서
골로새서
데살로니가전서
데살로니가후서
개인에게 보내는 바울 서신서
디모데전서
디모데후서
디도서
빌레몬서
일반 서신서
히브리서
야고보서
베드로전서
베드로후서
요한1서
요한2서
요한3서
유다서
예언서
요한계시록

하나님의 계획 그리고 약속

지도의 화살표는 하나님의 계획 가운데 있는 아주 특별한 지역을 가리킨다. 바로 가나안, 팔레스타인, 이스라엘 등의 이름으로 불리는 땅이다. 이 땅은 하나님의 구원 계획에서 매우 중요한 부분이다. 수천 년 전, 하나님은 아브라함에게 그의 고향인 우르를 떠나 자신이 보여 줄 땅으로 가라고 말씀하셨다. 그래서 아브라함은 가족과 가축들을 이끌고 가나안 땅으로 갔다. 그곳에서 하나님은 "어느 날인가 내가 이 모든 땅을 너와 네 자손에게 주리라"고 약속하셨다.

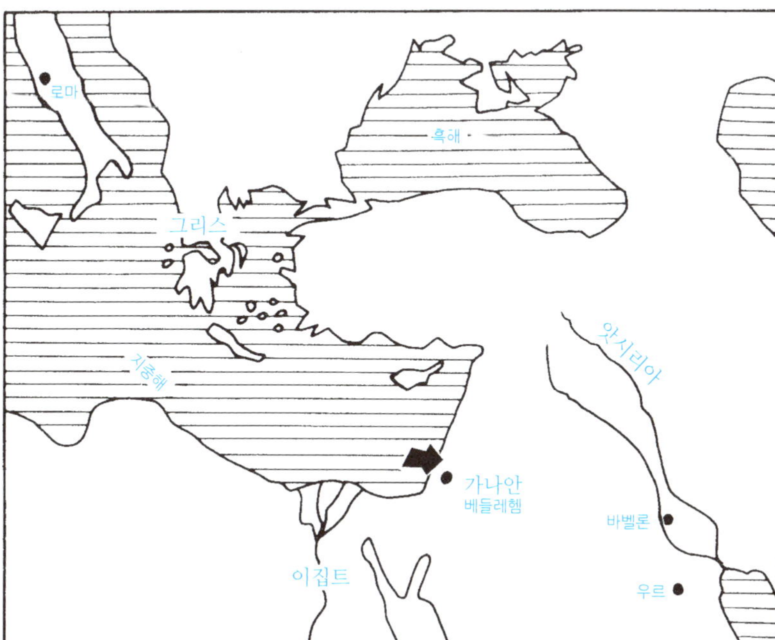

아브라함과 아들 이삭 그리고 손자 야곱은 가나안에서 목자의 삶을 살았다. 오랜 세월이 지나 야곱 가족이 극심한 흉년과 기근으로 가나안을 떠나 이집트로 가게 되었다. 이후 400년 동안 야곱의 후손은 이집트에 머물게 되는데, 처음에는 목자로 살았지만 나중에는 비참한 노예로 살았다. 이 혹독한 시간 동안 하나님은 그들이 '이스라엘'이라는 한 민족이 되게 만드셨고, 훗날 아브라함에게 약속하셨던 가나안 땅으로 다시 돌아오게 하셨다. 이 모든 여정은 하나님의 놀라운 계획과 섭리 아래 있었다.

신실한 하나님은 이전에 약속하셨던 선한 것들로 이스라엘을 축복하셨다. 그러나 세월이 지나고 세대가 바뀌면서 많은 백성이 하나님을 잊었고, 베풀어 주신 은혜를 기억하지 못했다. 심지어 이들은 우상(거짓 신들)을 숭배했다. 하나님은 여러 예언자들을 보내 하나님께 돌아오라고 호소했지만 그들은 듣지 않았다. 그래서 하나님은 그들이 앗시리아에 망하고 바벨론에 포로로 잡혀가도록 내버려 두셨다.

70년이 지난 후, 하나님은 그 백성에게 약속했던 가나안 땅으로 다시 돌아올 수 있도록 허락하셨다. 하나님은 오래 전부터 메시아를 보내주겠다고 계속 약속하셨다. 수백 년이 지난 후, 베들레헴에서 하나님의 아들 예수 그리스도가 태어나셨다.

예수님은 인류의 죄를 대신 지고 십자가에서 죽으셨다가 다시 부활하셨으며, 제자들에게 땅 끝까지 복음을 전하라고 말씀하셨다. 온 인류의 메시아인 예수 그리스도에 대한 기쁜 소식은 이스라엘 민족만을 위한 것이 아니라, 온 열방을 위한 좋은 소식(복음)이었다.

- 이 땅으로부터 **온 땅**으로
- 이 백성으로부터 **모든 백성**에게로 복음이 전파되어야 했다.

그리고 여기에는 우리가 포함되어 있다.

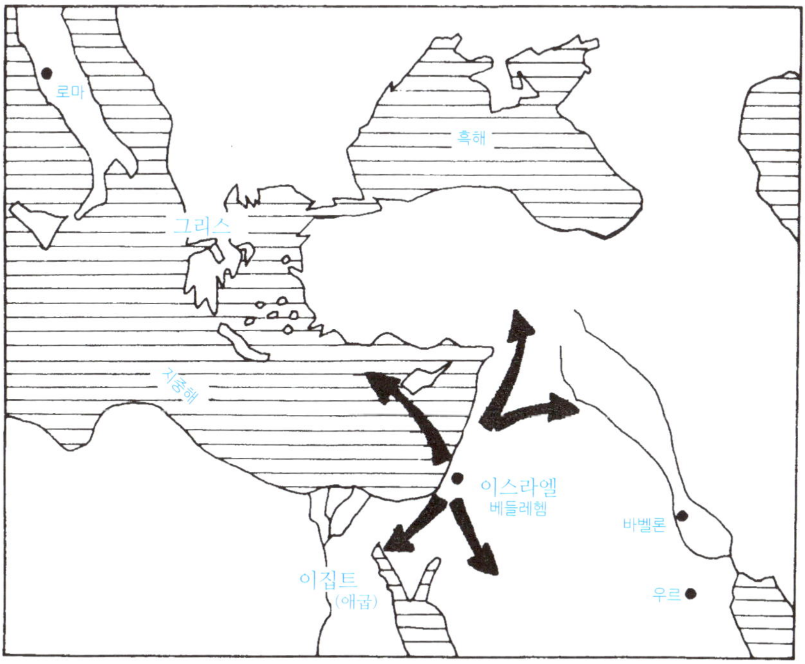

PART 2

구약의 핵심을 잡아라

율법서의 포인트

구약성경의 처음 다섯 권을 율법서라 부른다. 창조, 타락(죄), 족장 이야기(아브라함 등), 이집트 탈출기, 율법 제정 등이 담겨 있다.

◇ 율법서는 무엇인가?

율법은 하나님이 인간에게 주신 규범이다. 히브리어로 '토라'라고 한다. 하나님은 언약 백성으로서 어떻게 살아야 하는지를 율법을 통해 알려 주셨다. 레위기와 신명기에는 십계명에서 더 확대된 지침이 기록되어 있다.

◇ 왜 하나님은 이스라엘에게 율법을 주셨는가?

율법은 이스라엘을 다른 나라와 구별되게 했다. 하나님은 아브라함에게 자신을 나타내시고 그와 언약을 맺으셨다. 그 언약은 후손들에게 이어졌고, 시내 산 언약을 통해 구체화되었다. 율법서에는 하나님의 백성이 순종하면 어떻게 하실지, 불순종하면 어떻게 하실지가 구체적으로 기록되어 있다.

◇ 신약성경은 율법에 대해 무엇이라 말하는가?

1. 율법은 우리의 죄를 보여주고 우리에게 그리스도를 가르쳐 준다(롬 7:7; 갈 3:24). 하나님은 우리 자신의 죄성을 볼 수 있도록 율법을 주셨다. 그러고 나서 율법을 완벽하게 완성하고 우리의 죄를 대신해 죽기 위해 그의 아들, 예수를 보내셨다.
2. 율법은 우리의 죄를 깨닫게 해주는 기능이 있다(히 10:2).

1. 창세기 세상의 시작

저자 성령의 인도하심에 따라 모세가 성경의 처음 다섯 권(창세기, 출애굽기, 레위기, 민수기, 신명기) 즉 모세오경을 썼다. 누가복음 24:27과 요한복음 5:46에서도 모세가 구약성경의 일부분을 기록했다고 전한다.

개요 '창세기'는 '세상의 시작'을 의미한다. 하나님은 태초 전부터 항상 거기에 계셨다. 그래서 창세기는 하나님을 제외한 이 세상 모든 만물의 시작을 보여 준다. 창세기에는 다음과 같은 이야기들이 등장한다.

☐ 세상 (창세기 1:1-25)
☐ 사람 (창세기 1:26-2:25)
☐ 세상의 죄 (창세기 3:1-7)
☐ 하나님의 구원 약속 (창세기 3:8-24)
☐ 한 가족으로서의 생활 (창세기 4:1-15)
☐ 문명화 (창세기 4:16-9:29)
☐ 세상의 민족들과 언어 (창세기 10, 11장)
☐ 히브리 민족-이스라엘 민족 (창세기 12-50장)

주요 인물 아담, 하와, 노아, 아브라함, 이삭, 야곱, 요셉

주요 내용
☐ 세상과 사람의 창조 (창세기 1-2장)
☐ 세상의 죄 (창세기 3-4장)
☐ 노아와 홍수 심판 (창세기 5-9장)
☐ 민족들과 각 언어의 시작 (창세기 10-11장)
☐ 아브라함과 가족 : 하나님이 주신 땅에 거하는 하나님의 백성 (창세기 12-38장)
☐ 요셉 : 이집트로 간 하나님의 백성 (창세기 39-50장)

지도

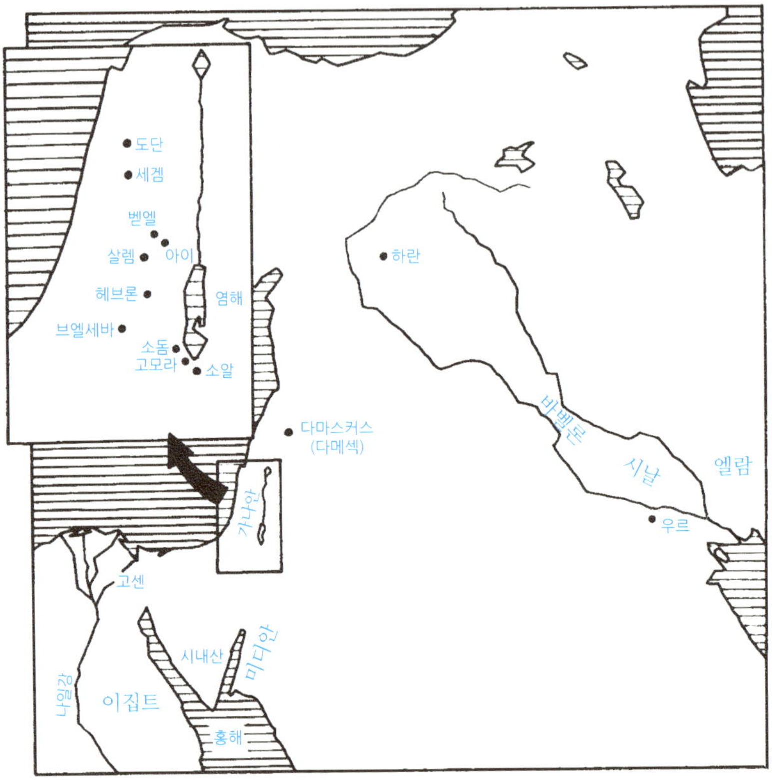

일러두기

구약의 모든 연도는 주전(BC)이므로 타임라인에서 시작과 끝 부분만 BC로 표시하였다.

창세기는 언제 일어났는가?

핵심 사건 따라가기

◆ 창조, 홍수, 민족들과 언어의 시작

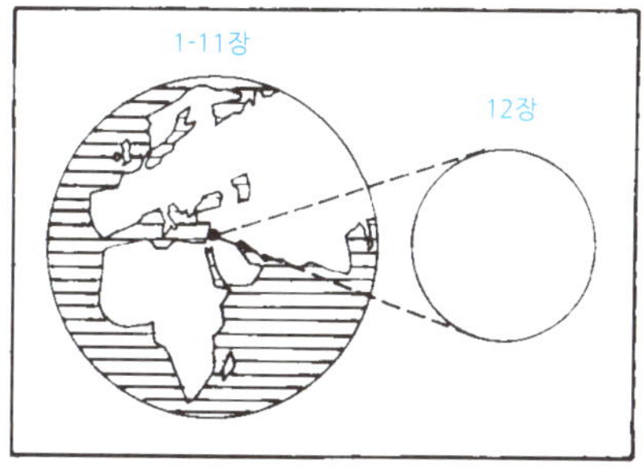

1장-11장 창세기 1-11장까지는 세상과 사람의 창조, 민족과 언어의 시작을 이야기하고 있다. 하나님이 '이스라엘' 민족을 통해 하고자 하신 일들이 펼쳐진다. 12장부터는 하나님의 위대한 계획을 읽게 될 것이다.

1-2장 하나님께서 '말씀으로' 천지를 창조하시고, '말씀으로' 세상 만물을 만드셨다.

3장 하나님이 만드신 첫 사람, 아담과 하와는 뱀의 유혹에 빠져 죄를 지었다. 선악과를 따먹지 말라는 하나님의 말씀에 순종하지 않은 것이다.

4장 아담의 첫째 아들인 가인은 믿음으로 하나님께 제사를 드린 그의 동생 아벨을 죽였다.

5장 아담의 가족과 자손은 점점 많아졌다. 노아는 500세가 되어서 셈, 함, 야벳의 아버지가 되었다.

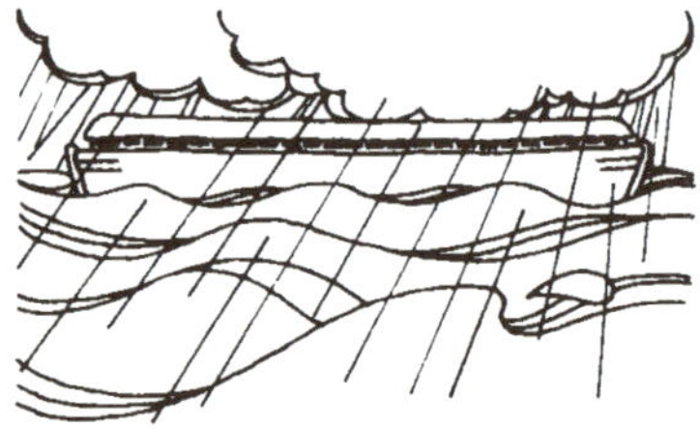

6-8장 사람들은 하나님께 순종하지 않고 온갖 죄를 지으며 악을 행했다. 이를 보신 하나님은 대홍수로 세상을 멸하시기로 작정하시고 노아에게 산 위에 방주를 지으라고 명령하셨다. 이에 순종한 노아는 방주를 만들어 그의 가족과 모든 동물 한 쌍씩을 방주에 태웠다. 하나님의 대홍수 심판이 시작되자 온 세상이 물에 잠겼지만 노아의 방주만은 안전했다.

9장 홍수 심판이 끝난 후, 하나님은 다시는 홍수로 세상을 멸하지 않겠다고 약속하셨다. 이 약속의 증표로 하늘에 무지개를 두셨다.

10장 노아의 세 아들인 셈, 함, 야벳과 그의 가족들에 대해 이야기하고 있다. 셈, 함, 야벳 각자의 자손과 이를 통해 시작된 각 민족의 기원을 보여 준다.

11장 사람들은 점점 교만해져서 하나님께 닿기 위해 하늘까지 오를 수 있는 바벨탑을 만들기 시작한다. 하나님은 이를 보시고 원래 하나였던 언어를 흩으셔서 나뉘게 하셨다. 의사소통을 할 수 없게 된 사람들은 바벨탑을 완공하지 못하고, 여러 지역으로 흩어져서 살게 되었다.

◆ 하나님이 주신 땅에 거하는 하나님의 백성

12-38장 하나님은 '이스라엘'이라는 한 민족을 세우셨다. 이스라엘을 통해 세상 모든 민족을 축복하고 구원하시는 것이 그분의 계획이었다. 하나님은 이스라엘에게 땅을 주시며 축복하셨다. 훗날 이 민족에게서 모든 민족을 구원할 메시아가 나타나신다. 이는 하나님의 오랜 약속이었다.

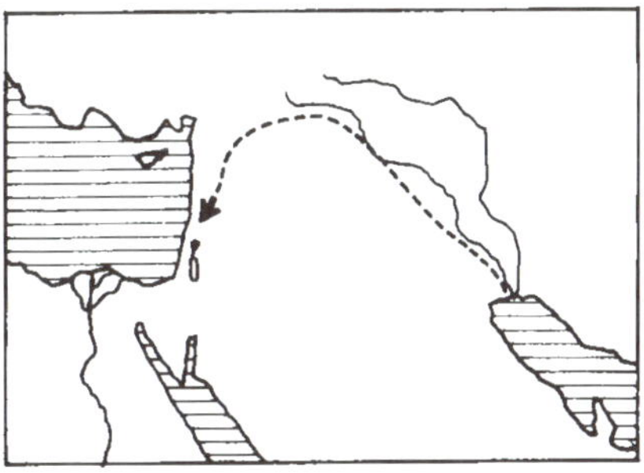

12장 하나님은 아브라함을 불러 큰 민족을 이루시겠다고 약속했다. 아브라함과 그의 가족은 하나님께서 약속하신 새로운 땅으로 갔다.

13-14장 아브라함은 새로운 고향 땅을 조카 롯과 나누었다. 그 후 아브라함은 다른 민족에게 공격받고 포로로 잡혀 간 조카 롯을 구해냈다.

15장 아브라함과 사라는 나이가 많았지만 자녀가 없었다. 어느 날 하나님은 그 자손이 하늘의 별처럼 셀 수 없이 많아질 것이라고 약속하셨다.

16-18장 아브라함의 첫 아이가 태어났다. 아브라함이 사라의 여종인 하갈에게서 첫 아들 '이스마엘'을 얻은 것이다. 하지만 그는 하나님이 약속하신 아들이 아니었다. 하나님은 다른 아들을 주겠다고 약속하셨다.

18-19장 조카 롯이 살고 있는 소돔과 고모라 지역은 죄와 악이 가득했다. 하나님께 순종하지 않은 이 도시들은 멸망했다.

20장 그랄로 내려간 아브라함은 목숨을 건지기 위해 사라를 아내가 아닌 누이라고 거짓말했다. 그러나 하나님의 개입으로 나중에는 잘못을 인정하며 그곳을 떠났다.

21장 드디어 사라가 아브라함의 둘째 아들인 '이삭'을 낳았다. 그가 바로 하나님이 아브라함에게 약속하신 아들이다.

22장 하나님이 아브라함에게 이삭을 제물로 바치라는 명령을 내리셨다. 아브라함이 이 말씀에 순종했을 때 하나님은 대신 죽일 숫양 한 마리를 주셨다.

23-24장 아브라함의 아내 사라가 죽어 장사되었다. 아브라함과 사라의 아들 이삭은 리브가와 결혼했다.

25장 아브라함이 175세에 죽었다. 이삭과 리브가는 쌍둥이 형제 야곱과 에서를 낳았다. 에서는 팥죽 한 그릇에 장자권을 동생 야곱에게 팔았다.

26장 이삭은 인내심이 많아 이웃과 싸움을 피했다. 하나님은 이삭에게 자신의 약속을 되풀이해서 말씀하셨다.

27장 야곱은 아버지 이삭과 형 에서를 속여, 에서의 장자권과 축복을 대신 받았다. 이 사실을 알게 된 에서는 몹시 화가 났다.

28장 야곱은 에서를 피해 하란으로 도망갔다. 그 길에 하나님이 꿈속에서 야곱을 보호해 주실 것과 이 땅으로 다시 오게 하실 것을 약속하셨다.

29-30장 야곱은 레아와 라헬과 결혼하고 열두 명의 자녀를 두었다. 그 중에 한 명이 요셉이다.

31-33장 야곱은 가나안으로 돌아왔다. 그 곳은 하나님이 그분의 백성에게 약속하신 땅이었다. 야곱은 형 에서와도 화해했다.

35장 야곱은 하나님의 약속을 기억하기 위해 벧엘에 제단을 쌓았다. 하나님은 그의 이름을 이스라엘로 바꾸시고 그에게 "내가 네 후손에게 이 땅을 주리라"고 약속하셨다.

◆ 이집트로 간 하나님의 백성

37-50장 하나님은 이스라엘을 위대한 민족으로 만드는 일을 계속하셨다. 야곱의 아들 요셉이 중요한 역할을 감당했다. 요셉이 먼저 이집트로 가게 되고, 그 후에 가족 모두 이집트로 갔다. 하나님은 야곱의 가족을 '이스라엘'이라는 큰 민족으로 세우셨다.

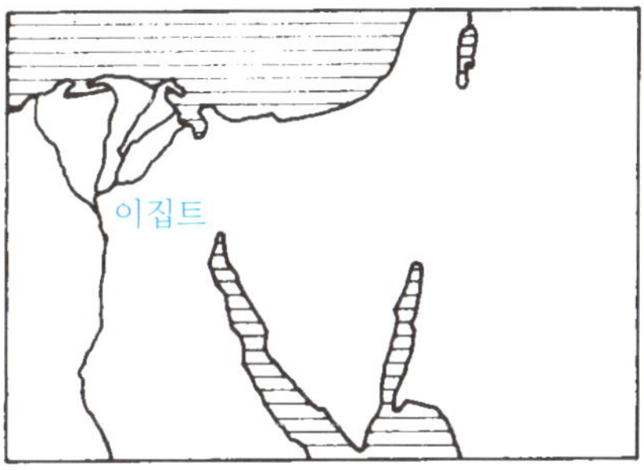

37장 아버지가 요셉만 편애하자 그의 형들은 몹시 질투했다. 형들은 요셉을 노예로 팔았고, 요셉은 이집트로 끌려가 보디발 장군의 노예로 살았다.

39장 요셉은 보디발 장군 아내의 모함으로 감옥에 갇혔다. 하나님은 감옥에 갇힌 요셉과 함께 하셨다.

40장 요셉이 감옥에 있을 때 하나님은 그에게 꿈을 해몽할 수 있는 능력을 주셨다.

41장 요셉은 감옥에서 다른 사람들의 꿈을 해몽해 주었고, 드디어 바로 왕의 꿈까지 해몽했다. 바로 왕은 요셉이 앞으로 닥쳐올 것이라고 이야기한 기근에 대비해서 식량을 비축할 책임을 요셉에게 맡겼다.

42장 가나안에 살던 요셉의 형들이 식량을 구하러 이집트로 왔다. 요셉은 형들을 금방 알아봤지만 그들은 요셉을 알아보지 못했다.

43장 요셉의 형들은 식량을 가지고 가나안으로 돌아갔다. 다시 양식이 떨어지자 그들은 요셉이 요구한 대로 막내 베냐민을 데리고 이집트에 왔다.

44장 요셉은 거짓으로 베냐민에게 누명을 씌우고 그를 이집트에 잡아두겠다고 위협했다. 형들이 변화되었는지를 알아보기 위해 이렇게 한 것이다.

45장 요셉은 형제들에게 자신의 정체를 알리고 화해했다. 그리고 야곱을 비롯한 모든 가족을 이집트로 데리고 와 살도록 했다.

46-47장 요셉의 가족은 이집트의 고센 지방에서 목축을 치며 살았다.

47장 요셉은 이집트에 극심한 기근과 흉년이 들었던 기간 동안 바로 왕을 잘 섬기며 총리로서 훌륭히 일했다.

48-49장 야곱은 요셉을 비롯한 자기 아들들을 축복하고서 죽었다.

50장 요셉의 형제들은 요셉이 옛날 일로 자기들에게 복수할까 봐 두려워했다. 그러나 요셉은 형들을 사랑과 친절로 대했다. 요셉은 죽은 후에 이집트에 장사되었다.

창세기 속 실제 흔적들

창조과학자들은 창세기가 사실임을 밝혀 주는 여러 증거들을 발견해 왔다. 그 증거들 중 몇 가지를 여기서 살펴보자.

창조 수백 년 전 바벨론의 옛터에서 7개의 토판이 발견되었다(바벨론의 창세기로 알려진 '에누마 엘리쉬'). 이 토판을 통해 당시 바벨론인들의 '창조관'을 엿볼 수 있다. 이들은 이 세상과 만물이 창조주의 특별한 방법으로 창조됐음을 믿었다.

홍수 대홍수 이야기는 '아트라하시스'와 '길가메시'에도 기록되어 있다. 그들은 이스라엘이 섬긴 하나님을 믿지는 않았지만, 인간보다 훨씬 더 위대한 존재가 홍수 심판을 계획했다고 믿었다. 이런 오래 전의 기록들과 창세기의 기록이 같은 사건을 말하고 있는 것이다. 고대 근동의 증거는 성경의 기록이 사실이라는 데에 힘을 실어 준다.

홍수 이야기가 기록된 바벨론 점토판

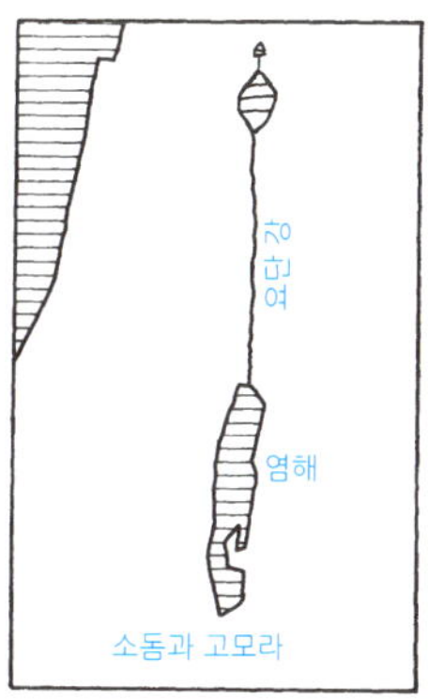

창세기의 도시들 수천 년 전, 시리아의 에블라 시에서 발견된 서판들에서도 창세기 속 가나안의 몇몇 도시 이름이 기록되어 있다.

소돔과 고모라의 멸망 성경에서 소돔과 고모라는 유황과 불에 타서 멸망했다고 기록되었다. 과학자들이 소돔과 고모라가 있던 지역을 연구한 후, 그 땅은 모든 화학 물질들이 섞여 있고, 공기 중에서 빨갛게 달궈진 소금과 유황이 함께 폭발한 흔적이 있다고 보고했다. 이렇듯 서판의 기록뿐만 아니라 과학 분야에서도 성경의 기록들이 사실임을 증명하고 있다.

창세기에서 만나는 예수님

메시아를 보내신다는 하나님의 첫 번째 약속 우리는 창세기 3장에서 아담과 하와가 지은 인류 최초의 죄를 보았다. 하와는 선악과를 따 먹으라는 뱀의 유혹을 받았다.

"여자가 그 실과를 따먹고 자기와 함께한 남편에게도 주매 그도 먹은지라"(창 3:6).

최초의 남자와 여자가 뱀(사탄)의 유혹에 넘어졌고, 그들은 하나님의 말씀에 순종하지 않고 죄를 지었다. 그 후 하나님은 사탄에게 "여자가 낳은 아이(예수님)에게 그 머리가 밟히게 되리라"고 말씀하셨다. 이 말씀은 오랜 시간이 흐른 뒤 예수님께서 십자가에서 죽으셨을 때 그대로 이루어졌다. 즉 창세기 3장 15절은 메시아 예수님을 보내신다는 하나님의 첫 번째 약속이라고 할 수 있다.

메시아를 보낼 한 민족을 선택하신 하나님 하나님은 아브라함(창 12:1-3), 이삭(창 17:19-20), 야곱(창 28:10-14), 유다(창 49:10) 그리고 수백 년 후의 사람 다윗(삼하 7:5-17)을 통해서 메시아를 보낼 거라고 약속하셨다. 마태복음 1장 1절은 예수 그리스도가 하나님께서 약속하신 대로 아브라함과 다윗의 계보에서 나셨다고 이야기한다.

창세기에서 만난 아브라함, 이삭, 야곱, 유다 등의 이름은 예수님이 나신 족보 속의 인물들이다. 이제 하나님의 뜻을 짐작해 볼 수 있을까? 그렇다. 하나님은 창세기 즉 태초부터 이미 우리 죄를 위해 죽으실 예수 그리스도를 보내려고 계획하셨던 것이다. 하나님은 이처럼 세상을 창조하실 때부터 당신의 백성을 지극히 사랑하셨다.

오실 메시아의 모습 창세기에는 훗날 오실 예수님이 어떤 분일지 가늠할 수 있는 몇몇 인물과 장면이 나온다. 아담의 둘째 아들 아벨은 아무 잘못도 하지 않았는데 형인 가인에게 죽임을 당했다. 예수님도 아무 죄가 없었지만 십자가에서 죽임당하셨다. 노아는 방주로 그의 가족을 구원했고, 예수님 역시 방주가 되셔서 죄인들을 구원하셨다.

요셉은 예수님의 또 다른 모습을 보여 준다. 요셉은 형들의 미움을 받고 노예로 팔려가고, 그곳에서도 누명을 써서 감옥에 갇혔지만, '거기에서 벗어나려고' 노력하지 않았다. 나중에는 자기를 팔아버린 형들을 용서하고 지독한 흉년이 들었을 때 그의 가족을 구했다. 예수님 역시 자신을 멸시하고 핍박했던 자들을 용서하셨고, 십자가의 죽음과 고난에서 벗어나려고 애쓰지 않았으며, 십자가 형벌을 통해 사람들을 구원하셨다.

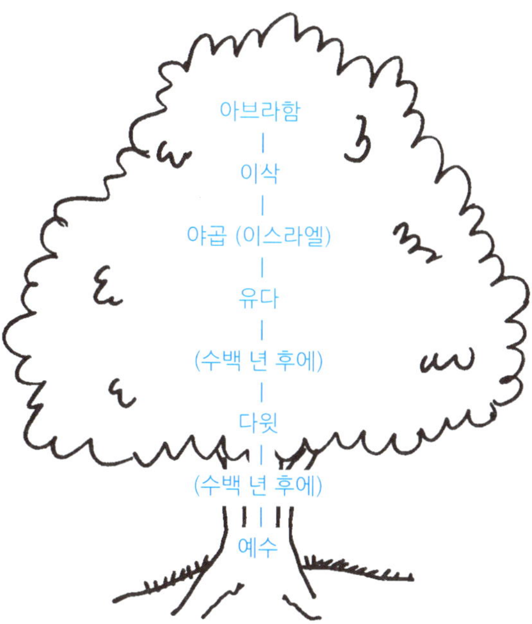

2. 출애굽기 이집트 탈출기

저자 모세

개요 '엑소더스(Exodus, 출애굽)'는 그리스 원어로 '탈출'이라는 뜻이다. 즉 하나님의 백성이 노예의 삶에서 어떻게 해방되었는지, 하나님의 어떤 인도하심을 받아 이집트(애굽)를 탈출할 수 있었는지 보여 준다.

주요 인물 모세와 아론, 한 민족(이스라엘)을 이룬 야곱의 가족.

주요 내용

☐ 이집트에서 노예 생활을 함 (출애굽기 1장)

☐ 모세가 백성의 지도자가 됨 (출애굽기 2-4장)

☐ 바로 왕이 하나님의 백성을 놓아 주라는 압박을 받음 (출애굽기 5-11장)

☐ 유월절에 하나님의 백성이 구원받음 (출애굽기 12-13장)

☐ 이집트를 떠남 (출애굽기 14-19장)

☐ 하나님이 율법을 주심 (출애굽기 20-24장)

☐ 성막을 지음 (출애굽기 25-40장)

지도

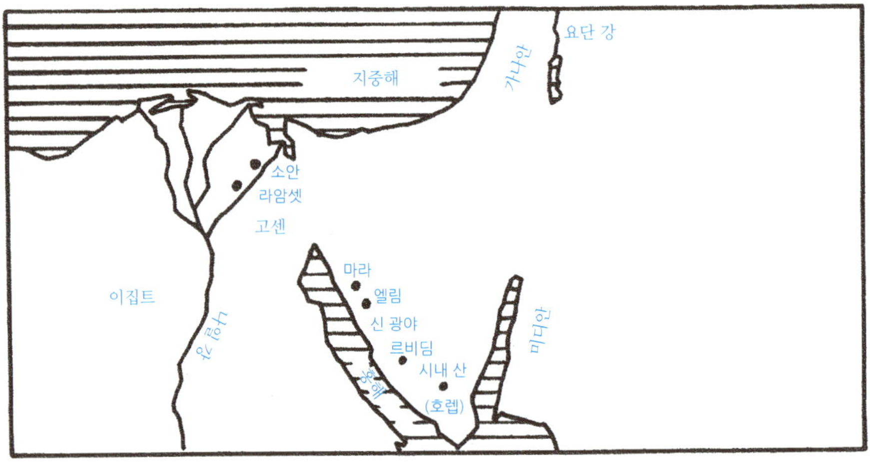

출애굽기 사건은 언제 일어났는가?

핵심 사건 따라가기

◆ 이집트에서 노예가 된 하나님의 백성

야곱(이스라엘)의 가족

야곱의 후손들

1-13장 오랜 세월이 지나 야곱(이스라엘)과 그의 자녀들은 하나님 곁으로 갔다. 그 후손들은 여전히 이집트에 살고 있었는데 바로 왕이 이들을 노예로 만들어 버렸다. 이들은 하나님께 간절히 기도했고, 하나님은 기도 응답으로 이집트에서 백성을 이끌고 나올 지도자인 모세를 보내 주셨다.

1장 이스라엘 백성의 또 다른 이름은 히브리 족속이다. 이들은 이집트의 노예가 되었다. 이집트인들은 이들을 매우 잔인하게 다뤘고 수시로 괴롭히기 일쑤였다.

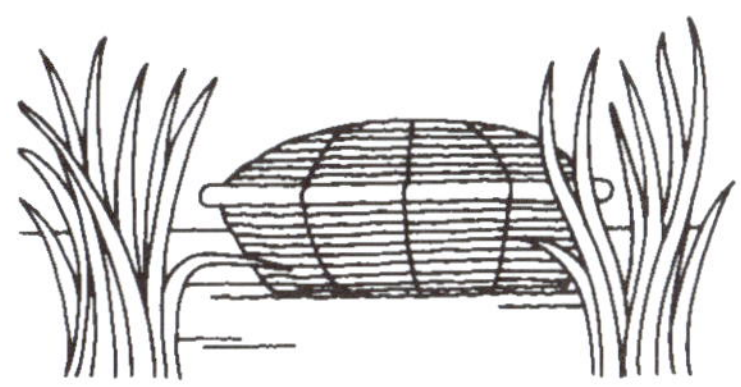

2장 바로 왕은 히브리인들의 남자 아기를 모두 죽이라고 명령했다. 갓난아기 모세는 바로의 군사들을 피해 숨겨졌다가 바로의 딸인 공주에 의해 목숨을 건졌다. 공주의 양자로 자라난 모세는 왕궁에서 성장했지만, 이집트인을 죽이고 미디안 광야로 도망쳤다.

3-4장 하나님은 불타는 가시덤불 속에서 모세에게 말씀하셨다. 모세에게 다시 이집트로 돌아가 이스라엘 백성을 노예에서 해방시키라고 명령하셨다.

5-6장 모세는 하나님의 말씀대로 바로 왕에게 가서 이스라엘 백성을 보내 달라고 요청했지만 바로 왕은 거절했다.

7-10장 하나님은 바로 왕의 고집을 꺾으시기 위해 이집트에 9가지 재앙을 내리셨다. 바로 왕은 좀처럼 고집을 꺾지 않고 이스라엘 백성을 붙잡아 두었다.

11-13장 하나님은 이집트에서 모든 처음 난 것들의 생명을 거두어 가셨지만 이스라엘의 처음 난 것들은 살려두셨다. 이것이 유월절이다. 바로 왕은 장자를 잃고 나서야(10번째 재앙) 이스라엘 백성을 보내기로 했다.

◆ 드디어 이집트에서 해방되다

13-18장 하나님은 이집트를 나온 백성을 신 광야로 인도하셨다. 그들은 척박한 광야를 행군했지만 하나님은 만나와 메추라기로 먹이시고, 구름 기둥과 불 기둥으로 인도하셨다.

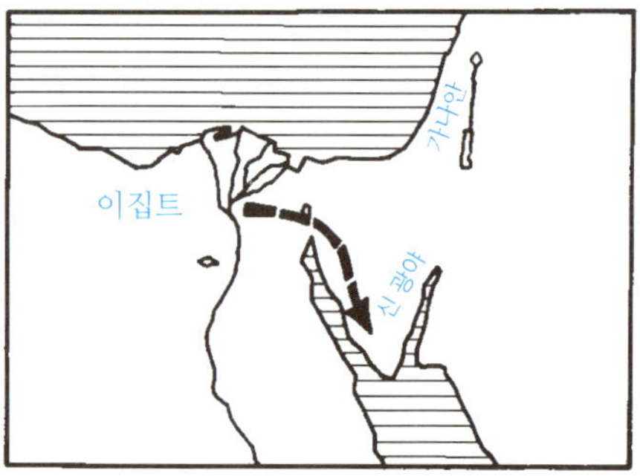

13장 모세는 이스라엘 백성을 이끌고 이집트에서 나왔다. 하나님은 쉬지 않고 백성을 돌보시며, 낮에는 구름 기둥으로 밤에는 불 기둥으로 백성을 인도하셨다.

14-15장 바로 왕이 마음이 바뀌어 이스라엘 백성을 추격했다. 겁에 질린 이스라엘 백성이 모세를 원망하자, 하나님은 홍해를 갈라 길을 내셔서 백성을 보호하셨다.

16-17장 하나님은 광야를 유랑하는 백성에게 양식과 물을 공급해 주셨다.

18장 모세는 미디안에서 그의 가족을 만났다. 그리고 자기를 도와 함께 백성을 지도할 사람들을 뽑았다.

◆ 시내 산에서 천막을 치고 머문 백성들

19-40장 이스라엘 백성이 시내 산에 도착했다. 이스라엘 백성은 여기서 넓고 평평한 지대를 찾아 천막을 세우고 머물렀다.

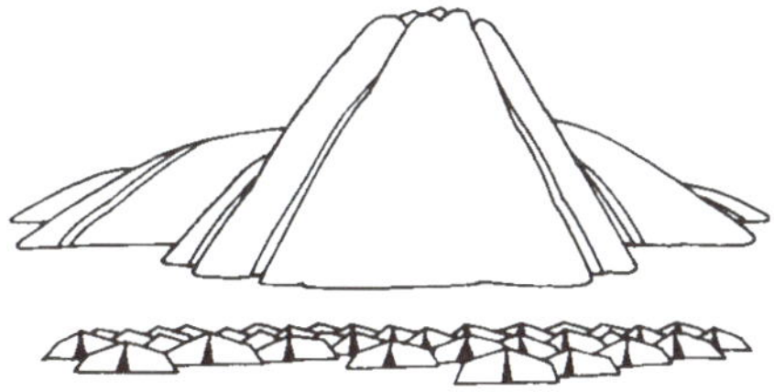

19-24장 하나님은 백성이 지켜야 할 십계명과 다른 율법들을 주셨다. 백성은 하나님께 순종하기로 약속한다.

25-31장 하나님은 그분의 백성에게 성막 짓는 법을 알려 주셨다. 성막은 하나님을 예배하는 거룩한 장소가 될 성소다.

32장 백성은 금송아지 우상을 만들어 하나님께 범죄했다. 모세는 화가 나 율법이 적힌 돌판을 깨뜨렸다. 그는 하나님께 백성의 죄를 용서해 달라고 간청했다.

33-34장 하나님은 모세와 백성이 광야를 여행할 때 언제나 함께하겠다고 약속해 주셨다. 그리고 모세는 말씀대로 두 개의 돌판에 십계명을 기록했다.

35-39장 모세는 하나님의 명령대로 성막을 완성했다. 백성은 성막에서 하나님을 섬기게 될 제사장을 위해 특별한 의복을 만들었다.

40장 성막이 세워지자 하나님은 무척 기뻐하셨다. 하나님은 백성을 인도하신다는 증표로 낮에는 구름 기둥을, 밤에는 불 기둥으로 인도하셨다.

◆ **성막의 기구들**

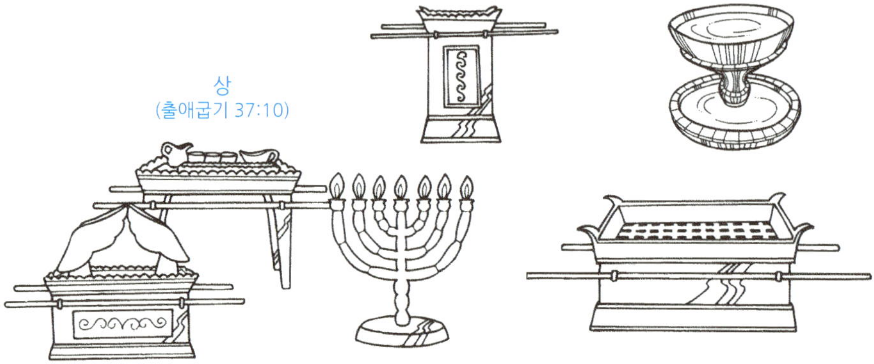

출애굽기 속 실제 흔적들

출애굽기에 기록된 말씀이 사실임을 보여 주는 증거 몇 가지를 소개한다.

실제로 이집트에서 살았던 이스라엘 민족 이집트 동굴에서 발견된 그림들에는 벽돌을 만들어 쌓고 있는 이스라엘 노예들의 모습이 그려져 있다. 또한 출애굽기에 언급된 많은 도시와 장소들이 히브리 시대에 존재했다는 사실도 발견되었다. 히브리 노예들이 지은 비돔(pithom, 고대 이집트 도시)과 라암셋(람세스) 성은(출 1:11) 짚이 안 들어간 벽돌로 지어졌는데, 출애굽기 5장 6-8절에서는 바로가 노예들에게 벽돌을 굽는 데 필요한 짚을 주지 않았다는 기록이 나와 있다.

가나안 땅의 히브리 민족 기록에 의하면, 가나안에 들어간 침략자들은 '하비루(히브리)'라고 불렸다. 약 100년 전에 가나안 땅에서 군대 지도자들이 쓴 몇 통의 편지가 발견되었다. 여기에는 하비루를 대항하기 위해 바로 왕의 도움을 요청하고 있는 내용이 기록되어 있다.

출애굽한 시기 이스라엘 민족의 이집트 탈출은 BC 1446년쯤으로 추정된다. 당시 이집트의 바로 왕은 아멘호텝 2세였는데 실제 역사에서 그가 이스라엘 지역 쪽으로 군대를 보낸 출정 기록이 있다.

출애굽기에서 만나는 예수님

모세 모세의 인생을 통해 우리는 한 사람이 많은 사람을 구원하는 역사를 볼 수 있다. 모세는 예수님처럼 하나님께 선택되고 인도함을 받았으며, 예수님처럼 하나님의 백성을 구원하는 특별한 사역을 감당했다. 예수님이 하나님의 자녀인 우리를 죽음에서 건져 주시고 영생을 주심 같이, 모세 역시 그분의 백성을 죽음에서 구했다.

유월절 어린 양 열 번째 재앙이 내려 온 이집트 사람과 가축의 처음 난 것들이 죽게 되는 날, 하나님은 흠 없는 어린 양의 피를 문에 바르라고 말씀하셨다. 어린 양을 죽여 그 피를 집 문설주에 바르면 하나님의 백성임을 증거하는 표식이 되었다. 이렇게 어린 양의 피를 통해 하나님의 백성은 죽음의 재앙을 면했고, 이를 기념하는 날이 바로 유월절이다. 유월절을 통해 우리는 하나님의 흠 없는 어린 양이신 예수님의 죽음과 그 의미를 이해할 수 있다.

성막 성막은 당시 하나님의 백성이 모여서 예배를 드리는 장소였다. 성막의 여러 부분들은 예수 그리스도의 모습을 나타낸다. 황금 등대(출 25:31-40)는 예수님이 우리의 빛이 되심을 의미하고, 물두멍(손발을 씻는 데 사용된 큰 그릇-출 30:18-21)은 예수님이 그분의 백성을 죄에서 깨끗이 씻기셨음을 뜻한다. 놋으로 만든 단(출 27:1-8)은 우리 죄를 대신해 십자가에서 죽으신 예수님을 떠올리게 한다.

제사장 대제사장 아론은 예수 그리스도를 연상시킨다. 아론의 흉패와 에봇 그리고 황금 머리띠는 예수 그리스도의 영광과 아름다움을 보여 주는 색실과 보석으로 만들어졌다. 히브리서 2장 17절은 예수께서 우리의 대제사장이 되신다고 말한다.

당신을 향한 하나님의 계획 출애굽기를 읽으면서 하나님이 그분의 백성을 이집트에서 어떻게 이끌어 내시는지 잘 살펴보자. 하나님이 그분의 백성을 어떤 방법으로 돌보셨는지 찾아보자. 그리고 하나님이 나를 어떻게 돌봐 오셨는지, 지금도 어떻게 함께하고 계신지 묵상해 보자. 하나님은 태초 전부터 나를 구원하기 위해 예수님을 보내주시기로 계획하고 준비하셨다는 사실을 기억하자.

3. 레위기 거룩의 조건

저자 모세

개요 레위기는 '레위'라는 단어에서 따온 이름이다. 레위는 성막에서 제사장과 일꾼으로 섬기도록 하나님이 선택하신 사람들이다. 레위기는 '속죄의 책'이라고도 불린다. 속죄를 통해 하나님께서 사람들을 친구로 삼으셨기 때문이다. 레위기는 하나님의 죄 용서를 이스라엘 백성이 배울 수 있도록 돕기 위한 하나님의 그림책이다. 레위기는 하나님과 인간 관계에서의 거룩(1-10장), 하나님의 백성으로 구별된 삶을 사는 거룩(11-27장) 두 부분으로 이루어졌다. 죄 용서와 은혜를 보여주는 레위기는 처음부터 끝까지 예수 그리스도를 보여주고 있다.

주요 인물 예물을 가져오는 사람(하나님의 백성)과 예물을 드리는 사람(제사장들)

주요 내용

□ 희생과 구별 : 거룩하지 못한 사람이 어떻게 거룩하신 하나님께 나아갈 수 있을까? (레위기 1:1-6:7)

□ 제사장 : 제사장이 사람들의 기도와 찬양을 가지고 하나님께 나아감 (레위기 8-10장)

□ 매일의 생활에 대한 규율 (레위기 11-22장)

□ 속죄의 날 (레위기 16장)

□ 절기 (레위기 23-25장)

지도

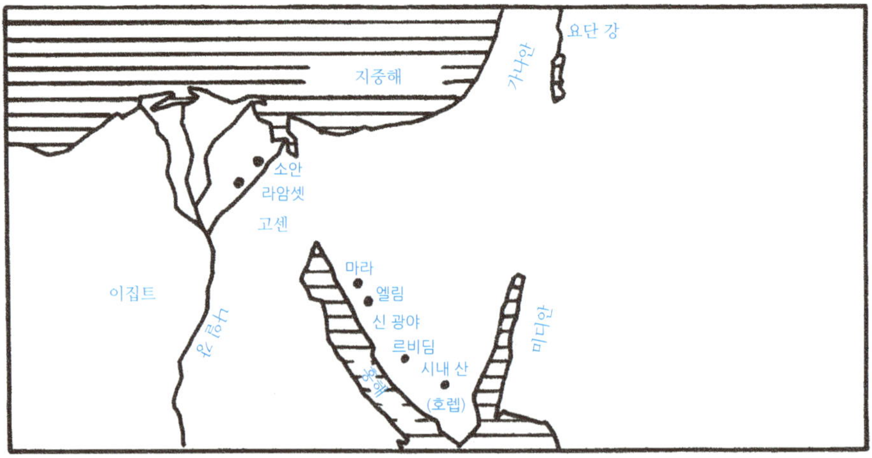

레위기는 이스라엘 백성이 시내 산에서 성막을 짓는 11개월 동안 하나님이 들려주신 이야기다.

레위기 속 실제 흔적들

옛터에서 발견된 모세 시대의 기록들을 보면, 다른 민족이 레위기에 나타난 율법과 많은 면에서 비슷한 법률을 갖고 있음을 알 수 있다. 하지만 다른 민족의 법률과는 다르게 모세 율법의 목적은 사람들이 하나님께 순종하고 헌신하도록 하는데 있었다.

레위기에서 만나는 예수님

우리는 출애굽기에서 성막에 대해 살펴보면서 여러 부분들이 예수님과 그분의 사역을 생각하게 함을 배웠다. 레위기의 율법 속에서도 우리는 예수 그리스도의 모습을 볼 수 있다. 율법의 어떤 부분이 예수 그리스도에 대해 이야기하는지 살펴보자.

□ 예물과 희생 : 예수님의 희생을 생각하게 한다.

□ 번제 (레위기 1:3) : 예수님은 죄가 없는 온전한 사람으로서 하나님께 자신을 드렸다.

□ 곡식 예물 (레위기 2:1) : 예수님은 하나님께 드리는 온전한 예물이 되셨다. – 향기로운 냄새

□ 화목 예물 (레위기 3:1) : 예수님의 죽음은 하나님과 사람 사이를 화목하게 하셨다.

□ 속죄 예물 (레위기 4:2) : 예수님은 모든 사람의 죄를 사하기 위해 대신 죽으셨다.

□ 허물을 씻는 예물 (레위기 5:1–4) : 예수님은 우리의 허물(죄)을 위해 죽으셨다.

레위기를 읽으며 우리가 하나님께 용서를 구할 때 필요한 온전한 희생의 방법을 주의 깊게 보아야 한다. 예수님이 우리 대신 희생해 자기 자신을 드리셨음을 기억하라. 그분은 하나님께 드려진 온전한 예물이었다. 나를 사랑하기에 예수님은 그 희생을 기꺼이 감당하셨다. 나를 위해 생명을 주셨다는 사실을 믿으면서, 하나님께 감사의 찬양을 드리자.

핵심 사건 따라가기

◆ 하나님의 백성을 위한 하나님의 법

1-27장 레위기에서 다루고 있는 법과 규율
- 예물
- 제사장, 음식, 건강과 매일의 삶
- 절기(축일)
- 보상과 형벌

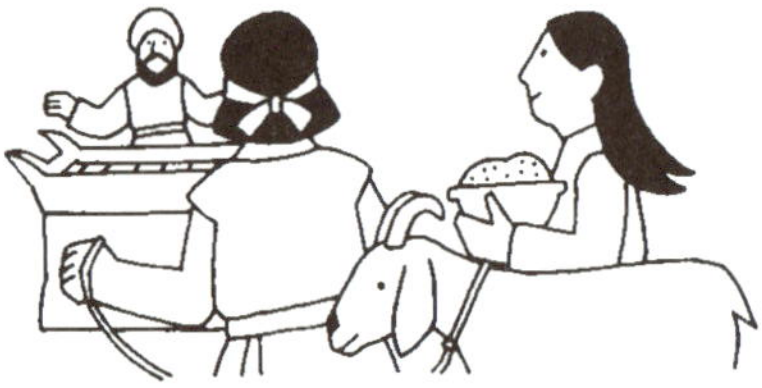

1-7장 예물에 대한 법이다. 백성은 율법에 따라 성막에서 하나님께 예물을 드렸다. 예물에는 동물과 곡식 그리고 번제단에 놓이는 다른 품목들이 포함된다. 각 예물들은 각기 다른 목적으로 드려졌다.

8-10장 제사장에 대한 법이다. 제사장의 의무와 행동에 관한 엄격한 율법을 말하고 있다.

11-22장 음식, 건강, 일상생활에 대한 법이다. 율법의 많은 부분이 백성의 건강과 천막 청결에 대한 기준과 관계 있었다.

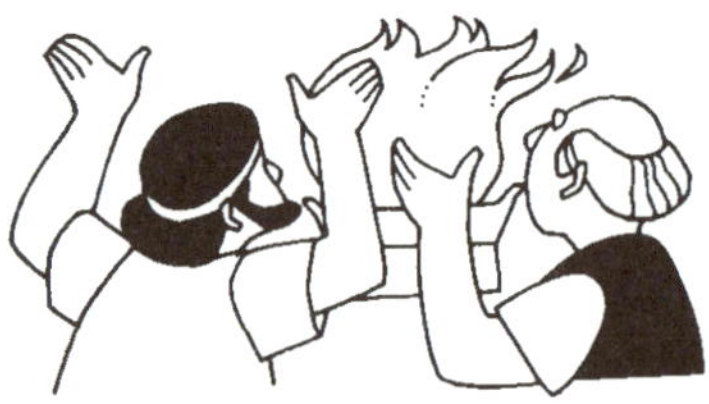

23-25장 절기(축일)에 대한 법이다. 하나님은 백성이 거룩한 날들을 어떻게 감사하고 기념하며 즐겨야 하는지 자세히 가르쳐 주셨다.

26-27장 보상과 형벌의 규율이다. 계약을 하는 방법, 하나님께 드리는 방법, 하나님께 순종하지 않았을 때 예상되는 것에 대해 가르쳐 주셨다.

◆ **절기와 농사력**

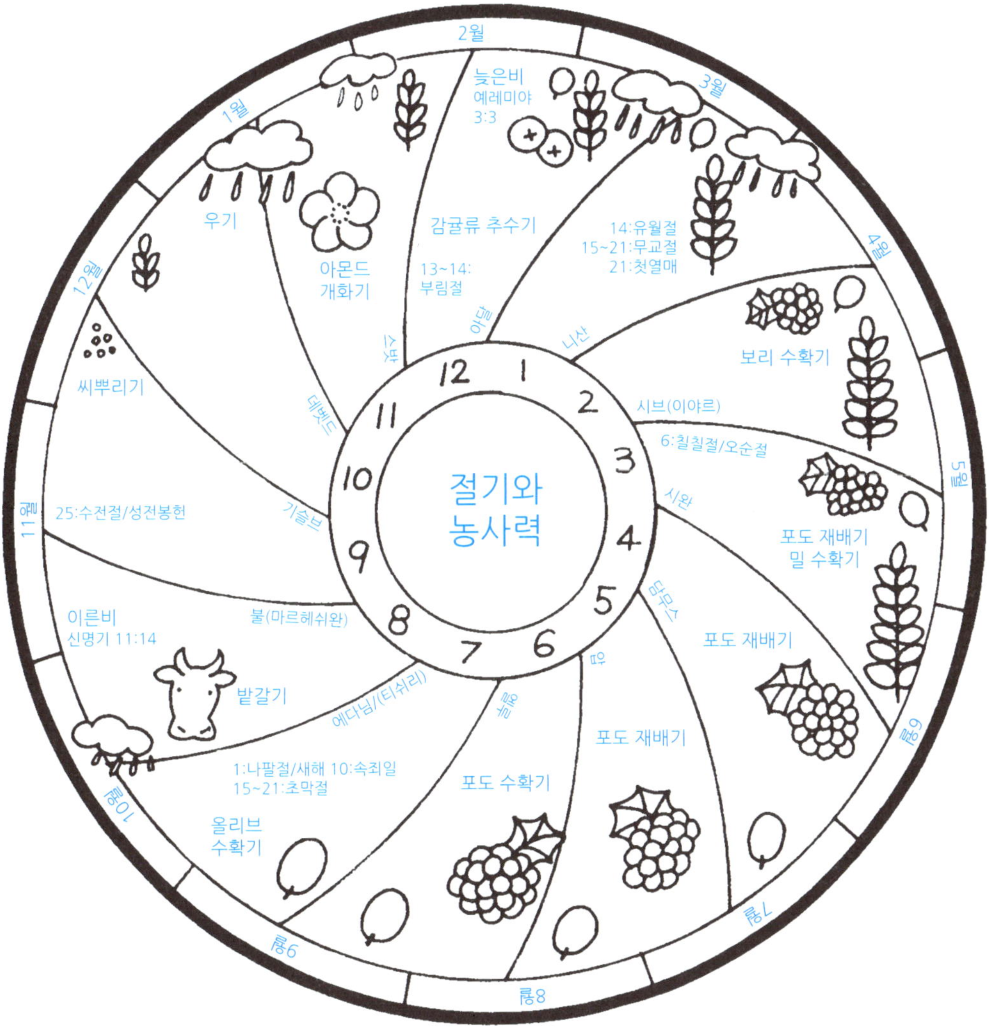

절기와
농사력
1월
2월
3월
4월
5월
6월
7월
8월
9월
10월
11월
12월
늦은비
예레미야 3:3
감귤류 추수기
13~14:
부림절
아달
14:유월절
15~21:무교절
21:첫열매
니산
보리 수확기
시브(이야르)
6:칠칠절/오순절
시완
포도 재배기
밀 수확기
담무스
포도 재배기
압
포도 재배기
엘룰
포도 수확기
에다님/(티쉬리)
1:나팔절/새해 10:속죄일
15~21:초막절
올리브
수확기
불(마르헤쉬완)
이른비
신명기 11:14
밭갈기
기슬르
25:수전절/성전봉헌
씨뿌리기
데벳드
우기
아몬드
개화기
스밧

4. 민수기 광야의 여정

저자 모세

개요 민수기는 '백성(민)의 수(셈하다)를 센다'는 뜻으로, 1장과 26장에 나오는 인구 조사에서 따온 이름이다. 그래서 '행군의 책' 또는 '점호'라고 불리기도 한다. 시내 산에서 출발하여 모압 평지까지 진군해 간 이스라엘 백성의 광야 이야기가 펼쳐진다.

주요 인물 모세, 아론, 여호수아, 갈렙, 미리암과 제사장들

주요 내용 민수기 속 사건들은 약 40년 동안 일어났다.

□ 여행을 위한 준비 (민수기 1-10장)

□ 광야 생활 (민수기 10-20장)

□ 가나안을 향한 여행 (민수기 21-36장)

지도

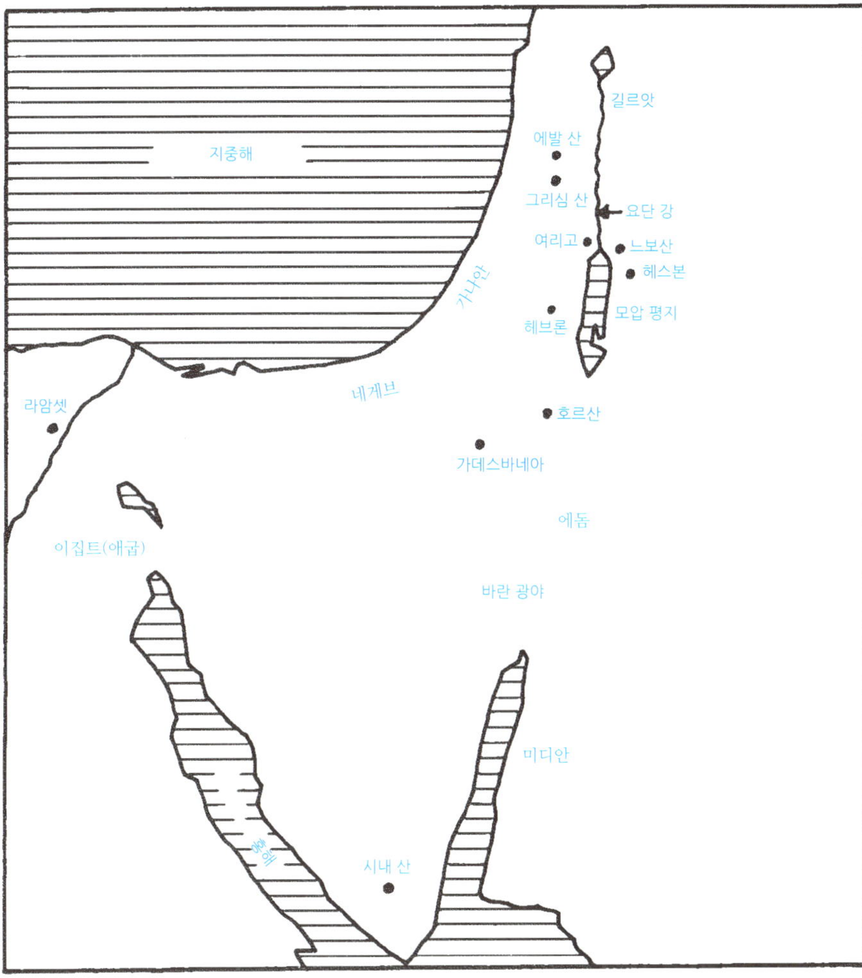

민수기 사건은 언제 일어났을까?

◀ BC 1450 　　　　　　　　　　　　　　　　　　 1400 ▶

여호수아, 갈렙 　　　　　　　　　　　　　　 모세, 여호수아

핵심 사건 따라가기

◆ 여행을 위한 준비

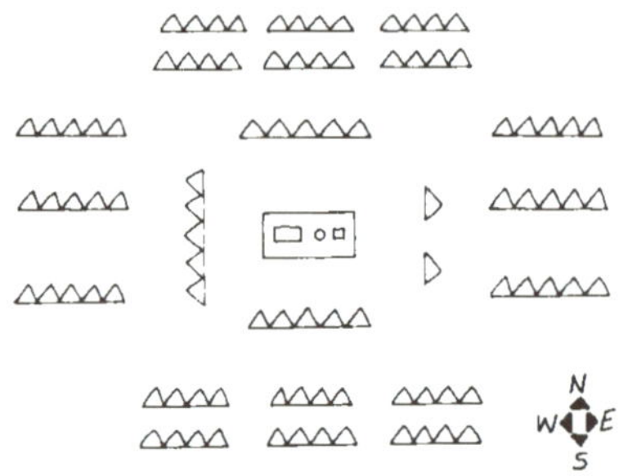

전투 대열로 진영을 짠 이스라엘 백성

1-10장 이스라엘 백성은 시내 산 근처에 머물면서 하나님께 율법을 받았고, 성막을 세웠다. 하나님은 이 일을 위해 이스라엘 민족을 준비시키셨다. 하나님은 그들을 가데스바네아로 인도하셨다.

1-4장 백성은 모든 사람의 수를 세면서 시내 산을 떠날 준비를 했다. 열두 지파가 어떻게 긴 행군 대열을 이뤄야 할지도 계획하고, 성막의 물건들을 조심스럽게 다루며 이동하기 위한 방법도 정했다.

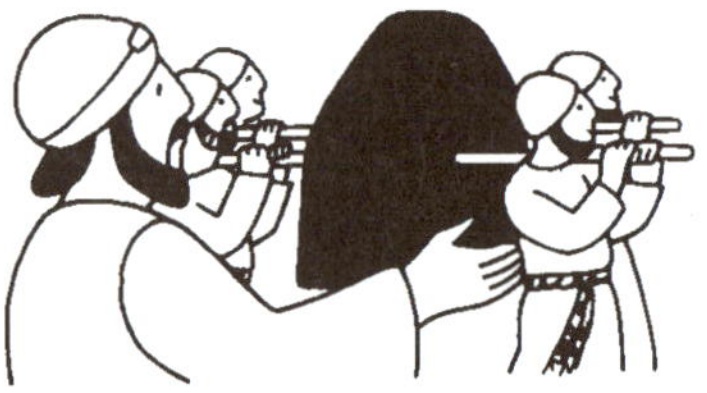

5-10장 백성은 긴 행군을 준비하며 모든 율법을 지키려고 애썼다. 떠나기 전에는 유월절을 기념해 축제를 열었는데, 이는 하나님께서 그들을 이집트의 노예에서 해방시켜 주신 은혜를 기억하기 위함이었다.

◆ 광야 생활

10-20장 이스라엘 백성은 하나님께서 약속의 땅인 가나안을 주실 것이라고 믿지 않았다. 그 때문에 40년 동안이나 광야를 방황해야만 했다.

10-12장 이스라엘 백성이 시내 산에 천막을 치기 전에 하나님께서 함께하셨던 것처럼, 여기서도 하나님의 인도하심을 의지해 길을 떠났다. 하지만 백성은 오랫동안 고기를 먹지 못했다며 불평했다. 하나님은 그들에게 고기를 주셨지만 동시에 그 불평 때문에 벌도 주셨다.

13-15장 가데스바네아에서 열두 명의 정탐꾼이 가나안 땅을 정탐했다. 그 후, 열 명은 위험하다고 보고했지만 여호수아와 갈렙은 그 땅에 들어가야 한다고 주장했다. 백성은 열 명의 말을 믿고 격렬하게 항거했다. 그들은 하나님을 신뢰하지 않았던 것이다. 그래서 하나님은 그들을 가나안 땅에 들여보내는 대신 40년 동안 광야에서 방황하도록 하셨다.

16-20장 한 무리의 사람들이 하나님께 반역하였고, 땅이 그들을 삼켜버렸다. 하나님은 표적을 통해 아론을 대제사장으로 삼으셨음을 증명하셨다. 반면, 모세는 하나님의 분명한 명령에 불순종하는 죄를 범했다. 후에 아론이 호르 산에서 죽고 아론의 아들 엘르아살이 대제사장이 되었다.

◆ 가나안을 향한 여행

21-36장 이스라엘 백성은 가데스바네아에서 모압 평지까지 유랑했다. 약속의 땅 가나안에 들어갈 새로운 세대들에게 하나님은 구별된 삶을 살라고 교육하셨다.

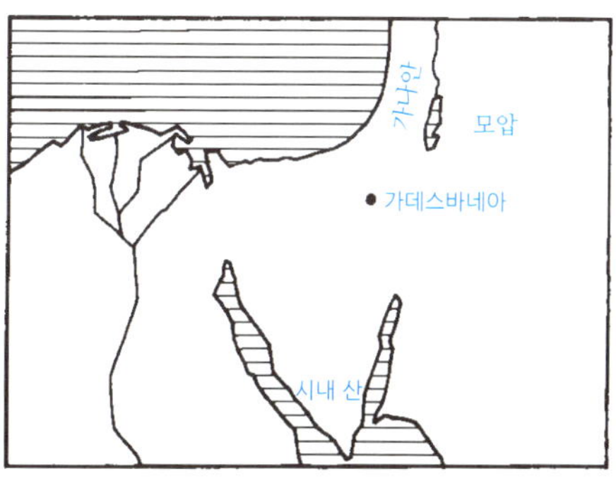

21장 백성이 불평을 늘어놓자 하나님은 독사를 보내셨다. 이에 모세가 간절히 기도하자, 하나님은 모세에게 놋뱀을 만들어 장대에 매달아

두게 하시며 그것을 바라보는 사람은 낫도록 하셨다.

22-23장 이스라엘 백성이 모압에 천막을 치자 모압 사람들은 두려워했다. 모압 왕은 이스라엘 백성을 저주하기 위해 점쟁이 발람을 불렀다.

그러자 천사가 발람에게 나타나, 하나님께서 그에게 말씀해 주신 것만 말하라고 경고했다.

24장 발람은 이스라엘 백성을 저주하지 않고 축복했다. 이에 모압 왕은 분노했다.

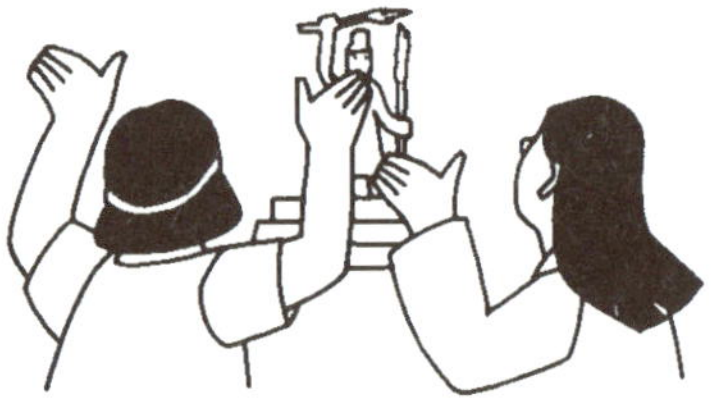

25장 하나님은 이스라엘을 사방의 적들로부터 보호하셨지만 그들은 우상을 숭배하는 죄를 범했다.

26장 인구 조사를 새로 했다. 이는 하나님의 약속을 의심하고 불평을 일삼던 백성이 40년 광야 생활 동안 모두 죽었음을 보여 주었다.

27-36장 하나님은 모세의 뒤를 이을 지도자로 여호수아를 택하셨다. 또한 새로운 땅의 경계를 정하시고, 땅을 나눌 사람들도 뽑으셨다.

민수기 속 실제 흔적들

놋뱀(민 21:1-9)은 예수님의 모습을 상징한다. 백성이 바라볼 수 있도록 높은 장대에 놋뱀을 매단 것은 우리 죄를 위해 십자가에 달리신 예수님을 생각하게 한다. 반드시 치유하신다는 하나님의 약속을 믿고 놋뱀을 바라본 후 나았던 백성처럼 우리도 예수 그리스도의 십자가 죽음을 믿고 그분을 바라보면 구원을 얻는다.

시내 광야와 약속의 땅

이스라엘 백성은 시내 산 근처에 천막을 치고 오랫동안 머물렀다. 하나님은 이스라엘 백성과 시내 산에서 언약을 맺고, 율법을 주고, 성막을 완성시켰다. 하나님의 백성으로서 살아갈 준비를 시키신 것이다. 또한 하나님은 성막을 중심으로 천막을 치는 방법까지도 상세히 말씀해 주셨다. 이는 이동시에 있을 전투를 대비하기 위함이다. 민수기 2:1-31, 3:21-38을 참고하라.

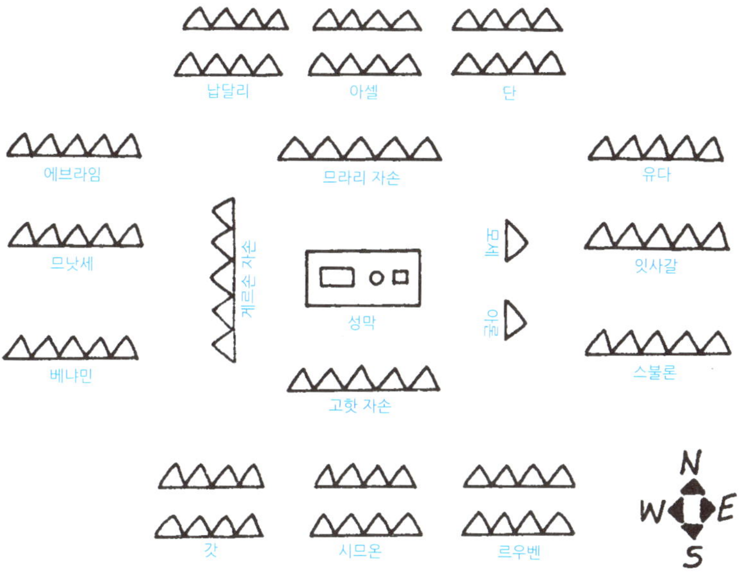

참고 : 모세와 아론, 므라리 자손, 게르손 자손, 고핫 자손은 레위 지파였다. 하나님은 레위 지파 중에서 제사장을 세워 성막을 지키고 돌보도록 하셨다. 또한 그들은 백성이 이동할 때 성막과 기구들을 직접 운반했다. 하나님은 모세를 통해서 이스라엘 백성을 인도하셨고, 대제사장으로는 아론을 뽑으셨다.

시내 산으로 추정되는 곳이다.
출애굽기 19, 20장을 펼쳐 이스라엘 백성이 시내 산에 도착했을 때
어떤 일이 일어났는지 찾아보자.

산 아래에는 넓은 땅이 있는데
아마 백성은 여기에 천막을 쳤을 것이다.

아카시아(조각목) 나무는
성막과 성소 기구들을 만드는 데 사용되었다.
출애굽기 25-27장을 참고하자.

이스라엘 백성이 이런 오아시스를 만났을 때 기분이 어땠을까?
출애굽기 15:27을 읽어보자.

하나님은 이스라엘 백성을 약속하신 좋은 땅으로 인도하셨다.
그들은 소와 쟁기를 사용해 땅을 경작했다.

곡식이 익으면 타작하고 키질한다.
이 책의 '핵심 성경 낱말 사전'에서 '키질'과 '타작마당'을 찾아보자.

이스라엘 백성은 대부분 양치기였다.
시편 23편을 쓴 다윗도 양치기였다.
사무엘상 16:11-13, 17:34-37을 찾아보자.

양의 우리는 양을 보호하는 곳이다.
요한복음 10:1-18을 읽어 보자.

5. 신명기 이스라엘아 들으라

저자 모세

개요 신명기는 '두 번째 율법'을 뜻한다. 새로운 율법, 새로운 명령이라는 의미다. 가나안 입성을 앞두고 율법이 다시 주어졌고, 모세는 광야에서 태어난 새 세대를 교육하기 위해 이를 기록했다. 모세는 이들에게 하나님의 말씀을 "지켜 행하라"고 권면했다.

주요 인물 모세, 여호수아

주요 내용

□ 모세의 첫 번째 설교: "뒤를 돌아보라." (신명기 1-4장)

□ 모세의 두 번째 설교: "위를 바라보라." (신명기 5-26장)

□ 모세의 세 번째 설교: "밖을 보라." (신명기 27-33장)

□ 모세의 죽음 (신명기 34장)

지도

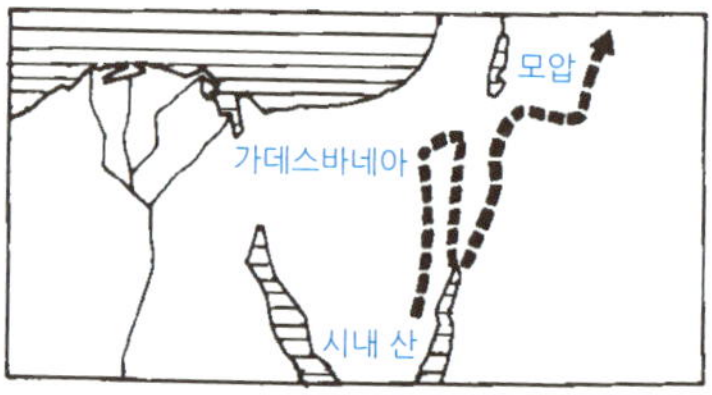

신명기 사건은 언제 일어났는가?

이스라엘 백성은 모압 평지에 도착해 가나안 입성을 앞두고 있었고, 이때 신명기 말씀이 선포되었다.

핵심 사건 따라가기

◆ 새로운 율법이 주어지다

1-34장 신명기는 '모세가 했던 세 번의 설교'와 '모세의 죽음' 두 부분으로 나뉜다.

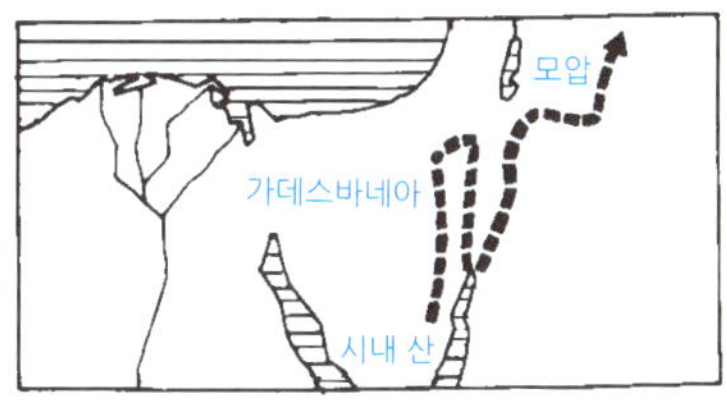

1-4장 '뒤를 돌아보라'는 모세의 첫 번째 설교다. 모세는 백성이 이집트를 떠날 때부터 지금까지 함께하셨던 신실하신 하나님을 기억하도록 도왔다. 시내 산에서부터 가데스바네아로, 그리고 모압 평야까지의 여정을 돌이켜보며 그들이 서 있는 곳에서 땅을 나누어 줄 것을 약속했다. 그리고 백성을 향해 하나님께 순종하고 복종하라고 가르쳤다.

5-26장 '위를 바라보라'는 모세의 두 번째 설교다. 모세는 하나님의 율법을 반복해서 강조하고, 불순종하는 죄를 지어 하나님을 진노케 하지 말라는 경고도 한다.

27-33장 '밖을 보라'는 모세의 세 번째 설교다. 모세는 하나님과 백성 사이에 맺은 언약을 되돌아보며, 이스라엘 백성이 하나님의 보호 아래 있게 될 것을 확신하고 있다.

34장 하나님은 모세가 느보 산 꼭대기에서 약속의 땅 가나안을 바라보도록 하셨다. 그리고 "이것이 내가 아브라함과 이삭과 야곱에게 약속한 그 땅이다"라고 말씀하셨다. 모세가 120세에 죽어 모압 땅에 묻혔고, 백성은 매우 슬퍼했다. 모세의 뒤를 이어 여호수아가 새로운 지도자가 되었다.

신명기 속 실제 흔적들

땅 속에 묻혀 있는 구리 모세가 하나님의 말씀을 받은 후, 백성에게 가나안 땅에 대해 "그 땅의 돌은 철이요 산에서는 동을 캘 것이라"(신 8:9)고 말했었다. 최근에 모세가 이야기했던 그 땅에 구리가 있음이 증명되었고, 이 구리 광산은 솔로몬 시대에 사용되었다.

모세의 죽음 구약의 처음 다섯 권인 율법서는 모두 모세가 기록했다. 그의 죽음을 이야기하고 있는 34장을 어떻게 모세가 기록할 수 있었을까? 아마 그것은 모세의 뒤를 이은 여호수아가 기록했을 것이다. 이 중요한 사건에 대한 이야기로 신명기는 끝을 맺고 있다.

신명기에서 만나는 예수님

모세는 백성에게 자신과 같이 하나님의 말씀을 대언할 예언자가 올 것이라고 이야기했다.

"내가 그들의 형제 중에서 너와 같은 선지자 하나를 그들을 위하여 일으키고 내 말을 그 입에 두리니 내가 그에게 명령하는 것을 그가 무리에게 다 말하리라"(신명기 18:18).

여호수아는 하나님의 말씀을 전하기 위해 선택된 많은 지도자 중 모세 다음으로 쓰임받았다. 그러나 예수님은 모세, 여호수아를 비롯한 많은 예언자들보다 훨씬 더 위대하고 완전하신 분이다.

가나안 땅(이스라엘)

성경을 읽을 때 각 사건들이 일어난 장소가 어디인지 알게 되면 이해하기가 훨씬 쉽다. 이스라엘은 크게 4개 지역으로 구분되는데, 서쪽으로는 평야 지대가 펼쳐져 있고 동쪽으로는 산지가 자리잡고 있다.

이스라엘 백성은 요단 강을 건너 약속의 땅으로 나아갔다. 그들이 처음으로 정착한 곳은 중앙 산지다. 성경에 등장하는 주요 도시들은 중앙 산지에 자리 잡고 있다. 이곳을 정복한 후 이스라엘 백성 중 일부가 요단 강 건너 동편에 정착한다.
여호수아와 이스라엘 백성이 요단 강을 건너던 무렵, 블레셋 족속들은 지중해를 건너 서쪽 해안가에 정착했다. '쉐펠라'(해안 평야와 중앙 산지의 중간에 위치한 완충지)는 블레셋 족속으로부터 이스라엘 백성을 보호해 주었다. 사사기에서 우리는 '쉐펠라'에 있는 많은 도시들을 알게 될 것이다. 블레셋 족속과 이스라엘 백성 모두가 이 도시들을 정복하고 싶어 했던 이유까지도 말이다. 블레셋 족속은 중앙 산지에 있는 이스라엘 도시들을 침략하기 위해 계속 쉐펠라를 건너려고 시도했다. 다윗과 골리앗의 싸움도 이 '쉐펠라'에서 일어났다.

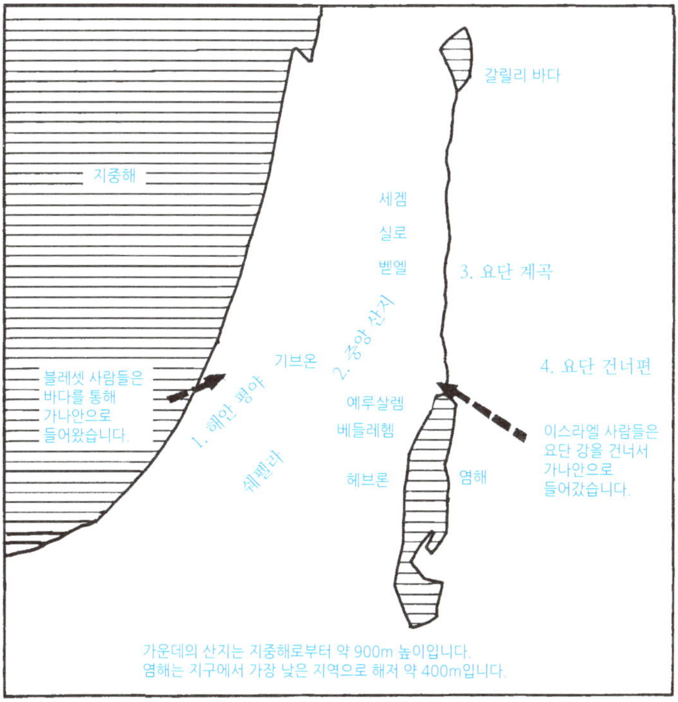

역사서의 포인트

구약의 다음 12권은 역사서다. 역사서는 이스라엘 사람들이 약속의 땅에 도착한 때로부터 구약이 끝나는 시점까지(거의 구백 년의 역사) 그들에게 무슨 일이 일어났는지 기록하고 있다.

사건들	성경
이스라엘은 약속의 땅을 차지하기 위해 요단 강을 건넌다.	여호수아
이스라엘은 하나님의 가르침을 잊는다. ▶ 하나님은 적들이 이스라엘을 침략하도록 허용한다.	사사기 룻기
이스라엘은 왕을 요구한다. ▶ 사무엘은 사울을 왕으로 세운다. 그 후 다윗을 세운다. 다윗은 예루살렘에서 통치한다.	사무엘상 사무엘하 역대상
솔로몬 왕은 성전을 짓는다. ▶ 이스라엘은 솔로몬의 죽음 이후 두 왕국으로 나뉜다. ▶ 두 왕국의 백성이 적들에게 포로로 끌려간다.	열왕기상 열왕기하 역대하
칠십 년 후, 바사(페르시아) 왕 고레스가 이스라엘 민족을 예루살렘으로 돌려보내 성전을 재건하도록 허용한다.	에스라 느헤미야
하나님이 바사에 남아 있는 유대인을 구하신다.	에스더

신약에서 말하는 이스라엘의 역사 바울은 고린도인들에게 "그들에게 일어난 이런 일은 본보기가 되고 또한 말세를 만난 우리를 깨우치기 위하여 기록되었느니라"(고전 10:11)고 했다. 하나님은 우리가 이스라엘의 역사에서 하나님을 신뢰하고 충실히 따르는 것을 배우기 원하신다.

6. 여호수아 강하고 담대하라

저자 여호수아서의 저자가 누구인지 정확히는 알 수 없다. 다만 이스라엘 백성을 약속의 땅으로 인도했던 여호수아라고 짐작한다.

개요 '여호수아'는 '하나님의 구원'을 의미한다. 헬라(그리스) 식으로는 '예수'라고 부른다. 여호수아는 모세가 죽으면서 그의 뒤를 잇도록 하나님께 택함 받은 지도자였다.

주요 인물 여호수아, 라합

주요 내용

☐ 군대의 이동 (여호수아 1-2장)

☐ 전진 (여호수아 3-5장)

☐ 여리고 성 함락 (여호수아 6장)

☐ 아이 성 정복 (여호수아 7-8장)

☐ 남부 정복 (여호수아 9장)

☐ 중부 정복 (여호수아 10장)

☐ 북부 정복 (여호수아 11장)

☐ 패배한 왕들 (여호수아 12장)

☐ 땅의 분할 (여호수아 13-22장)

☐ 여호수아의 고별사와 죽음 (여호수아 23-24장)

지도

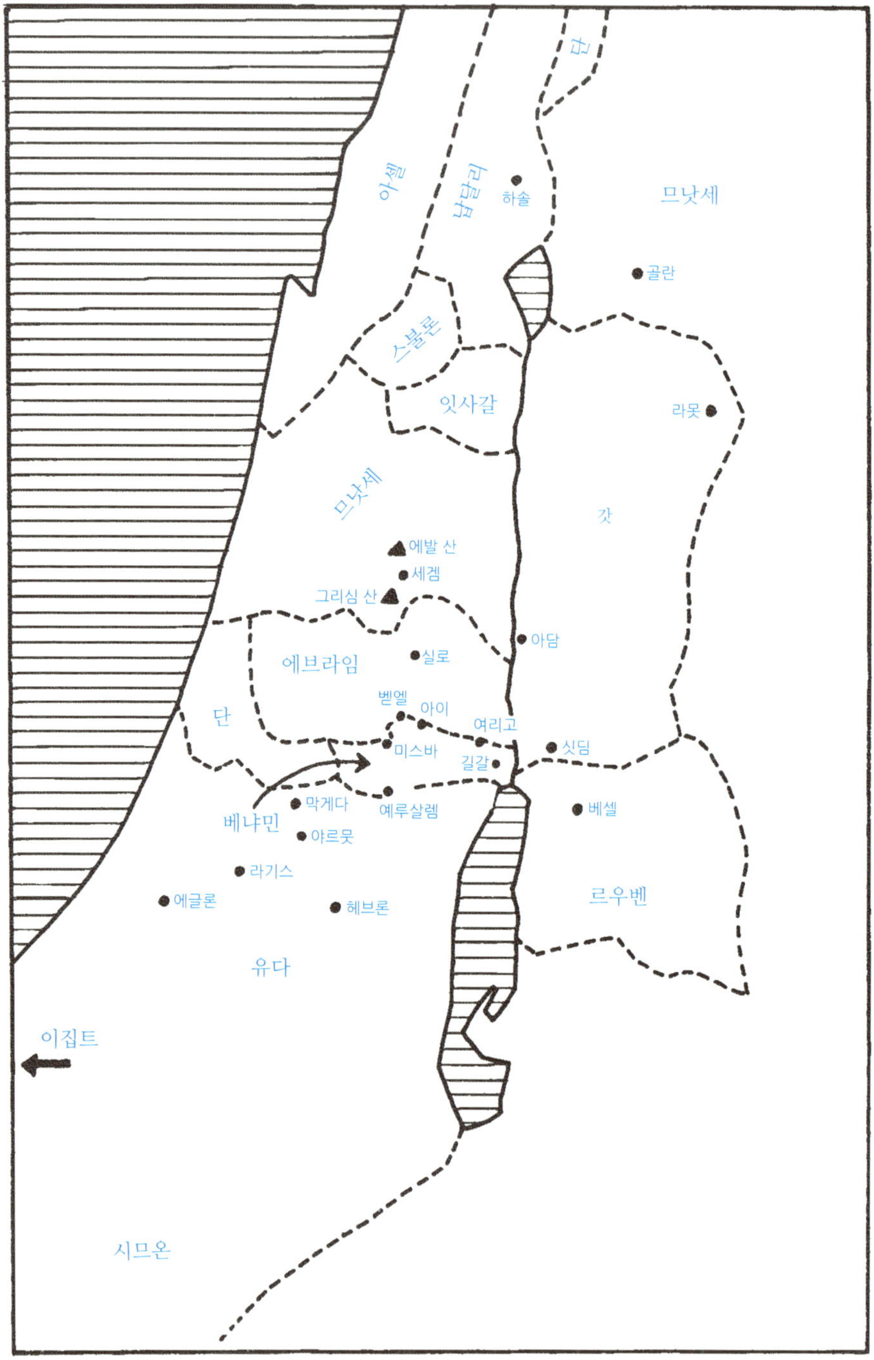
단
아셀
납달리
하솔
므낫세
골란
스불론
잇사갈
라못
므낫세
갓
에발 산
세겜
그리심 산
아담
에브라임
실로
단
벧엘
아이
여리고
미스바
싯딤
길갈
막게다
예루살렘
베냐민
베셀
아르뭇
라기스
르우벤
에글론
헤브론
유다
이집트
시므온

여호수아서의 사건은 언제 일어났는가?

여호수아서 핵심 사건 따라가기

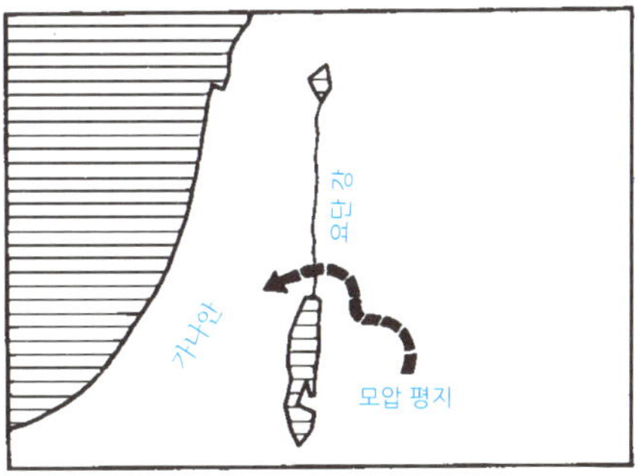

◆ 가나안 땅을 정복하라

1-12장 하나님의 명령을 받은 여호수아는 전쟁에 대비해 백성을 훈련시켰다. 그들은 요단 강을 건너 가나안 땅을 정복했다. 그곳은 하나님께서 아브라함과 이삭과 야곱에게 약속하신 땅이었다.

1장 가나안 거민이 심각하게 타락했기에 하나님은 그들을 심판하시고자 했다. 여호수아는 이들과의 전쟁을 위해 이스라엘 군대를 책임지고 준비시켰다.

2장 두 명의 정찰병이 여리고 성으로 갔고, 그들은 '라합'이라는 여인의 도움을 받아 탈출했다.

3-5장 여호수아의 군대는 언약궤를 가지고 요단 강을 건넜다.

6장 하나님은 여리고 성벽을 부수어서 여호수아가 그 도시를 정복하도록 도우셨다.

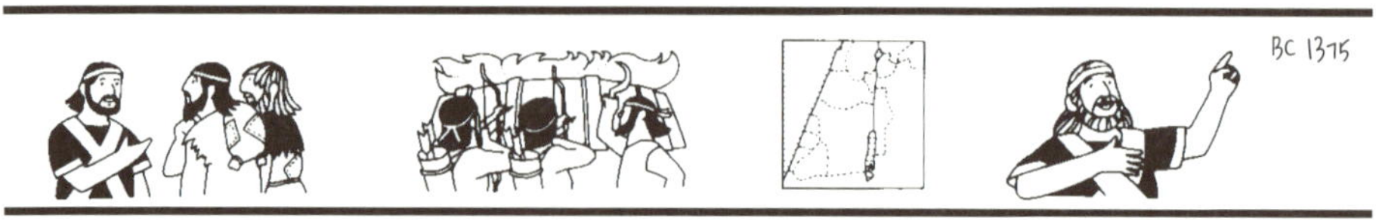

여호수아

7-8장 여호수아의 군대는 아이 성 함락에 실패했다. 아간이 하나님께 온전히 바쳐야 할 여리고의 보물을 훔쳤기 때문이다. 아간의 죄가 드러나 벌을 받은 후, 여호수아는 아이 성을 정복했다.

9-12장 여호수아는 가나안에 사는 기브온 족속에게 속아 그들과 조약을 맺는다. 기브온이 위험에 처하자 이스라엘은 그들을 위해 아모리 족속과 전쟁을 한다. 여호수아는 아모리 족속 및 가나안의 많은 왕들을 정복했다.

◆ 열두 지파에게 나누어 준 땅

13-22장 가나안을 정복한 여호수아는 이스라엘 열두 지파에게 땅을 분배했다. 열두 지파는 야곱의 열두 아들의 후손으로 이루어진 무리인데, 그 중 하나인 레위 지파는 제사장과 성막의 일을 돕는 자들로 선택되었다. 그들은 땅을 분배받지 못했고, 대신 각 지파가 이들의 생계를 책임졌다. 그리고 요셉의 이름도 찾을 수가 없을 것이다. 요셉은 그의 아들 에브라임과 므낫세로 대표되기 때문이다. 앞장의 지도에서 이스라엘 열두 지파의 이름을 찾아보자.

◆ 여호수아의 고별사와 그의 죽음

23-24장 여호수아는 백성을 불러 모아 이집트를 떠난 이후부터 하나님이 행하신 일과 돌보심을 기억하게 했다. 그리고 하나님의 율법에 순종하며 그분만 섬기라고 당부했다. 여호수아는 110세로 생을 마감했다.

여호수아서에서 만나는 예수님

성경의 처음 다섯 권(창세기, 출애굽기, 레위기, 민수기, 신명기)은 사람들을 위한 하나님의 계획을 이야기했다. 창세기를 통해 우리는 사람이 죄를 지어 하나님에게서 분리되었음을 알게 되었다. 그리고 출애굽기, 레위기, 민수기, 신명기를 통해 하나님께서 죄를 지은 백성을 하나님 품으로 돌이키기 위해 어떻게 일하시는지를 볼 수 있었다. 모세를 통해 예수 그리스도의 모습도 이해할 수 있었다. 모세가 이집트의 노예로 살던 백성을 이끌어 내고 해방시킨 것처럼 예수 그리스도는 우리를 죄와 사망에서 구원하셨다. 예수님이 우리 죄를 위해 죽으셨기에 우리는 하나님의 자녀가 된 것이다.

여호수아는 하나님의 백성을 약속의 땅으로 인도한 지도자다. 가나안 땅은 죄악이 가득했다. 이스라엘 백성은 하나님의 자녀로 살기 위해 전쟁을 치러야 했다. 신약성경에서 우리는 하나님의 백성을 새로운 약속의 땅, 하나님나라의 영원한 생명으로 인도하는 또 다른 지도자를 만날 것이다. 바로 예수 그리스도다. 예수께서 우리 죄를 위해 죽으셨음을 믿는다면 우리는 예수님과 십자가 죽음에 감사하며 온전히 순종할 수 있다. 믿음과 순종으로 예수님의 명령을 따를 때 영적 전쟁에서 승리할 수 있다.

7. 사사기 타락에도 불구하고

저자 사사기의 저자는 알려져 있지 않다.

개요 여호수아서에서 하나님께 순종하여 약속의 땅 가나안에 들어간 이스라엘 백성을 보았다. 그들은 하나님을 신뢰하고 의지했다. 그러나 사사기에서는 하나님께 불순종하는 백성을 보게 된다. 하나님을 신뢰하지 않고 우상을 숭배했던 그들은 죄를 지을 때마다 전쟁에서 패하고 무너졌다. '사사기'라는 제목의 '사사'는 '판관, 지도자' 그리고 '구원자'를 의미한다. 사사들은 이스라엘을 구하고 그들을 정의와 공의로 다스리기 위해 하나님이 선택하신 지도자들이었다.

주요 인물 사사들. 주요 사사는 드보라, 기드온, 삼손 그리고 (사무엘상의) 사무엘.

주요 내용

□ 이스라엘 백성이 모든 땅을 점령하지 않음 (사사기 1-2장)
□ 하나님이 사사들을 보내심 (사사기 3-16장)
- 옷니엘과 에훗 (사사기 3장)
- 드보라 (사사기 4-5장)
- 기드온 (사사기 6-8장)
- 악한 아비멜렉 (사사기 9장)
- 입다 (사사기 10-12장)
- 삼손 (사사기 13-16장)

□ 이스라엘 백성이 하나님의 법을 지키지 않음 (사사기 17-21장)

지도

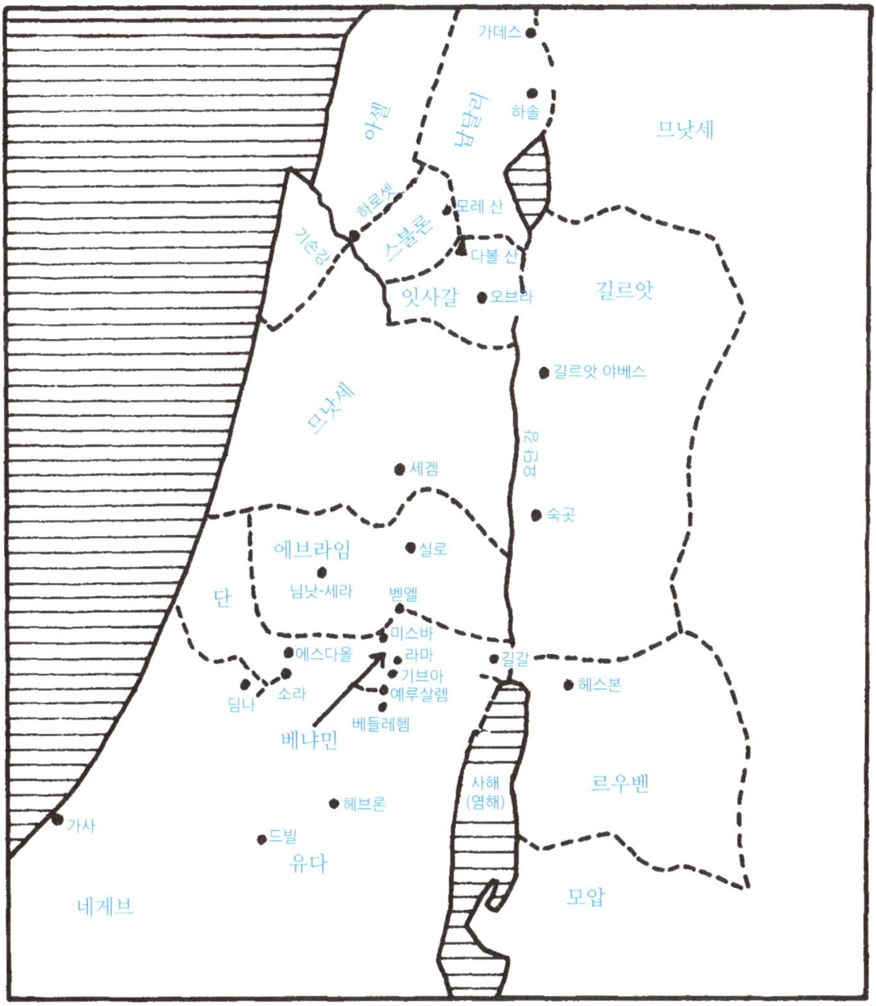
가데스
하솔
납달리
아셀
므낫세
하로셋
모레 산
스불론
기손강
다볼 산
잇사갈
오브라
길르앗
길르앗 야베스
므낫세
요단강
세겜
숙곳
에브라임
실로
님낫-세라
벧엘
단
미스바
에스다올
라마
길갈
기브아
예루살렘
헤스본
딤나
소라
베들레헴
베냐민
사해
(염해)
르우벤
헤브론
가사
드빌
유다
모압
네게브

사사기 사건은 언제 일어났는가?

핵심 사건 따라가기

◆ 약속된 땅을 차지하지 못하는 이스라엘 백성들

1-2장 여호수아의 죽음 이후, 이스라엘 백성은 가나안 사람들을 다 쫓아내라는 하나님의 명령을 끝까지 수행해야 했다. 이스라엘 백성은 그 땅을 소유하고, 가나안 사람들이 숭배했던 우상과 제단을 모두 부숴야 했다. 이는 하나님이 큰 죄를 지은 가나안 사람들을 심판하려 하셨기 때문이다.

이스라엘 백성은 하나님의 명령대로 그들을 쫓아내지 않았다. 그들은 가나안 사람들과 이웃해서 살기로 결심하고 심지어 가나안의 우상을 섬기기 시작했다.

하나님은 진노하셔서 "나는 더 이상 가나안 족속들을 쫓아내는 일을 도와주지 않겠다!"고 말씀하셨다.

◆ 사사들을 보내신 하나님

3-16장 이스라엘 백성은 적의 공격을 받아 삶이 무척 어려워졌다. 그들은 하나님께 도움을 구했고, 하나님은 그들에게 자비를 베푸셨다. 백성을 도와주고 인도할 강한 지도자(사사)를 보내 주셨다. 그러나 한 사사가 죽자 백성은 또다시 하나님께 불순종했다. 이런 일은 사사기 내내 반복됐다.

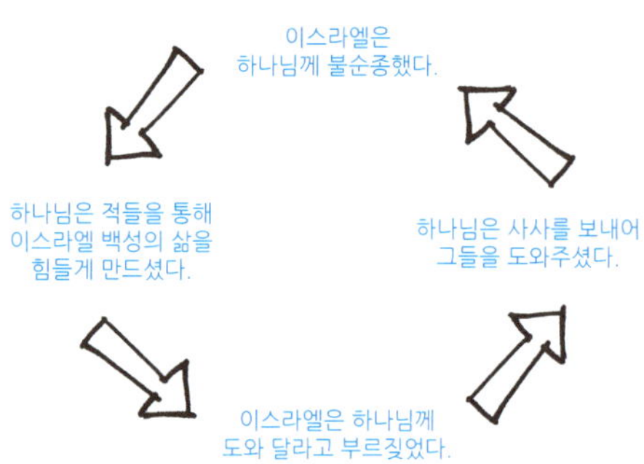

3장 이스라엘 백성이 우상을 섬기자, 하나님은 그들이 메소포타미아의 왕에게 정복당하도록 허락하셨다. 백성이 하나님께 도움을 청하자 하나님은 옷니엘 사사를 보내셨다. 백성은 또다시 하나님께 불순종했다. 그들이 모압에게 고통당할 때 하나님은 그들을 해방시키기 위해 에훗 사사를 보내셨다.

4-5장 백성은 또다시 죄를 범했고 가나안의 군대장관 시스라가 군대를 이끌고 침략했다. 시스라와 그의 군대는 드보라와 바락의 군대에게 패했다.

6-8장 이스라엘 백성은 미디안 사람들의 지배를 받게 된다.

기드온은 하나님의 능력과 신실하심에 대해 많은 증거를 요구했다. 하나님은 그의 요구를 들어주셔서 그에게 용기를 주셨다.

하나님은 기드온의 군대가 미디안을 이기도록 도우셨다.

9장 아비멜렉은 기드온의 아들들을 죽인 후에 이스라엘을 다스렸다. 아비멜렉은 데베스 도시를 정복하려다 죽음으로 형벌을 받았다.

10-12장 하나님은 가나안 사람들과 전쟁을 하는 이스라엘 백성을 돕기 위해 더 많은 지도자를 보내셨다. 입다는 아모리 족속에 대항해서 이스라엘 백성을 이끌었다.

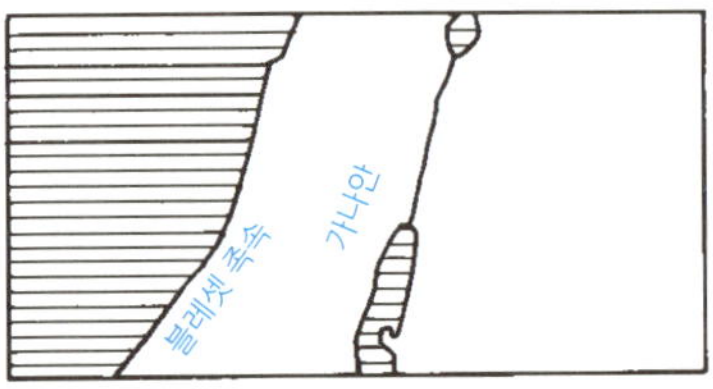

13-16장 이스라엘의 적 블레셋 사람들은 해안가에 살고 있었다. 하나님은 이스라엘 백성을 블레셋으로부터 구하기 위해 삼손을 보내셨다. 삼손은 강한 힘을 가지고 블레셋과의 싸움에서 승리했으나, 한 블레셋 여인의 꾐에 빠져 적들에게 붙잡히고 결국 강한 힘을 잃었다. 그들은 삼손의 눈을 멀게 하고 노예로 만들었다.

하나님은 삼손에게 다시 힘을 주셨다. 그는 자기가 묶여 있던 건물을 무너뜨리면서 그 안에 있던 적들을 모두 죽였고, 자신도 함께 죽었다.

◆ 또 불순종하는 이스라엘 백성들

17-21장 이스라엘 백성은 계속해서 하나님께 불순종한다. 사사기 21장 25절에서는 "그때에 이스라엘에 왕이 없으므로 사람이 각기 자기의 소견에 옳은 대로 행하였더라"고 말씀한다.

17-18장 미가는 단 지파 사람들이 그에게서 훔쳐 갔던 우상을 섬겼다.

19-21장 베냐민 지파에 속한 기브아 사람들이 악한 일을 저질렀다. 열한 지파는 베냐민 지파와 멸절 직전까지 내전을 벌였다. 베냐민 지파는 생존을 위해 명절에 실로에서 아내를 도둑질했다.

사사기 속 실제 흔적들

이집트인들에게서 찾은 증거 모압 사람들을 패배시킨 에훗 이후의 평화 시기에 이집트 기록에서 '이스라엘'이라는 이름이 발견되었다. 이집트 기록에서 이스라엘과 전쟁했던 블레셋의 병력도 알 수 있었다.

고대 문헌 속 증거 사사기 8장에서 기드온이 그 도시에 사는 남자들의 이름을 기록하는 한 청년을 두었다고 말한다. 당시 이스라엘 백성들이 일어난 사건들을 제대로 기록하거나 읽을 수 없었을 것이라고 생각한 이들도 있으나, 실제로 고고학자들은 성경이 사실임을 증명해 주는 다수의 히브리 기록들을 발견하고 있다.

각 사사는 백성들의 지도자로서 백성을 보호하는 사람 그리고 구원자였다. 사사들을 통해 우리는 하나님이 약속하신 메시아 예수 그리스도가 어떤 분인지 조금씩 알아가게 된다. 또한 사사기는 삶과 마음이 깨끗하며 의로운 '한 사람'이 필요하다는 것을 보여 준다.

이스라엘 사사들 중 우리는 옷니엘과 기드온 같은 몇 명의 통치자들을 보았다. 사무엘상에서는 제사장 엘리와 예언자 사무엘을 만나보게 된다. 당시 지도자들은 이처럼 다양한 역할을 했다. 신약시대에 오신 예수님도 예언자요 제사장이요 메시아요 왕이셨다.

우리는 사사기에서 이스라엘 백성이 하나님의 말씀에 순종하지 않고 자기 마음대로 생각하고 행동했던 것을 보았다. 또한 그런 삶이 주는 고통스러운 결과도 마주했다. 우리는 이를 통해 매순간 하나님을 기쁘시게 하는 삶을 살 것을 결단해야 한다. 스스로 혹은 다른 사람이 보기에 좋은 대로 행하는 것이 아니라, 하나님이 원하시는 대로 행하며 하나님의 말씀에 순종해야 하는 것이다. 우리가 순결한 삶을 살기 원하시는 하나님께 도움을 청하며 그분을 위한 하루하루를 살아가도록 힘쓰며 기도하자.

8. 룻기 축복의 계보

저자 룻기의 저자는 알려져 있지 않다.

개요 룻기는 모압 여인 '룻'에 대한 이야기로 사사 시대를 배경으로 한다. 룻은 모압의 우상 대신 이스라엘이 섬기는 하나님을 경배한 여인이다.

주요 인물 룻, 나오미, 보아스

주요 내용

□ 룻의 남편인 이스라엘 사람 말론이 모압에서 죽음 (룻기 1장)

□ 시어머니 나오미와 함께 이스라엘에 가기로 작정함 (룻기 1:8-18)

□ 룻이 나오미를 돌봄 (룻기 1:19-2:23)

□ 룻이 보아스와 함께하기를 원함 (룻기 3:1-18)

□ 보아스와 결혼한 룻이 아들을 낳음 (룻기 4:1-22)

룻기 사건은 언제 일어났는가?

핵심 사건 따라가기

◆ 룻의 이야기

1-4장 룻은 많은 이들이 하나님을 믿지 않을 때 신실하게 하나님을 믿었다. 하나님은 룻에게 남편 보아스와 아들 오벳을 주셨다. 룻은 다윗의 증조모가 되었고, 예수 그리스도의 조상이 되었다.

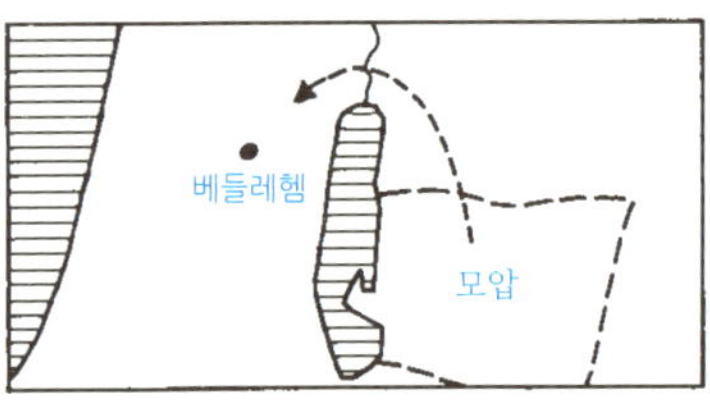

1장 나오미는 남편과 두 아들이 죽은 후 며느리 룻과 함께 모압을 떠나 유대로 돌아왔다. 룻은 시어머니 나오미의 고향을 자기 고향으로 삼았고, 나오미가 섬기는 하나님을 자기 하나님으로 섬겼다.

2장 나오미의 부유한 친척 보아스는 룻에게 친절을 베풀었다. 그는 룻이 자기 밭에서 이삭을 줍도록 허락했다.

3장 보아스는 룻과 결혼하기로 결심했다. 그러나 그 권리는 더 가까운 친척에게 있었기에 보아스는 이 일을 해결하기로 했다.

4장 보아스가 신속하게 일을 해결하여 룻과 결혼할 권리를 얻었다. 또한 그는 나오미의 죽은 남편이 소유했던 땅을 샀다. 룻과 보아스는 결혼해서 아들 오벳을 낳았다.

룻기에서 만나는 예수님

룻기는 이방 땅에서 온 한 여인의 이야기다. 암흑기와 같은 사사 시대에 룻기는 진주처럼 영롱하게 빛난다. 룻은 자기의 신과 고향을 떠나 시어머니 나오미와 운명을 함께했다. 룻은 낯선 땅에서 나오미를 위해 이삭 줍는 일을 했다. 룻의 아름다운 마음은 그의 은인 보아스를 만나는 계기가 되었다. 보아스가 사랑으로 룻을 돌보았듯이 예수님도 우리를 사랑으로 돌보신다. 예수 그리스도의 조상을 통해 예수님의 모습을 미리 알 수 있다는 것은 참으로 흥미로운 일이다. 룻과 보아스 사이에서 오벳이 태어났고, 오벳은 이새를, 이새는 다윗을 낳았다. 그리고 예수님은 다윗의 계보에서 태어나셨다. 마태복음과 누가복음에서는 예수님의 계보를 볼 수 있다.

9. 사무엘상 신정에서 왕정으로

저자 사무엘상의 저자는 알려져 있지 않다.

개요 사무엘상에서는 이스라엘의 지도자가 사사에서 왕으로 바뀌는 변화를 보여 준다. 이 책이 처음 기록되었을 때는 사무엘하와 묶여 있었지만, 성경이 기록된 두루마리 양식에 쓰기 적합하도록 상·하로 나뉜 듯하다. '사무엘'은 '하나님께 구함'이란 뜻인데, 이는 간절히 아들을 갖기 원했던 사무엘의 어머니 한나의 기도가 응답되었음을 뜻한다.

주요 인물 엘리, 한나, 사무엘, 사울, 다윗

주요 내용

□ 사무엘-마지막 사사 (사무엘상 1-8장)

□ 사울-이스라엘의 첫 번째 왕 (사무엘상 9-15장)

□ 다윗-새로 선택된 왕 (사무엘상 16-31장)

지도

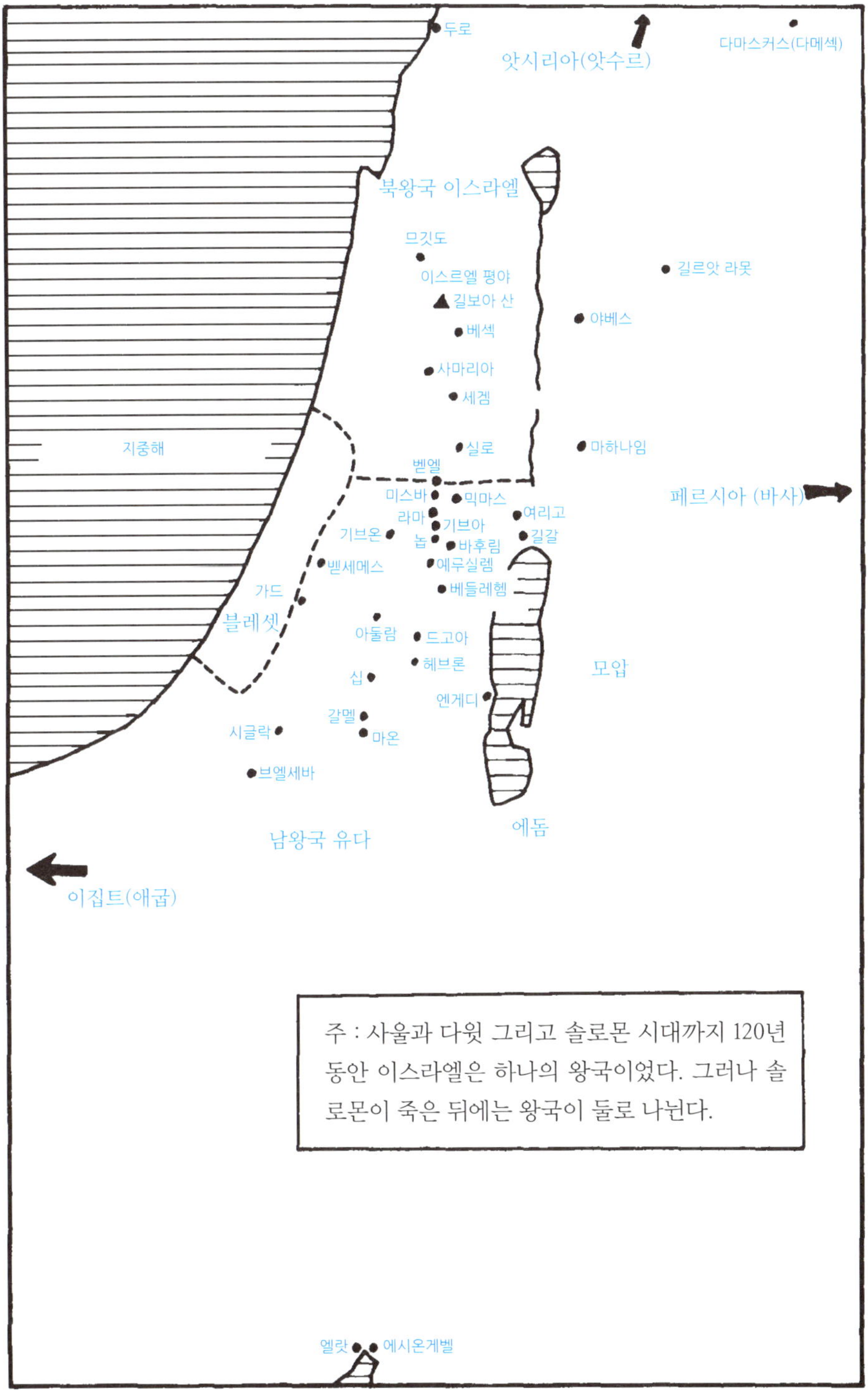

주 : 사울과 다윗 그리고 솔로몬 시대까지 120년 동안 이스라엘은 하나의 왕국이었다. 그러나 솔로몬이 죽은 뒤에는 왕국이 둘로 나뉜다.

사무엘상 사건은 언제 일어났는가?

핵심 사건 따라가기

◆ 사무엘-마지막 사사

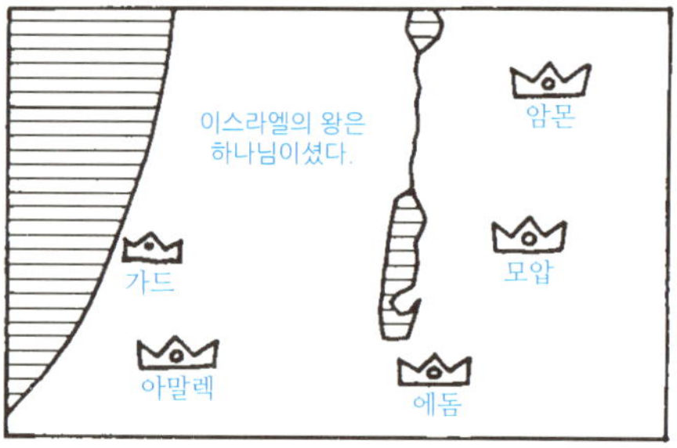

1-8장 사무엘은 마지막 사사였다. 이스라엘 백성은 다른 나라들처럼 '왕'을 원했다. 이 때문에 사무엘은 슬퍼하며 기도했다. 하나님은 "그들이 너를 버린 것이 아니라 나를 버린 것이다. 그들에게 왕을 주어라. 그러나 어떤 좋지 않은 일들이 일어나게 될지 경고해 주어라!"고 말씀하셨고, 사무엘은 하나님이 말씀하신 대로 행했다.

1-3장 한나는 아이를 달라고 간절히 기도했다. 하나님은 한나의 기도에 응답하셔서 아들 사무엘을 주셨고, 한나는 사무엘을 하나님께 바쳤다. 사무엘은 백성을 위해 성막에서 일했다. 하나님은 사무엘을 예언자로, 그리고 나중에는 사사로 쓰셨다. 사무엘은 하나님께 순종하며 하나님이 말씀하신 것들을 백성에게 전했다.

4-6장 블레셋 사람들은 이스라엘의 언약궤를 빼앗아 갔다. 그러나 많은 재앙을 받은 후에 언약궤를 다시 이스라엘 백성에게 돌려주었다.

7-8장 사무엘은 사사로서 백성을 섬겼다. 그러나 그들은 왕을 달라고 요구했다.

◆ 사울-이스라엘의 첫 번째 왕

9-15장 사무엘은 이스라엘의 두 왕에 기름을 부었다. 사무엘은 첫 번째 왕인 사울의 머리에 기름을 붓고 그를 임명했다. 이는 하나님께서 이스라엘의 지도자로 사울을 세우셨음을 보여 주는 것이다.

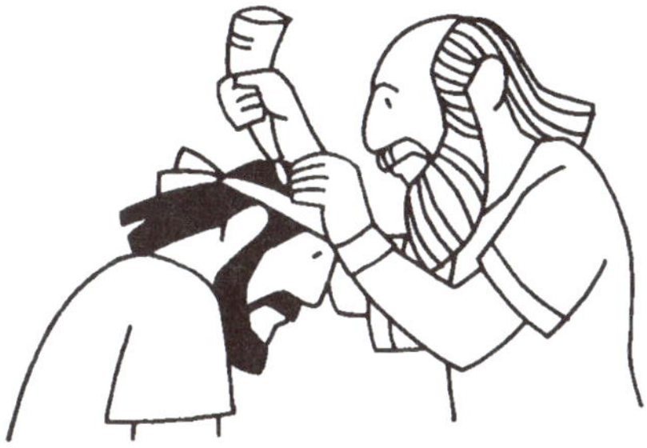

9-10장 사무엘은 사울을 왕으로 지목하고, 백성에게 사울을 이스라엘의 첫 번째 왕으로 소개했다.

11-12장 이스라엘 백성은 사울 왕이 암몬 족속을 쳐부수자 매우 기뻐했다. 사무엘은 백성에게 하나님만 섬기고 절대 우상은 섬기지 말라고 경고했다.

13-15장 사울은 사무엘의 명령을 따르지 않고 자기 생각대로 했다. 이를 본 사무엘은 사울이 하나님 말씀에 불순종했기 때문에 그의 왕국이 오래가지 않을 것이라고 말했다.

사울의 아들 요나단은 블레셋 진영을 기습 공격했다. 사울의 어리석은 명령으로 아들 요나단은 생명을 잃을 뻔했다.

사울은 아말렉 족속에게서 빼앗은 것들을 모두 없애지 않고 일부를 취하는 죄를 지었다. 또다시 하나님께 불순종한 것이다.

하나님은 사울을 왕으로 세우신 것을 후회하셨다. 사무엘은 사울이 불순종했기 때문에 하나님께서 새로운 왕을 세우실 것이라고 이야기했다.

◆ 다윗 – 새로 선택된 왕

16-31장 하나님은 다음 왕으로 목동인 다윗을 세우라고 말씀하셨다. 사무엘은 하나님께 순종했고, 다윗은 사울 왕이 죽기 전까지는 왕의 자리에 오르지 않았다. 사울은 다윗을 죽이려고 했지만 실패했다.

16장 사무엘은 새로운 왕이 될 이새의 아들 다윗을 찾아 기름을 부으며 다음 왕으로 지목했다.

17장 어린 다윗은 하나님의 능력을 힘입어 블레셋의 거인 골리앗을 무찔렀고, 하나님의 이름을 드높였다.

18-20장 다윗은 사울의 아들 요나단과 좋은 친구가 되었다. 사울은 다윗이 백성으로부터 칭송받고 사랑받자 그를 질투하기 시작했고, 급기야 다윗을 죽이려고 했다. 요나단과 사무엘은 다윗을 보호했고, 다윗은 요나단의 가족을 돌보겠다고 약속했다.

21-23장 다윗과 그를 따르는 부하들은 사울을 피해 광야로 도망쳤다. 사울 왕은 다윗을 도와준 것으로 의심되는 사람들을 모두 죽였다.

24장 다윗은 엔게디 광야의 동굴에서 사울을 죽일 기회가 있었음에도 불구하고, 하나님이 세우신 왕인 사울을 죽이지 않았다.

25-26장 다윗은 아비가일과 결혼했다. 다윗은 군대 막사에서 잠자고 있는 사울을 발견했지만 이번에도 그를 죽이지 않고 살려 주었다.

27-28장 다윗은 블레셋 사람들과 함께 살면서 블레셋 왕의 근위대가 되었다.

사무엘이 이스라엘에서 죽었고, 사울은 점쟁이를 통해 자신이 패망할 것이라는 이야기를 들었다.

29장 블레셋 사람들은 다윗과 그의 부하들이 자기들 편에서 싸워 주리라는 것을 믿지 못했다. 그래서 다윗과 부하들은 그들의 진영으로 돌아갔다.

30장 아말렉 사람들이 다윗과 부하들의 아내와 재산을 강탈했다. 다윗은 아말렉을 추격하여 그들이 가져간 모든 것을 되찾았다.

31장 사울 왕과 그의 세 아들은 블레셋과의 전쟁에서 죽음을 맞이했다.

사무엘상 속 실제 흔적들

블레셋이 빼앗아 간 언약궤 블레셋 사람들은 이스라엘의 언약궤를 빼앗아 갔다. 그들은 다곤 신전에 언약궤를 두었는데(삼상 5:1-2), 그 다음날 그들은 우상의 얼굴이 언약궤 앞에 떨어져 있는 것을 발견하게 되었다. 블레셋에 다른 재앙들이 계속 일어나자 언약궤를 돌려주었다.

고대 도시들을 탐사해 온 학자들은 우가리트 시(Ras Shamra)에서 다곤 신전을 발견했다. 사울과 다윗 시대의 공예품에서도 '다곤'이라고 쓰인 이름을 찾아볼 수 있었다.

다윗의 음악 다윗이 음악을 사랑했다는 것은 사무엘상 16장 17, 18, 23절에 잘 나와 있다. 다윗 시대 이전에도 음악이 있었다. 어떤 이집트인의 무덤에는 악기가 묻혀 있었고, 어떤 무덤에는 다윗 시대보다 수천 년 전의 수금이 묻혀 있기도 했다.

사무엘상에서 만나는 예수님

사무엘 사무엘은 우리에게 예수 그리스도의 모습을 보여 준다. 사무엘은 예언자였고 제사장이었으며 마지막 사사였다. 예수님은 그 누구보다도 위대한 예언자, 제사장 그리고 사사이시다.

다윗 다윗은 우리에게 예수 그리스도의 가장 중요한 모습을 보여 준다. 베들레헴에서 태어난 다윗은 양을 치는 목자였으며 훗날 이스라엘의 왕이 되었다. 예수님 역시 베들레헴에서 태어나, 제멋대로 가는 양(인류)들의 목자가 되셨으며, 온 세상의 구주이자 왕이 되셨다. 사무엘상 13장 14절에서 하나님은 다윗을 '나의 마음에 합한 자'라고 부르셨다.

10. 사무엘하 다윗의 왕조

저자 사무엘하의 저자는 알려져 있지 않다.

개요 사무엘하는 다윗이 통치하던 시대, 유대와 이스라엘 전 지역에서 일어난 일들을 기록했다.

주요 인물 다윗, 이스보셋, 아브넬, 므비보셋, 우리아, 밧세바, 나단, 요압, 암논, 압살롬

주요 내용

☐ 다윗의 즉위-왕과 통치자 (사무엘하 1-10장)

☐ 물러난 다윗 왕-죄와 문제점들 (사무엘하 11-20장)

☐ 다윗의 말년-다윗 집안과 왕국의 어려움 (사무엘하 21-24장)

사무엘하 사건은 언제 일어났는가?

핵심 사건 따라가기

◆ 다윗의 즉위-왕과 통치자

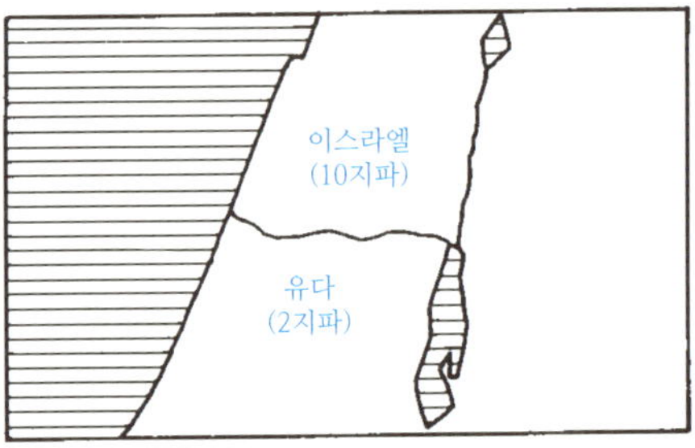

1-10장 다윗은 처음에 유다(남부 2지파인 유다와 베냐민 지파)의 왕이 되었다가 훗날 온 이스라엘(북부 10지파+남부 2지파)의 왕이 된다. 그는 7년 동안 유다를 다스렸으며 33년 동안 온 이스라엘을 다스렸다. 하나님의 도우심을 얻은 다윗은 이스라엘의 모든 적들을 쳐부수었다.

1-2장 다윗은 사울 왕이 죽었다는 소식을 듣고 무척 슬퍼했다. 유다 백성은 다윗을 왕으로 삼았으나, 북이스라엘은 사울의 아들인 이스보셋이 다스렸다. 다윗의 군대는 이스보셋의 장군인 아브넬과 싸웠다.

3-4장 사울의 군대를 지휘하던 아브넬은 이스보셋을 떠나 다윗의 군대로 합류했다. 그러나 다윗을 따르던 요압이 아브넬과의 전쟁에서 죽임당한 부하들의 복수를 위해 아브넬을 죽였고, 이스보셋의 신하 두 명이 이스보셋을 죽였다.

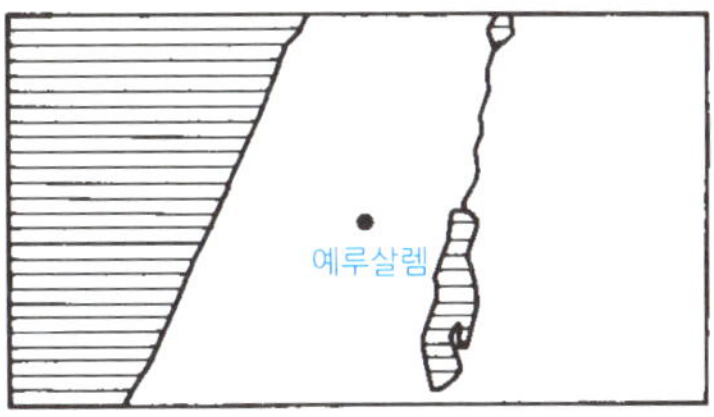

5-6장 다윗은 이스라엘의 모든 지파를 다스리며 예루살렘에 도성을 만들었다.

다윗은 블레셋과 싸웠고 언약궤를 예루살렘으로 가져왔다.

7장 다윗은 하나님을 위해 아름다운 성전을 짓고 싶었다. 하나님은 다윗을 위해 그의 가문을 크게 세우실 것이라고 말씀하셨다.

예언자 나단을 통해서 말씀하시던 하나님은 다윗의 아들이 영원한 왕국을 이루게 될 것이라고 약속하셨다.

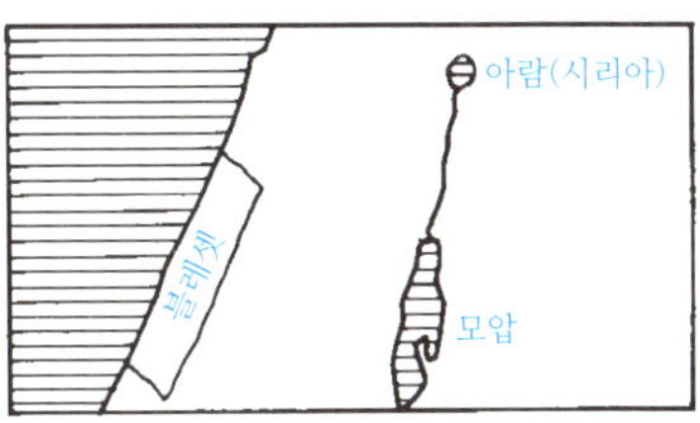

8-10장 다윗은 마침내 블레셋과 모압, 소바와 아람을 쳐부수었다. 그는 이스라엘 백성을 강하게 만들었으며 정의로 나라를 다스렸다.

요나단과의 약속을 기억한 다윗은 요나단의 아들인 므비보셋을 보살폈다. 그리고 아람 사람들과 연합한 암몬의 군대는 패했다.

◆ 물러난 다윗 왕-죄와 문제점들

11-20장 다윗은 죄를 지어 하나님께 징계를 받았다. 그러나 다윗이 자신의 죄를 고백하고 전심으로 회개하자(삼하 12:13, 14) 하나님은 다윗을 용서하셨다. 다윗은 아들들을 잘 양육하지 못했고, 이들은 결과적으로 이기적이고 반항적인 아들들이 되었다. 다윗의 아들 압살롬의 반역으로 다윗은 무척 슬프고 고통스러웠다.

11-12장 다윗은 부하 우리아의 아내를 취하는 죄를 범했다. 게다가 그녀의 남편인 우리아 장군을 전장에서 죽게 만들었다. 다윗은 이런 엄청난 죄를 인정했다.

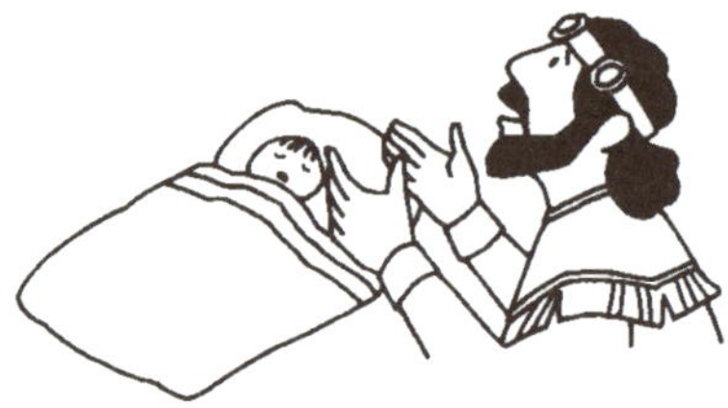

다윗은 하나님께 죄를 고백하며 회개했고, 하나님은 그를 용서하셨다. 그러나 하나님은 다윗의 아들을 죽게 하심으로 다윗을 벌하셨다.

13-18장 다윗의 아들 압살롬은 그의 형 암논을 죽이고 도망갔다. 몇 년 후 다윗은 압살롬을 예루살렘으로 불렀고, 얼마 후에 그를 용서했다. 압살롬은 왕이 되기 위해 아버지 다윗을 반역했

고, 다윗과 그의 가족은 압살롬과 맞서지 않으려 예루살렘을 떠났다. 그러나 다윗의 부하들이 압살롬을 찾아내 죽였다.

19-20장 유다 백성은 다윗이 다시 왕으로 돌아오기를 원했다. 다윗의 부하 요압은 이스라엘

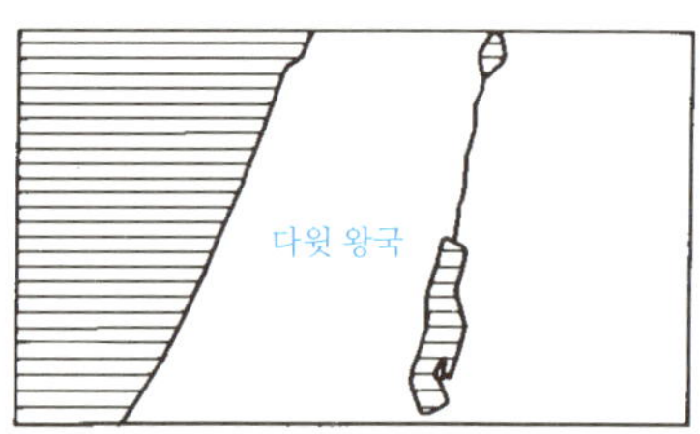

에 일어난 반란을 진압했고, 유다와 이스라엘은 다시 하나가 되었다.

◆ 다윗의 말년

21-24장 사무엘하의 마지막 네 장은 다윗의 노년에 일어난 일들을 보여 준다. 하지만 다윗의 죽음은 열왕기상에 기록되어 있다.

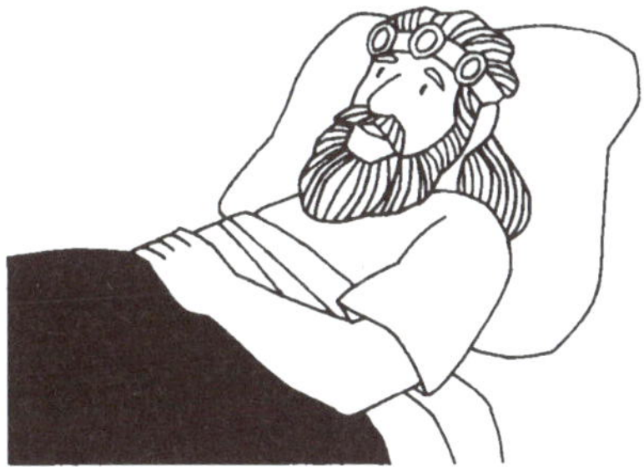

21장 다윗은 블레셋과의 싸움에서 거의 죽을 뻔하다가 구사일생으로 살았다.

22-24장 다윗은 하나님께서 자신을 보호하고 지켜주신 것에 감사하며 노래를 했다.

그러나 얼마 지나지 않아 다윗은 하나님의 보호를 의심하기 시작했다. 그는 자기 민족이 강하다는 것을 확실히 하고 증명하기 위해 인구조사를 했다.

다윗의 의심에 진노하신 하나님은 전염병을 돌게 하셨고, 많은 백성이 죽었다. 다윗이 제단을 쌓고 화목 제물을 드리자 하나님은 그를 용서하시고 전염병을 멈추셨다.

사무엘하 속 실제 흔적들

고고학자들은 다윗과 그의 생애에 관한 많은 증거들을 발견해 왔다. 그중 다윗 시대에 사용된 음악과 예배에 대한 자료들이 많다. 그리고 '시온 요새' 또는 '다윗 도성'이라고 불리는 다윗의 도시를 발견했다(삼하 5:7). 다윗 도성은 우리가 오늘날 예루살렘으로 알고 있는 도시의 일부다.

사무엘하에서 만나는 예수님

사무엘하 7장에서 예언자 나단은 다윗에게 하나님의 말씀을 전했다. 하나님은 다윗의 후손, 즉 다윗의 아들 솔로몬이 영원한 왕국을 세울 것이라고 약속하셨다. 또한 우리에게 다윗의 후손 중에서 가장 위대한 아들 예수 그리스도를 보내 주셨다. 마태복음 1장 1절은 예수께서 다윗의 족보에서 나셨으므로, 그를 다윗의 자손으로 부르고 있다.

11. 열왕기상 불순종으로 인한 분열

저자 열왕기서의 저자는 알려져 있지 않다. 어떤 이들은 이 책을 예언자 예레미야나 그 시대를 살았던 누군가가 썼을 거라고 생각한다. 하지만 분명한 것은 이 책의 저자는 이스라엘의 역사를 잘 알고 있다는 것이다.

개요 열왕기는 처음에는 한 권의 책이었다. 열왕기상은 118년(다윗 왕 통치의 끝에서부터 아하시야 왕 통치 끝까지) 동안의 이야기를 담고 있다. 책의 전반부에서 이스라엘은 하나의 왕국이었으나 후반부에 가면 두 개의 나라로 분열된다.

주요 인물 다윗, 솔로몬, 르호보암, 나단, 여로보암, 아합, 이세벨, 엘리야, 엘리사

주요 내용

☐ 솔로몬의 통치 (열왕기상 1-10장)
☐ 솔로몬의 죽음과 왕국의 분열 (열왕기상 11-16장)
☐ 바알 신을 섬기는 아합 왕과 그의 아내 이세벨 (열왕기상 16장)
☐ 바알 예언자들을 패배시킨 엘리야 예언자 (열왕기상 17-18장)
☐ 악행을 저지르는 아합 (열왕기상 19-22장)

지도

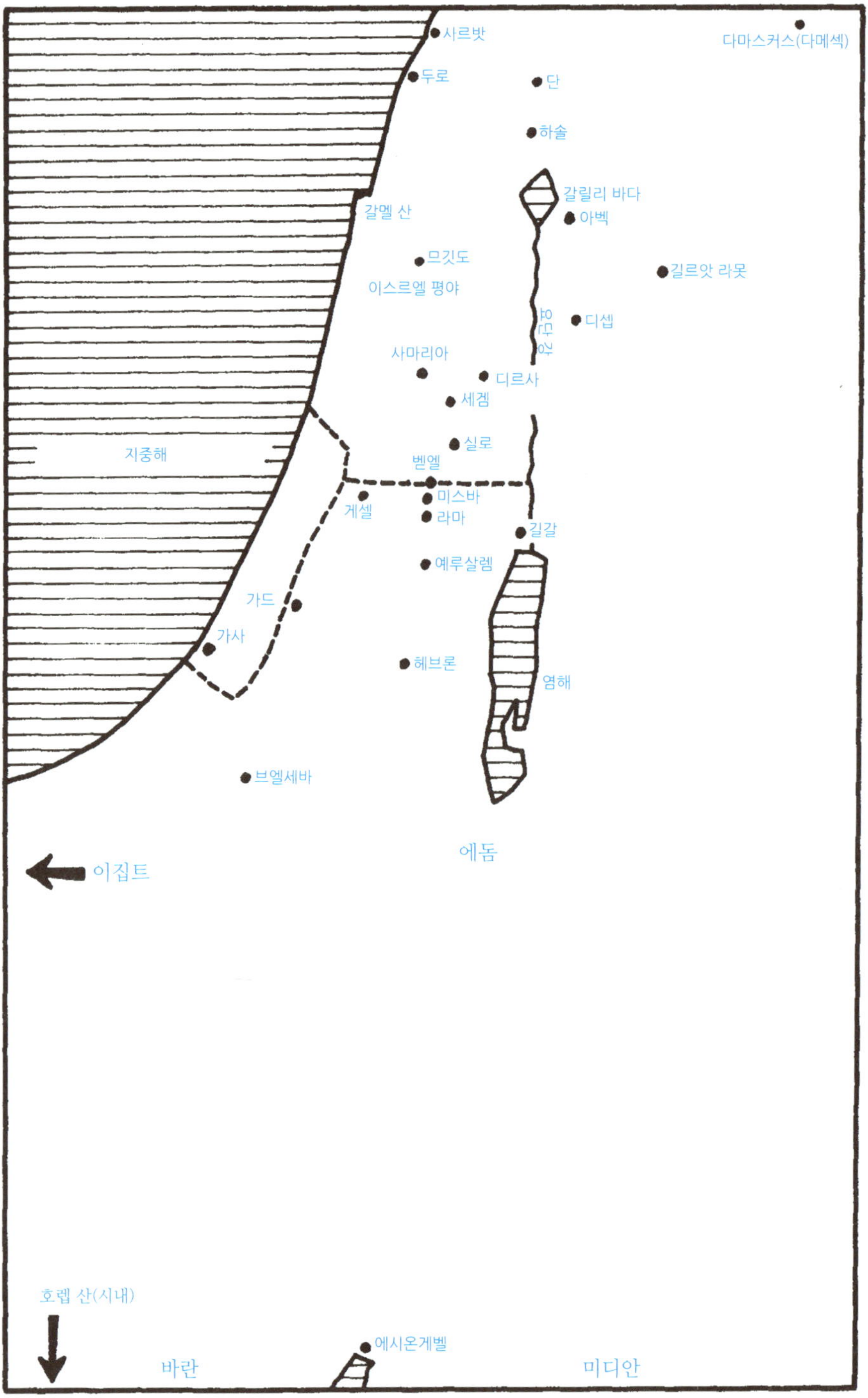

시르밧
다마스커스(다메섹)
두로
단
하솔
갈릴리 바다
갈멜 산
아벡
므깃도
길르앗 라못
이스르엘 평야
요단 강
디셉
사마리아
디르사
세겜
실로
지중해
벧엘
미스바
게셀
라마
길갈
예루살렘
가드
가사
헤브론
염해
브엘세바
에돔
이집트
호렙 산(시내)
에시온게벨
바란
미디안

열왕기상 사건은 언제 일어났는가?

핵심 사건 따라가기

◆ 솔로몬의 통치

1-8장 다윗 왕은 죽기 전에 아들 솔로몬을 후계자로 택했다. 솔로몬은 하나님께 백성을 잘 다스릴 수 있는 지혜와 명철을 구했다. 이를 기뻐하신 하나님은 솔로몬에게 지혜뿐만 아니라 부와 명성도 주셨다. 열왕기상의 10장까지 우리는 솔로몬에게 부어 주신 하나님의 엄청난 복을 볼 수 있다.

1-2장 다윗은 아들 솔로몬에게 이스라엘 왕국을 남겨 주고 죽었다. 솔로몬은 왕위를 지키기 위해 반역하는 형제들과 다른 사람들을 추방했다.

3-4장 솔로몬은 하나님께 백성을 잘 다스릴 수 있는 지혜와 명철을 구했다. 이 기도를 기뻐하신 하나님은 솔로몬에게 지혜뿐만 아니라 부와 명성도 주셨다.

가까운 이웃 나라부터 먼 나라 사람까지 솔로몬의 지혜에 대한 소문을 듣고, 그의 도움을 받기 위해 찾아왔다.

5-8장 이전에 하나님은 다윗에게 아들 솔로몬이 성전을 지을 것이라고 말씀하셨다. 솔로몬은 그 일을 해냈다. 가장 좋은 건축 재료를 사용하고 수천 명의 인부들을 통해 하나님의 성전을 완성했다.

성전이 완성되자, 하나님의 언약궤를 옮겨왔다.

8-9장 솔로몬 왕과 백성은 14일 동안 계속 기쁨의 축제를 열었다. 하나님은 솔로몬과 백성이 하나님께 순종하는 한 그들을 보호해 주겠다고 약속하셨다.

9장 솔로몬은 막강한 육군과 해군을 조직해 양성하고, 왕국 내에 많은 도시를 건설했다.

10장 스바 여왕이 솔로몬의 지혜를 듣고 선물을 갖고 이스라엘을 방문했다. 솔로몬은 세상에서 가장 지혜롭고 부유한 왕으로 알려지게 되었다.

◆ 왕국의 분열

11-16장 부강해진 솔로몬은 급기야 하나님을 등지고 우상을 숭배했다. 하나님은 솔로몬의 아들에게서 왕국의 대부분을 빼앗아 다른 사람에게 주겠다고 말씀하셨다. 솔로몬이 죽은 후 아들 르호보암은 남쪽 유다 왕이 되었고, 솔로몬의 부하 여로보암은 북쪽 이스라엘의 왕이 되었다.

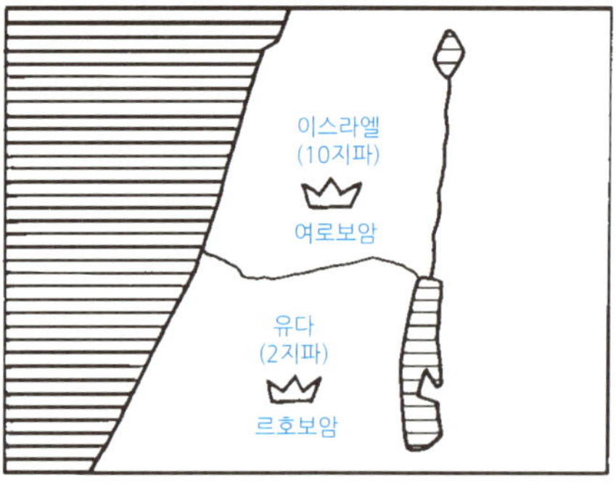

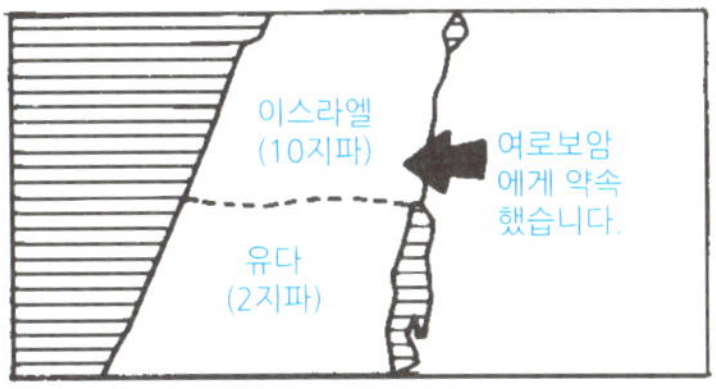

11장 하나님은 솔로몬이 죽고 나면 여로보암에게 북이스라엘의 열 지파를 맡기겠다고 말씀하셨다.

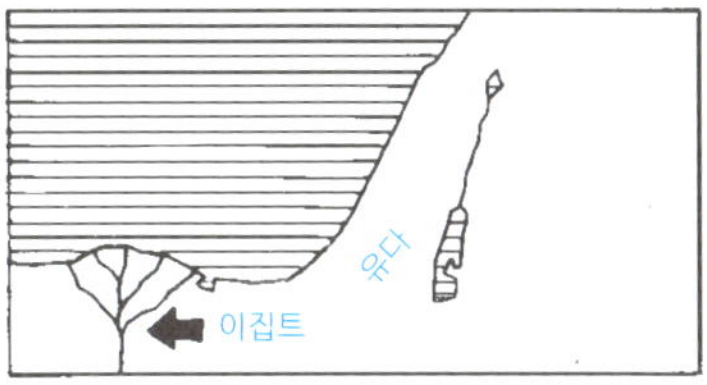

여로보암은 자신을 죽이려는 솔로몬을 피해 이집트로 도망갔다. 여로보암은 솔로몬이 죽을 때까지 이집트에 머물러 있었다.

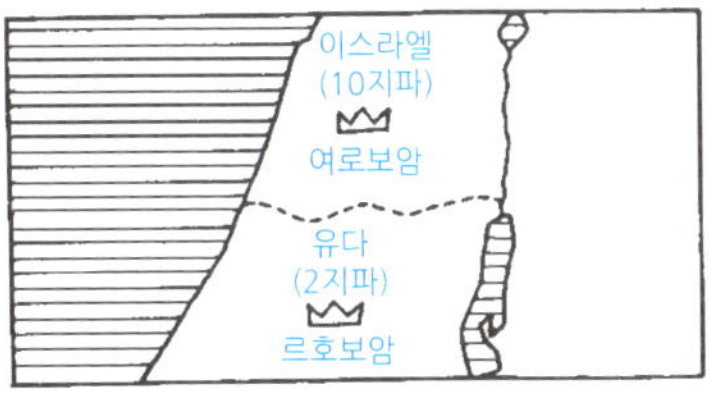

12-13장 솔로몬이 죽은 후 르호보암이 남유다(베냐민 지파, 유다 지파)의 왕이 되었다. 그러나 북이스라엘의 열 지파는 여로보암을 왕으로 삼았다.

르호보암 vs 여로보암! 이 두 왕의 이름은 매우 비슷하다.

북이스라엘 - 여로보암은 벧엘과 단에 금송아지 우상을 만들어 세우고, 백성에게 희생 제물을 바치라고 했다. 백성이 우상을 섬기도록 한 죄를 지은 여로보암에게 하나님은 몹시 노여워하셨다.

하나님은 여로보암에게 예언자를 보내 경고하셨지만, 여로보암은 돌이키지 않고 계속 죄를 지었다.

14장 이스라엘과 유다 - 북이스라엘과 남유다 백성 모두 우상을 섬기자, 하나님은 여로보암과 르호보암의 죄에 무척 진노하셨다. 이집트 왕이

예루살렘을 공격해 성전과 궁궐의 보물을 빼앗아 갔다.

유다
|
르호보암 (솔로몬의 아들)
|
아비야
|
아사 (착한 왕)

이스라엘
|
여로보암
|
(많은 왕들)
|
아합 (매우 악한 왕)

15-16장 유다 – 르호보암이 죽은 후 그 아들 아비야와 손자 아사가 유다의 왕을 이어간다. 아사는 하나님이 보시기에 옳게 행했다.

이스라엘 – 세월이 지나면서 이스라엘에는 여러 명의 왕이 세워졌다. 그러나 그들은 모두 악했다. 그중 가장 악한 왕은 아합이었다.

■ 악한 아합 왕의 통치

17-22장 열왕기상 마지막 부분은 악한 아합 왕의 통치에 초점을 맞추고 있다. 아합 왕과 이세벨 왕비는 백성이 거짓 신 바알에게 경배하도록 했다. 하나님은 엘리야 예언자를 통해 오직 하나님만이 참 신임을 보여 주셨으나, 아합과 이세벨은 계속해서 악한 길로 갔다.

17-19장 이스라엘 – 예언자 엘리야는 거짓 신 바알의 예언자들과 겨루어 승리했다. 그러나 목숨의 위협을 느껴 사악한 이세벨 왕비를 피해 달아났다. 하나님은 광야로 도망간 엘리야를 친히 돌봐주셨다.

엘리야의 후계자로 엘리사가 뽑혔다. 엘리야는 자신이 죽은 후 엘리사가 예언자의 사명을 잘 감당하도록 그를 훈련시켰다.

20-22장 아합 왕은 아람 사람들과 싸워 이겼다. 아합은 이세벨 왕비가 죽인 나봇의 포도밭을 강탈했다. 하나님은 아합과 이세벨을 벌하겠다고 말씀하셨다.

아합 왕은 아람과의 전쟁에서 화살에 맞아 죽었다.

왕과 예언자들

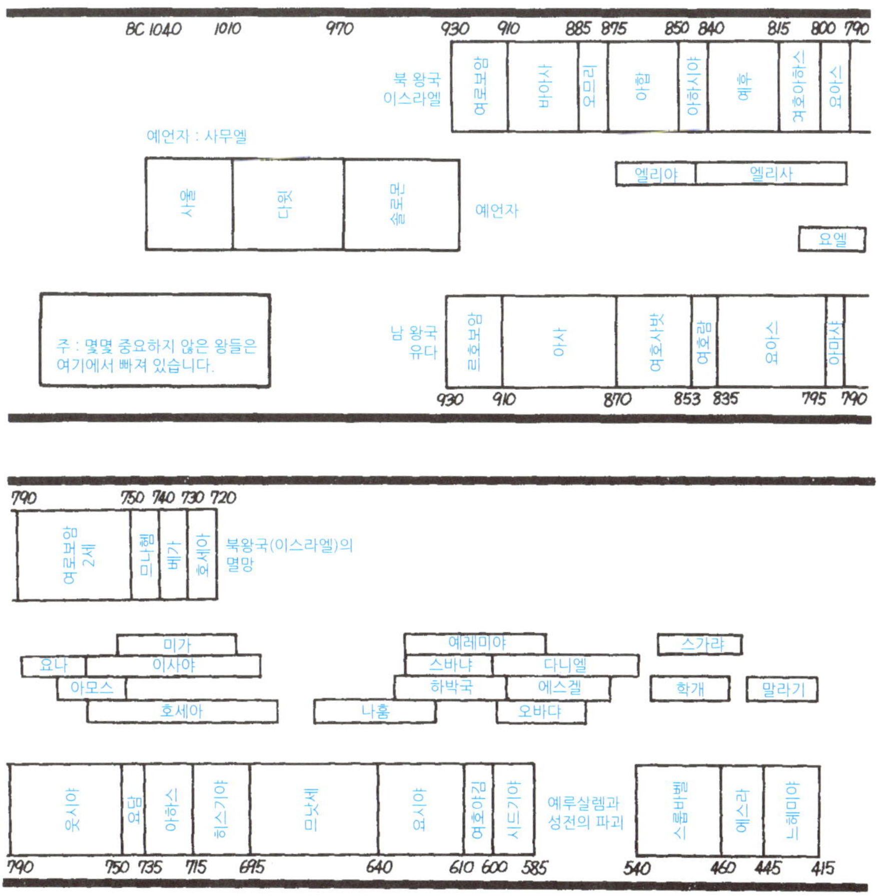

열왕기상 속 실제 흔적들

솔로몬의 성전 솔로몬이 지은 성전은 매우 아름다운 건축물임이 분명하다. 솔로몬 성전은 대략 성막의 12배 크기였다(출 26:16, 18; 왕상 6:2 참조). 성전은 바깥쪽 방인 성소와 안쪽 방인 지성소, 이렇게 두 부분으로 나뉘어 있었다. 마루와 벽은 돌과 삼나무로 만들었고 황금으로 덧입혔으며, 성전 앞에는 두 개의 기둥으로 받친 큰 문이 있었다.

고고학자들이 솔로몬 시대 성전의 유적을 정확히 찾아내지는 못하고 있다. 하지만 그 시대의 다른 많은 건축물들이 발견되었다. 이 건축물들은 성경에 묘사되어 있는 건축 재료와 양식과 일치하는 것들이다.

가나안 족속들의 종교 가나안 도시들에서 발견된 기록과 유물 속에서 그들의 종교를 엿볼 수 있다. 백성은 나무와 돌로 만든 우상을 숭배했고, 심지어 어린아이를 제물로 바치기도 했다. 그들의 종교는 이스라엘 백성에게 나쁜 영향을 끼쳤다.

모압의 비석 모압의 비석은 1868년 요르단에서 발견되었는데, 모압이 이스라엘을 공격했음을 확증한다(왕하 1, 3장). 모압 왕 메사가 세웠으며, 이 비문에는 오므리 왕(아합 왕의 아버지) 때문에 모압이 고통당했으며, 그들의 신인 그모스가 이스라엘과의 전투에서 모압에게 승리를 주었다고 언급되어 있다.

12. 열왕기하 죄의 비극

저자 열왕기상의 저자와 동일하다.

개요 북이스라엘의 아하시야 왕과 남유다의 여호람 왕 시대 엘리사의 사역에서부터 남유다 왕국이 멸망하기까지 200년 동안의 이야기를 담고 있다.

주요 인물

북이스라엘 - 엘리사, 예후, 여로보암 2세

남유다- 요아스, 아하스, 히스기야, 이사야, 므낫세, 요시야

주요 내용

☐ 엘리야의 사역 (열왕기상 17-22장, 열왕기하 1-2장)

☐ 엘리사의 사역 (열왕기하 1-9:13)

☐ 북이스라엘의 종말 (열왕기하 10-17장)

☐ 남유다의 종말 (열왕기하 18-25장)

지도

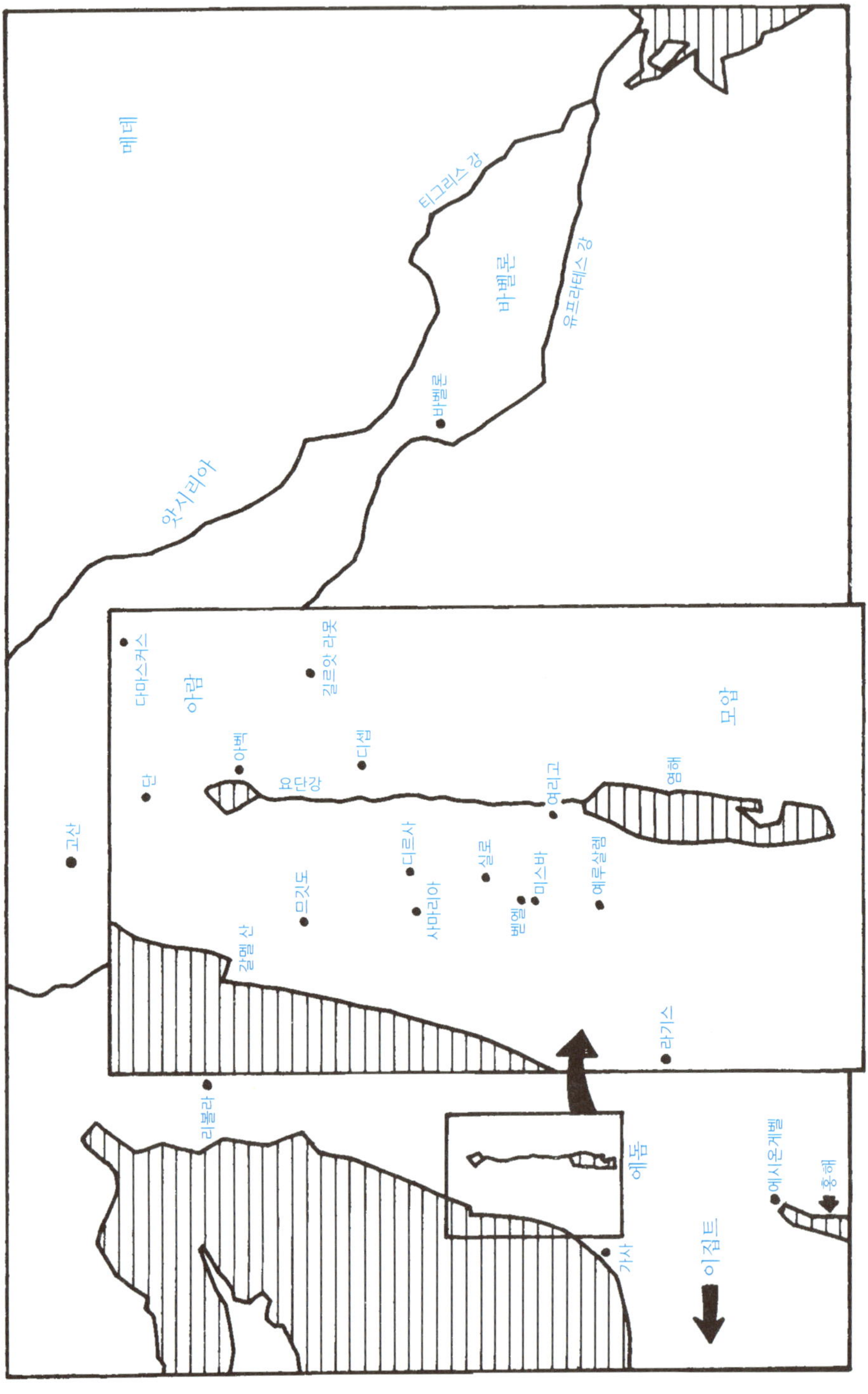
메대
티그리스 강
바벨론
유프라테스 강
바벨론
앗시리아
다마스커스
길르앗 라못
아람
모압
아벡
디셉
단
요단강
여리고
염해
고산
디르사
실로
므깃도
사마리아
미스바
벧엘
예루살렘
갈멜 산
라기스
리블라
에돔
에시온게벨
홍해
이집트
가사

열왕기하 사건은 언제 일어났는가?

핵심 사건 따라가기

◆ 엘리야와 엘리사의 사역

1-9장 하나님은 그분의 백성을 돕고 그들에게 하나님 말씀을 전하기 위해 두 예언자 엘리야와 엘리사를 사용하신다.

1장 북이스라엘의 아하시야 왕이 죽고, 그의 동생 여호람(또는 요람)이 왕이 되었다.

2장 엘리야는 회오리바람을 타고 하늘로 들려 올라가고, 그의 뒤를 이어 엘리사가 하나님의 예언자로 일했다.

3장 북이스라엘과 남유다 그리고 에돔 왕이 연합해 모압과 대항해서 싸웠다. 엘리사는 그들에게 하나님의 말씀을 전해 주었다.

4장 엘리사는 한 과부가 빚진 돈을 갚도록 도와주었다. 그는 또 하나님께 한 여인의 죽은 아들을 살려 달라고 기도했고, 하나님은 이에 응답하셨다.

5장 아람의 나아만 장군이 문둥병에 걸려 엘리사에게 고침을 받으러 왔다. 엘리사의 지시대로 하자 하나님께서 나아만의 병을 치료해 주셨다.

6장 엘리사는 도끼를 잃어버린 한 사람을 도와, 도끼가 물 위에 떠오르게 했다.

엘리사는 이스라엘 왕에게 아람 사람들이 쳐들어올 것이라고 경고했다. 아람 사람들이 엘리사를 잡아가려고 들이닥쳤지만 모두 눈이 멀어 버렸다. 엘리사는 그들을 이스라엘로 데리고 와, 음식을 준 후 다시 돌려보냈다.

6-7장 하나님은 사마리아 성을 구해 주셨다. 하나님은 침략자들이 공격해 오는 거대한 군대 소리를 들었다고 믿게 만드셨다.

8-9장 엘리사는 예후를 이스라엘 왕으로 기름부었다. 예후는 악독한 이스라엘과 유다의 왕들을 죽였고, 이세벨 왕비를 죽이라고 명령했다.

◆ 이스라엘의 종말

10-17장 하나님은 백성이 순종하면 하나님이 주신 땅에서 그들에게 복을 주시겠다고 말씀하셨다. 그러나 불순종한다면 이 땅에서 쫓아낼 것이라고 하셨다(왕상 9:6-9). 하나님은 계속 백성에게 경고하셨지만 그들은 듣지 않았고, 결국 북이스라엘의 열 지파가 먼저 앗시리아에게 멸망당했다(BC. 722년).

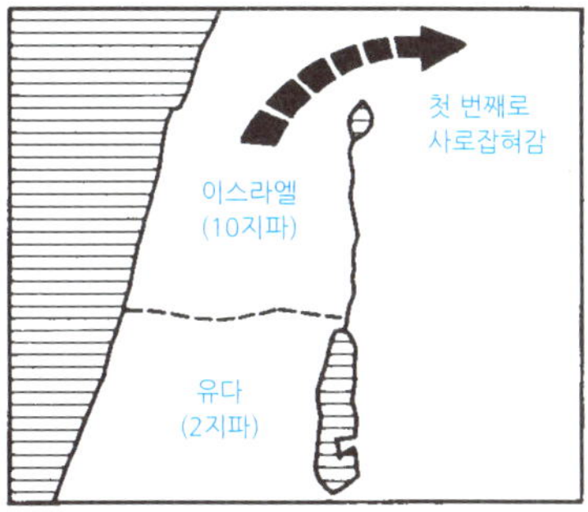

10장 북이스라엘의 예후 왕은 아합 왕의 남은 왕족들을 모두 죽였다. 또한 바알 숭배자들도 몰살시켰다. 이를 보신 하나님은 이스라엘 왕국을 4대 동안 예후의 집안에 맡기겠다고 약속하셨다. 그러나 예후 왕은 하나님께 온전히 순종하지 않았고, 아람(시리아) 군대가 이스라엘 지역을 정복했다.

11장 남유다의 아하시야 왕의 아들 요아스는 아달랴(요아스의 할머니. 북이스라엘 아합 왕의 딸)를 피해 숨어야 했다. 아달랴가 남유다의 왕위를 차지하려고 손자들을 죽였기 때문이다.

요아스는 7살 때 왕위에 올랐고, 아달랴 여왕은 죽임을 당했다.

12장 요아스는 하나님의 성전을 수리했다.

하지만 아람 왕이 공격하겠다고 위협하자, 성전과 왕궁의 보물을 주며 그들을 돌려보냈다.

요아스가 죽고 그의 아들 아마샤가 왕이 되었다.

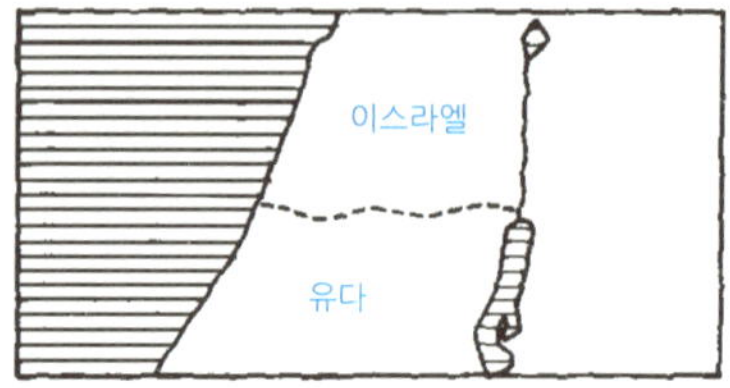

13-16장 북이스라엘과 남유다 - 북이스라엘과 남유다 왕들은 계속해서 하나님께 불순종했다.

오래 참으시는 하나님은 한동안 이 두 왕국을 보호해 주셨다. 그러나 우상을 숭배하던 곳은 여전히 남아 있었다.

17장 북이스라엘 - 앗시리아 왕이 북이스라엘을 점령하고 백성을 포로로 잡아갔다.

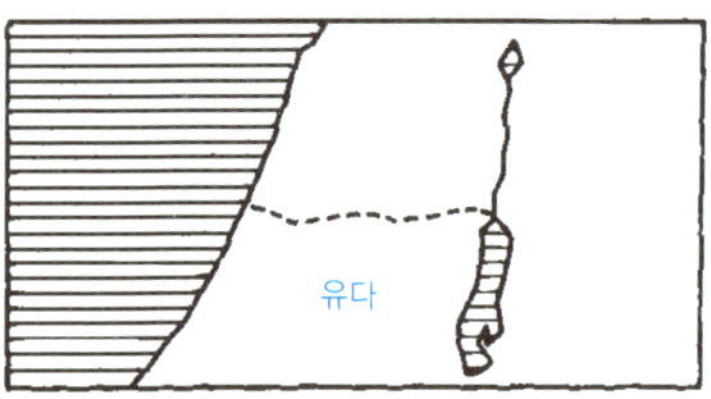

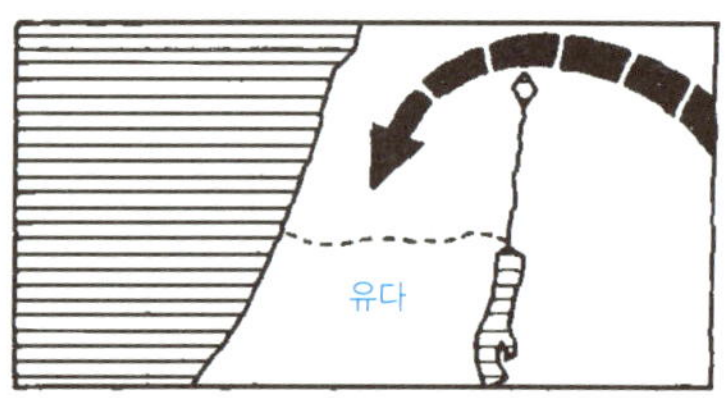

북이스라엘은 멸망했다(BC 722년). 하나님은 그들이 불순종했기 때문에 벌하셨다. 앗시리아 왕은 다른 지역 사람들을 이스라엘 땅으로 이주시켰다. 이스라엘과 타 민족과의 혼혈정책이 이루어졌다.

◆ 남유다의 종말

18-25장 하나님은 남유다에도 계속해서 자비를 베푸셨다. 남유다의 19명 왕 중에 선한 왕이 8명이고, 나머지는 악했다. 하나님은 그들이 계속해서 불순종한다면 큰 벌을 내리겠다고 경고하셨다. 그럼에도 이들은 순종하지 않았다. 결국 남유다도 북이스라엘처럼 멸망해 바벨론 포로로 끌려갔다.

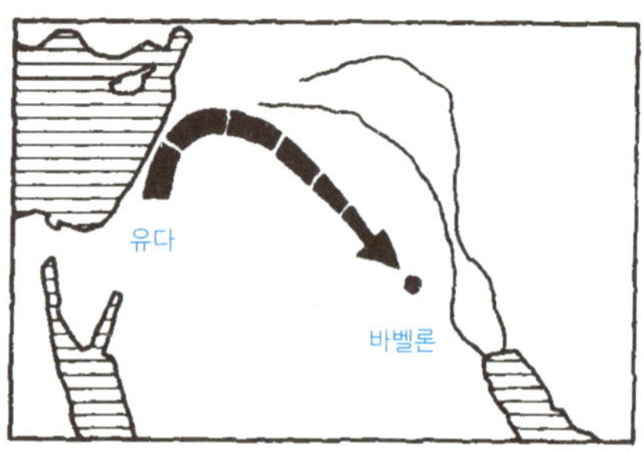

18-19장 남유다의 히스기야 왕은 하나님께 순종해, 우상 숭배하던 곳을 파괴했다. 또한 앗시리아의 왕을 섬기지도 않았다. 앗시리아 군대가 예루살렘에 쳐들어왔지만 하나님은 예루살렘을 보호하셨다. 하나님은 밤에 앗시리아 군대를 멸하기 위해 천사를 보내셨다.

20장 하나님은 히스기야의 기도를 들으시고 그의 병을 고쳐 주셨다. 히스기야는 바벨론에서 온 사신단에게 국가 기밀을 알려주는 실수를 저질렀다. 예언자 이사야는 이 일을 경고하며 바벨론에게 멸망당할 것이라 예언했다. 그들은 언젠가 남유다 백성과 보물을 가져갈 것이다.

오랜 후에 히스기야 왕이 죽었다.

21장 히스기야의 아들 므낫세는 아버지와 달리, 우상을 섬기고 많은 악행을 저질러 하나님을 진노케 했다. 므낫세의 아들 아몬 역시 우상을 섬겼다.

아몬이 죽자 백성은 8살이 된 요시야를 왕으로 세웠다.

22장 요시야 왕은 하나님의 성전을 보수했다. 성전 보수 공사를 하던 일꾼들이 율법책을 찾아냈다.

요시야는 자신과 백성이 오랫동안 하나님의 법을 따르지 않았다는 사실에 회개하였다.

23장 요시야는 백성에게 율법책을 읽히고, 우상을 제거하고, 사사 시대 이후 처음으로 유월절을 지켰다.

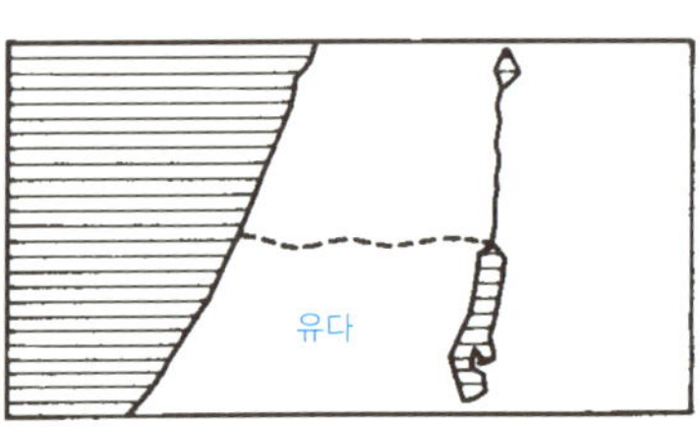

요시야가 므깃도 전투에서 전사한 후 그 아들 여호아하스가 3개월 동안 유다를 다스렸다. 그러

나 이집트인은 여호아하스를 포로로 잡아가고 그의 형 여호야김을 왕으로 세웠다(1차 포로).

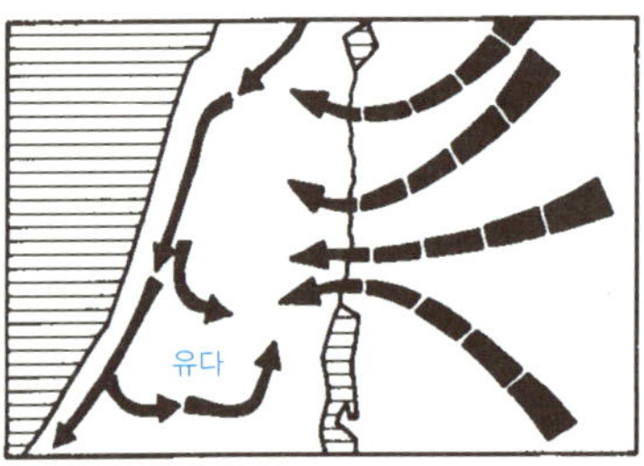

24-25장 여호야김이 죽은 뒤 여호야긴이 왕위에 올랐으나 바벨론의 느부갓네살 왕은 남유다를 침략해 여호야긴과 많은 백성을 포로로 잡아갔다(2차 포로). 바벨론은 요시야의 막내아들인 시드기야를 왕위에 세웠으나 시드기야는 이집

트와 협상했고, 바벨론은 예루살렘을 멸망시켰다(3차 포로). 이때 시드기야는 많은 백성과 함께 바벨론으로 끌려갔고, 남유다는 멸망했다(BC 586년). 유다에는 아주 가난한 백성만 남았다.

구약시대의 장소들

예루살렘 다윗이 여부스 사람들에게서 빼앗은 도시는(삼하 5:6-7) 아주 작았지만, 매우 좋은 지리적 조건을 갖고 있었다. 샘이 가까운 곳에 있었고, 적의 공격으로부터 보호해 줄 언덕도 있었기 때문이다.

다음 그림은 오늘날 예루살렘의 일부분이다. 다윗은 여부스를 점령하고서 도시의 이름을 '다윗 성'이라 붙였다.

기혼 샘은 성벽 외부에 위치해 도시에 물을 공급해 주었다. 히스기야는 터널을 만들어 도시 안으로 물이 흐르게 했다.

① 기혼 샘
② 실로암 못
③ 히스기야의 터널
④ 솔로몬 성전의 위치
(오늘날에는 그곳에 이슬람교의 예배당이 있다.)
⑤ 성벽

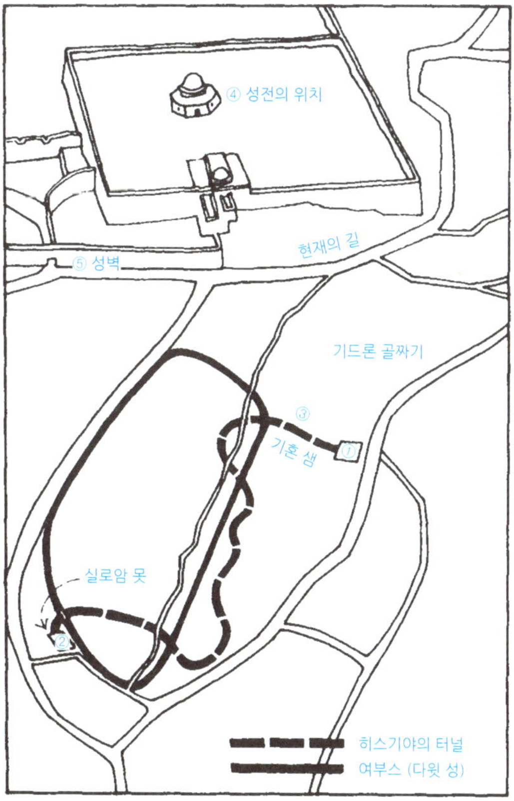

이 사진은 공중에서 본 현재의 예루살렘이다.

기드론 골짜기

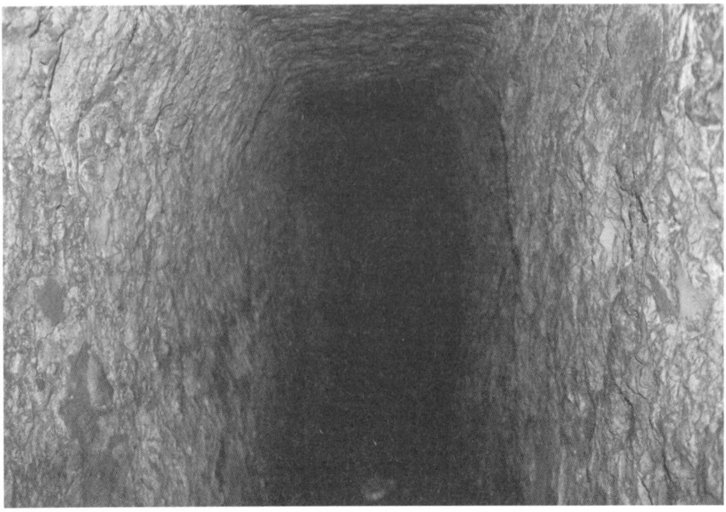

히스기야 터널. 예루살렘을 여행하면,
이 터널로 흐르는 강을 따라 걷게 될 것이다.
이 터널에 대해서는 열왕기하 20:20을 읽어 보자.
히스기야 터널은 실로암 못과 연결되어 있다.

엔게디. 다윗이 사울 왕을 피해 숨어 지냈던 곳이다.
사진에 보이는 동굴을 주목하자.

이 마을에는 성경 시대와 같은 집들이 그대로 존재한다.
평평한 지붕으로 올라가는 계단을 주목해서 보며, 열왕기하 4:10을 읽어 보자.

성경 시대에 그러했듯이 오늘날에도 어떤 지역에서는
여전히 사람과 나귀가 짐을 나르고 있다.

성전

성전은 같은 장소에, 그러나 서로 각기 다른 시기에 세 번에 걸쳐 지어졌다.

1. 솔로몬 성전. 첫 번째 성전으로서 솔로몬 왕의 지도하에 지어졌다. 바벨론이 BC 586년 예루살렘을 점령했을 때 파괴되었다.
2. 스룹바벨 성전. 두 번째 성전은 바벨론 포로 생활 이후에 예루살렘으로 돌아온 스룹바벨과 유대인들이 지었다. 에스라서에 자세히 기록되어 있다.
3. 헤롯의 성전. 남아 있는 두 번째 성전을 보수하고 확장하여 세운 것이다(255쪽에 있는 성전 모형을 참고). AD 70년 로마인들이 파괴했다.

열왕기하 사건 속 실제 흔적들

예후와 앗시리아 황제 님루드 궁전에서 발견된 돌을 통해 북이스라엘의 예후 왕이 앗시리아 황제 앞에 무릎 꿇었다는 사실을 알 수 있다. 이 돌에는 북이스라엘 사람들이 어떻게 조공을 바쳤는지 쓰여 있다. 이 사건은 열왕기하에 기록되지는 않았지만 예후 왕은 공동의 적인 시리아의 왕 하사엘과 싸우기 위해 앗시리아 황제의 도움을 구했을 것이다(왕하 10:32). 또한 앗시리아에서 발견된 기록들 역시 열왕기에 기록된 내용이 사실임을 보여 준다. 그 기록에는 성경에도 기록되어 있는 사람과 사건들이 적혀 있다.

바벨론의 도시 열왕기하 마지막 부분에 남유다 백성은 바벨론에 포로로 잡혀 갔다. 이를 뒷받침해 주는 바벨론의 대도시가 발견되었고, 많은 유적들이 드러났다.

열왕기서에서 만나는 예수님

열왕기서에서 우리는 하나님께서 주신 땅에서 쫓겨나는 이스라엘 백성을 보았다. 하나님은 예언자를 통해 회개하고 돌아오라고 외치셨지만 그들은 끝내 돌이키지 않았다. 이제 우리는 역대하에서 이 사건들에 대한 다른 기록을 접하게 될 것이다. 그리고 에스라와 느헤미야서에서는 하나님께서 행하신 놀라운 일을 보게 될 것이다. 하나님은 이스라엘 백성을 포로로 보내신 후 70년 후 다시 약속의 땅으로 돌아오게 하신다. 왜냐하면 하나님은 이 땅과 이 백성을 통해 예수 그리스도를 보낼 계획을 갖고 계셨기 때문이다. 이 사실이 가장 중요하다!

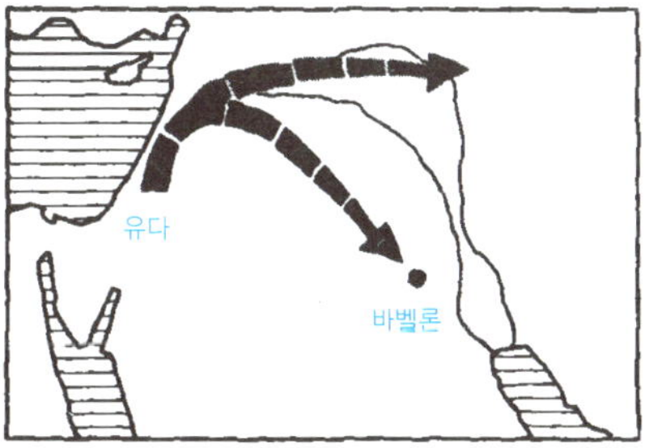

열왕기상, 열왕기하, 역대하

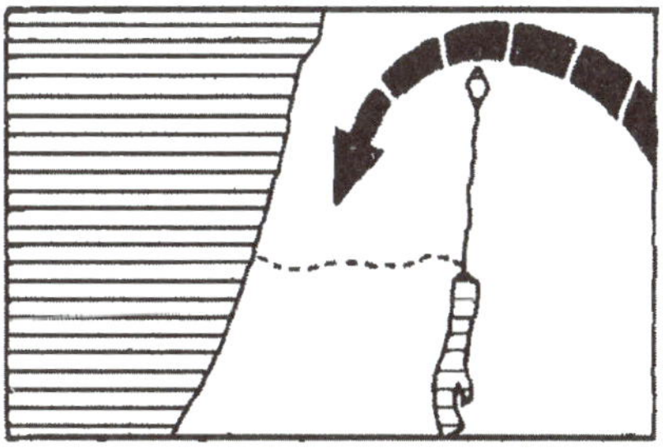

에스라, 느헤미야

13. 역대상 하나님나라의 계열

저자 역대상과 역대하는 원래 한 권의 책이었다. 이 책의 저자는 정확히 모르지만 '에스라'라고 추정한다.

개요 '역대기'라는 이름은 '그 시대의 말씀'을 뜻한다. 에스라는 포로에서 돌아온 백성에게 이스라엘 백성의 정체성을 심어 줄 필요성을 느꼈고, 아담에서부터 시작하는 역사서를 기록했다. 역대상에는 아담에서부터 다윗 왕까지의 이야기가 기록되어 있으며, 다윗의 일생과 함께 성전 건축을 준비하는 이야기가 자세히 나온다.

비교 역대기는 이스라엘의 역사를 새로운 시각에서 이야기한다.
사무엘하와 열왕기서가 왕들의 치세를 강조한 반면 역대기는 성전을 강조했다. 열왕기서는 북이스라엘과 남유다의 역사가 모두 기록된 반면 역대기는 유다를 중심으로 하는 역사만 기록되어 있다. 열왕기서가 예언자적인 관점에서 죄로 인해 멸망할 수밖에 없는 모습으로 그린 반면 역대기는 제사장적인 관점에서 인간의 죄와 허물을 용서하시는 모습을 그린다.

또 다른 시선

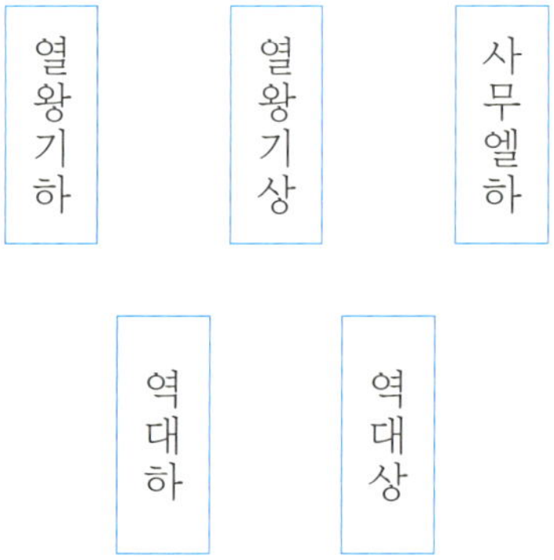

주요 인물 아담, 아브라함, 야곱, 사울, 다윗

주요 내용

☐ 가계와 지도자들의 목록 (역대상 1-9장)

☐ 다윗의 통치 (역대상 10-29장)

◦ 사울의 죽음 (역대상 10장)

◦ 다윗의 즉위 (역대상 11-12장)

◦ 언약궤 (역대상 13-16장)

◦ 하나님의 약속과 다윗의 기도 (역대상 17장)

◦ 다윗의 승리 (역대상 18-20장)

◦ 다윗의 인구 조사 (역대상 21장)

◦ 성전을 위한 준비 (역대상 22-27장)

◦ 다윗의 말년과 죽음 (역대상 28-29장)

역대상 사건은 언제 일어났는가?

핵심 사건 따라가기

◆ 유다 역사에 대한 또 다른 시선

1-29장 역대상은 사무엘하와 동일한 사건을 다룬다. 사무엘하에는 자세히 기록되어 있는 일들이 역대상에는 간략하게 설명되었다. 대신 역대상의 저자는 다윗의 일생과 성전 건축 준비 이야기에 많은 지면을 할애했다. 이는 유다 백성들이 하나님과 특별한 관계를 맺고 있음을 상기시킨다.

1-9장 아담으로부터 바벨론 포로 생활까지의 역사를 기록했다.

10-12장 사울 왕이 블레셋과의 전쟁에서 죽자, 다윗이 그 뒤를 이어 왕이 된다.

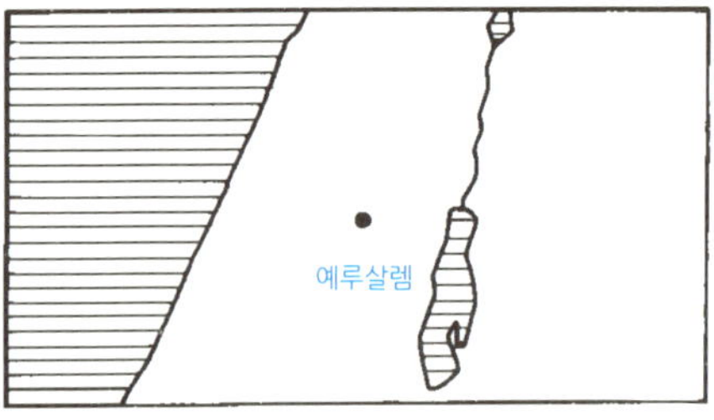

13-16장 다윗 왕은 많은 적들과 싸워 이기고, 하나님의 언약궤를 예루살렘으로 가져왔다.

17장 하나님은 예언자 나단을 통해, 다윗의 아들이 영원한 왕국을 세울 것이라고 약속하셨다.

다윗은 하나님의 선하심과 놀라운 약속에 감사드렸다.

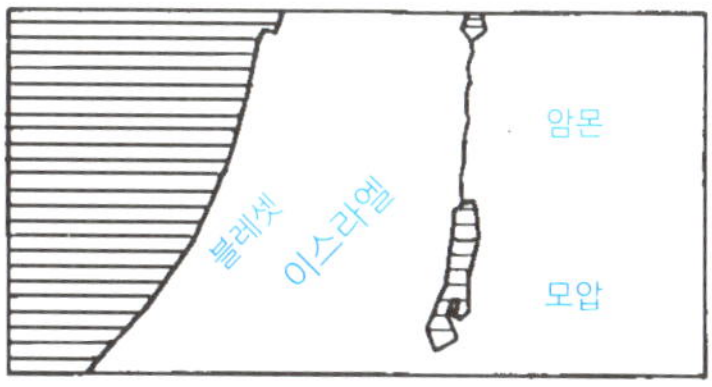

18-20장 다윗과 그의 군대는 블레셋 족속, 모압 족속, 소바 왕, 암몬 족속과 그 밖의 주변 다른 민족들과 싸워 승리했다.

21장 다윗은 하나님을 의지하지 않고, 군대 수를 세어 봄으로써 하나님께 범죄했다.

22-27장 다윗은 성전 건축을 준비했다. 건축 일꾼과 제사장, 찬양대 그리고 여러 사무를 볼 사람들을 뽑았다.

28-29장 다윗은 성전 건축을 위해 마지막 명령을 내렸다. 다윗은 하나님께 예물을 드리고, 백성도 하나님께 예물을 바치도록 했다. 훗날 다윗의 아들 솔로몬이 성전 건축을 완성했다.

다윗이 죽고 그 아들 솔로몬이 왕이 되었다.

역대상에서 만나는 예수님

역대상 1-3장에는 다윗 왕의 계보가 기록되어 있다. 저자는 첫 사람 아담까지 거슬러 올라가 아브라함과 야곱을 거쳐 다윗 가족과 그 외의 많은 왕들까지 기록하고 있다.

마태복음 1장에는 예수 그리스도의 족보가 나오는데, 마태복음 1장 17절은 이렇게 이야기한다.

"그런즉 모든 대 수가 아브라함부터 다윗까지 열네 대요 다윗부터 바벨론으로 사로잡혀 갈 때까지 열네 대요 바벨론으로 사로잡혀 간 후부터 그리스도까지 열네 대더라."

우리는 하나님께서 예수님을 이 땅에 보내실 계획을 얼마나 오래 전부터 세우셨는지 감탄하게 된다. 하나님은 우리를 오랫동안, 오래 전부터 너무나 사랑하셨다. 하나님은 독생자 예수 그리스도를 메시아로 보내심으로써 그 사랑을 보이셨다.

14. 역대하 성전 대 왕권

저자 역대상과 동일하다.

개요 역대하는 솔로몬부터 유다 왕들의 역사까지, 그리고 바벨론에게 멸망당한 후 포로에서 귀환하기까지 담겨 있다.

주요 인물 솔로몬과 유다의 통치자들

주요 내용

□ 솔로몬의 통치 (역대하 1-9장)

- 솔로몬의 간구 (역대하 1장)
- 솔로몬의 성전 (역대하 2-7장)
- 솔로몬의 성공 (역대하 8-9장)

□ 유다의 통치자들 (역대하 10-36장)

- 르호보암 (역대하 10-12장)
- 아비야 (역대하 13장)
- 아사 (역대하 14-16장)
- 여호사밧 (역대하 17-20장)
- 여호람 (역대하 21장)
- 아하시야, 아달랴(역대하 22-23장)
- 요아스 (역대하 24장)
- 아마샤 (역대하 25장)
- 웃시야 (역대하 26장)
- 요담 (역대하 27장)
- 아하스 (역대하 28장)
- 히스기야 (역대하 29-32장)
- 므낫세, 아몬 (역대하 33장)
- 요시야(역대하 34-35장)
- 예루살렘의 함락과 포로 귀환 (역대하 36장)

역대하 사건은 언제 일어났는가?

핵심 사건 따라가기

◆ 솔로몬과 유다 왕들에 대한 또 다른 시선

1-36장 역대하는 열왕기의 이야기와 많이 중복되어 있다. 열왕기서가 40명의 왕을 소개한 반면(북이스라엘 왕+남유다 왕) 역대하는 다윗의 자손인 솔로몬과 유다 왕들만 소개하고 있다(남유다 21명의 왕). 열왕기가 치세를 강조한 반면 역대하는 성전을 강조했다.

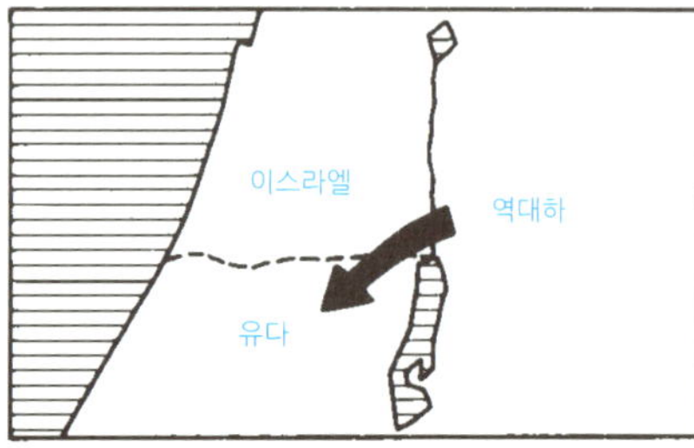

1-9장 다윗의 아들 솔로몬은 역사상 가장 부유하고 가장 지혜로운 왕이 되었다.

그는 자기 민족을 부강하게 만들었고, 예루살렘에 아름다운 성전을 건축했다.

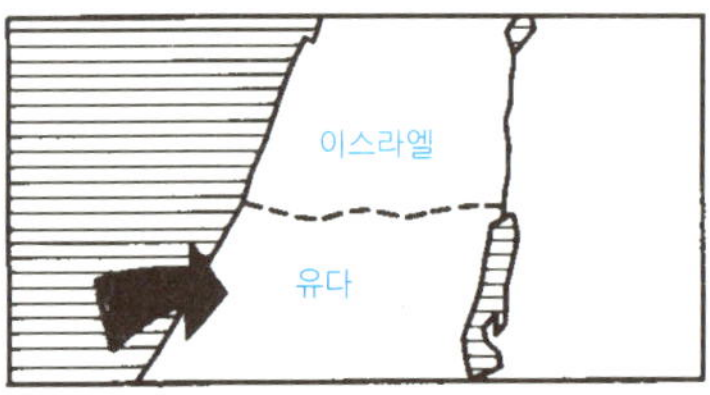

10-35장 이스라엘 민족은 북이스라엘과 남유다로 갈라졌다. 역대하는 남유다의 왕들을 이야기한다.

36장 유다 백성이 다시 우상 숭배를 했기 때문에 하나님은 그들이 전쟁에서 패배하도록 내버려 두셨다. 그래서 그들은 바벨론 땅에 포로로 잡혀 갔다.

예루살렘 성전은 파괴되었고, 도시를 둘러싼 성벽도 무너졌다.

포로로 잡혀간 지 70년 후에 페르시아 왕은 하나님의 백성이 예루살렘으로 돌아가, 성전을 재건하도록 허락해 주었다.

역대하 속 실제 흔적들

히스기야의 터널 이스라엘은 물이 부족한 나라다. 역대하 32장에서 히스기야는 전쟁 때에도 예루살렘 백성이 안전하게 물을 마실 수 있도록 수로를 건설했다. 그는 예루살렘 성 밖에 있는 기혼 샘의 물을 예루살렘 안의 실로암 못으로 연결하는 터널을 만들었다. 덕분에 전쟁 중에도 성 밖으로 나가지 않고도 물을 공급받을 수 있게 되었다. 히스기야의 터널은 1880년에 한 어린 소년이 물에서 놀다가 발견했다고 한다. 터널 벽에 새겨진 기록을 통해 히스기야의 일꾼들이 만든 것임을 알 수 있었다. 기록에는 두 집단의 일꾼들이 일을 했다고 적혀 있는데, 한 집단은 터널의 이쪽 끝에서, 다른 집단은 다른 쪽 끝에서부터 시작했다고 한다. 그들은 점점 중앙으로 다가가면서 불과 1.5m 정도를 남겨두고 틈새에서 들리는 소리로 서로 만났다. 글귀는 양쪽의 터널이 만난 지점을 기념한 내용이다.

히스기야 터널 비문

역대하에서 만나는 예수님

역대하의 마지막 장은 약속의 땅에서 살던 이스라엘 백성을 하나님께서 어떻게 쫓아내셨는지를 보여 준다. 또한 70년 후에 페르시아(바사)의 왕이 어떻게 하나님의 백성을 그 땅에 돌아가도록 허락했는지도 보여 주고 있다. 이 모든 것은 하나님의 계획이었다. 하나님은 이스라엘 땅과 이스라엘 백성을 통해 그 아들 예수 그리스도를 보내시려고 계획하셨기 때문이다. 다음에 만날 두 책, 에스라와 느헤미야는 하나님의 백성이 약속의 땅으로 돌아와 성전과 성벽을 건축하는 이야기가 나온다.

15. 에스라 포로 귀환과 성전 재건

저자 에스라

개요 예루살렘과 성전이 파괴되어 폐허가 되었다. 페르시아의 고레스 왕은 포로를 돌려보내(1차 포로 귀환) 성전을 재건하라 명한다. 그후 2차로 이스라엘 백성이 돌아오고, 학사 에스라도 이때 귀환하여 성전을 재건한다(2차 포로 귀환). 에스라는 백성을 독려하여 부흥 운동을 일으켰다.

주요 인물 스룹바벨, 에스라

주요 내용

□ 스룹바벨의 지도하에 이뤄진 1차 귀환 (에스라 1-6장)

◦ 페르시아 왕의 포고 (에스라 1장)

◦ 인구 조사 (에스라 2장)

◦ 성전 재건 (에스라 3-6장)

□ 에스라의 지도하에 이뤄진 2차 귀환 (에스라 7-10장)

◦ 예루살렘으로 귀환 (에스라 7-8장)

◦ 백성들의 죄를 다룸 (에스라 9-10장)

에스라 사건은 언제 일어났는가?

지도

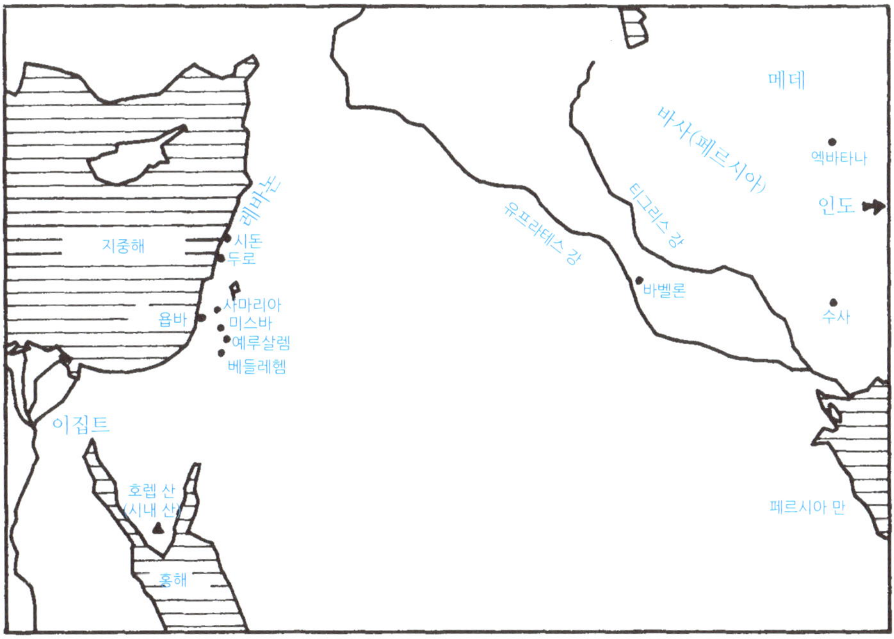
메데
바사(페르시아)
엑바타나
인도
티그리스 강
유프라테스 강
바벨론
수사
레바논
지중해
시돈
두로
사마리아
욥바
미스바
예루살렘
베들레헴
이집트
호렙 산
(시내 산)
홍해
페르시아 만

458
BC 432
다리오 왕
에스라
느헤미야

핵심 사건 따라가기

◆ 다시 돌아온 하나님의 백성

에스라서는 역대하가 끝나는 시점에서 시작한다. 에스라서에서 우리는 하나님의 약속이 이루어지는 것을 보게 된다. 이스라엘 백성은 70년 동안의 바벨론 포로 생활을 마치고 약속의 땅으로 돌아왔다.

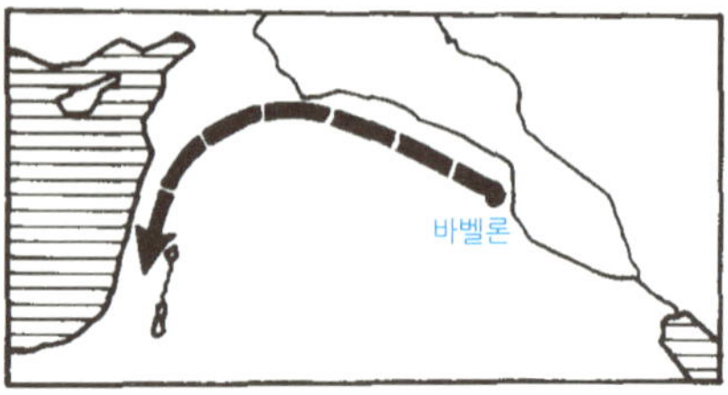

1장 페르시아(바사) 왕 고레스는 바벨론의 유대인 포로들에게 조서를 내렸다. 그는 성전 재건을 위해 예루살렘으로 돌아가도 좋다고 했다.

2장 스룹바벨의 인도하에 예루살렘으로 돌아간 백성은 약 5만 명이었다. 이를 1차 포로 귀환이라 한다.

3장 예루살렘으로 돌아온 백성은 하나님께 번제와 희생 제물을 드릴 제단을 쌓았다.

그들은 초막절도 지켰다.

건축 재료가 준비되자 일꾼들은 성전의 기초를 다지기 시작했다.

4장 이스라엘의 적들(사마리아인들)이 페르시아의 아닥사스다 왕에게 편지를 써 보내는 바람에, 성전 건축을 중단하라는 명령이 내려졌다.

5-6장 예언자 학개와 스가랴는 백성에게 성전 재건을 다시 시작하라고 말했다. 그들은 다리오 왕에게 성전 공사를 끝낼 수 있게 허가해 달라고 간청했다. 다리오 왕은 이전 고레스 왕의 조서를 발견했고, 백성에게 성전 공사를 끝마쳐도 좋다고 허락했다.

7-8장 아닥사스다 왕은 에스라가 예루살렘으로 돌아가, 그 백성들에게 하나님의 율법을 가르치도록 허락했다. 2,000여 명의 남자들을 포함한 많은 백성이 에스라와 함께 돌아왔다(2차 포로 귀환).

9-10장 에스라가 돌아왔을 때, 하나님의 백성은 우상을 숭배하는 민족들과 함께 살고 있었다. 심지어 어떤 이들은 우상 숭배하는 사람들과 결혼했다. 에스라는 하나님께 그 백성을 용서해 달라고 기도했다. 백성도 자기들의 죄를 회개했고, 그때부터 하나님께 순종하기로 약속했다.

에스라 속 실제 흔적들

예루살렘의 성전 지역을 발굴해 온 고고학자들은 성전 벽의 일부를 찾았다. 벽의 대부분은 신약시대의 크고 매끄러운 돌들로 만들어져 있었다. 그런데 어느 지점부터인가 이런 돌들은 사라지고 갑작스레 작고 다듬어지지 않은 돌들이 나타났다. 고고학자들은 이 돌들이 포로 귀환 때 성전 건축시 사용했던 돌이라고 믿고 있다.

16. 느헤미야 성벽 재건

저자 대부분은 느헤미야가 쓰고, 책을 엮으면서 에스라도 일부분을 쓴 것 같다. 수백 년 전에는 에스라서와 느헤미야서가 함께 '에스라서'로 불리다가 나중에 두 권의 책으로 나뉘었다. 그래서 에스라는 에스라전서, 느헤미야는 에스라후서라고 부르기도 한다. 지금은 이 두 권에서 중요한 인물인 '에스라'와 '느헤미야'라는 이름으로 부르고 있다.

개요 '느헤미야'는 '여호와(하나님)의 위로'라는 뜻으로, 책 속의 중요한 인물인 '느헤미야'의 이름을 따서 지은 제목이다. 느헤미야는 페르시아 아닥사스다 왕의 술 따르는 관원이었다. 술 따르는 관원은 당시 아주 중요한 위치였고, 느헤미야는 왕의 신임을 받던 신하였다. 그는 기도하는 사람으로서 예루살렘의 황폐한 소식을 듣고 고향에 갈 수 있도록 허락을 받았다. 느헤미야는 훌륭한 리더십을 발휘하여 성벽을 재건했으며, 에스라와 함께 부흥 운동을 일으켰다.

주요 인물 느헤미야

주요 내용

□ 예루살렘 성벽 재건 (느헤미야 1-7장)

□ 유대 백성의 신앙 개혁 운동 전개 및 회개 (느헤미야 8-10장)

□ 국가 개혁 (느헤미야 11-13장)

핵심 사건 따라가기

◆ 그들의 땅에 정착한 하나님의 백성

1-13장 바벨론에서 포로로 살던 하나님의 백성은 1-3차 시기로 나뉘어 예루살렘으로 돌아왔다. 에스라서에서는 1-2차 포로 귀환 이야기가 전개되었다. 1차 포로 귀환시에는 성전을 재건했고, 2차 포로 귀환시에는 에스라가 백성과 귀환해 하나님의 율법을 가르쳤다. 그리고 3차 포로 귀환시 느헤미야가 돌아와 예루살렘 성벽을 재건하고 신앙 개혁 운동을 일으켰다.

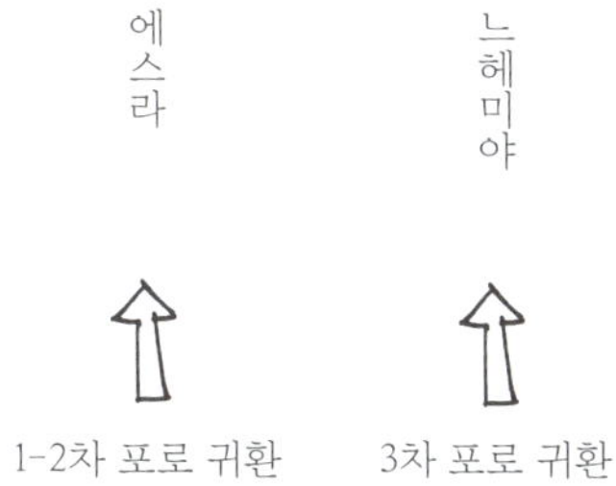

1장 느헤미야는 페르시아(바사) 아닥사스다 왕의 신하였다. 느헤미야는 예루살렘 성벽이 무너졌다는 것을 알고 무척 슬퍼했다. 그래서 느헤미야는 하나님께서 모세에게 하신 약속, 즉 백성이 흩어지게 되면 그들을 모아 예루살렘으로 돌아오게 하시겠다는 그 약속을 기억해 달라고 기도했다.

2장 아닥사스다 왕은 느헤미야가 예루살렘 성벽 재건을 위해 예루살렘으로 가도록 허락했다. 예루살렘으로 돌아온 느헤미야는 성벽의 어디를 고쳐야 하는지 조사했다.

3장 느헤미야는 백성이 성벽을 재건하도록 지도했다. 세 무리의 일꾼들이 성벽 보수하는 일을 맡았다.

4-5장 이스라엘의 적인 산발랏과 도비야가 성벽 공사를 비웃었다. 백성은 성벽 보수 공사를 하는 동안 공격받을 것을 대비해 무기도 갖추었다. 느헤미야는 백성을 도와 일어나는 여러 문제들을 해결했다.

6-7장 적들은 느헤미야를 예루살렘에서 떠나게 하려고 온갖 술수를 썼다. 심지어 느헤미야가 반역을 계획하고 있다는 거짓보고를 올리며 위협했다.

성벽이 단 52일 만에 완공되자, 적들은 하나님께서 이 일을 도와주셨음을 알게 되었다.

8-9장 성벽이 재건된 후, 백성은 하나님의 말씀을 듣기 위해 에스라 주위에 모였다. 에스라가 율법을 낭독하자, 백성은 "아멘! 아멘"을 외쳤다.

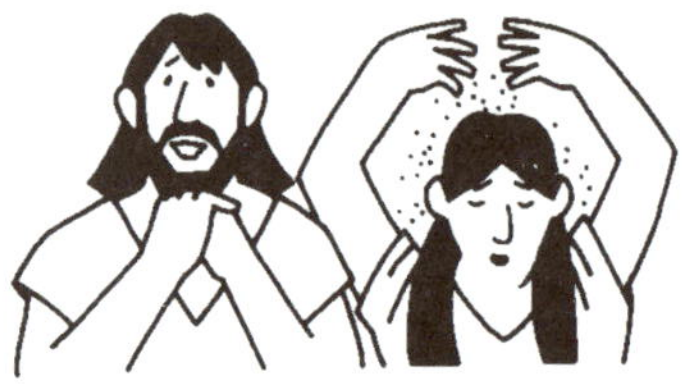

백성은 하나님을 경배하고, 자기들의 죄를 고백하며 용서를 구하는 기도를 드렸다.

10장 백성은 하나님께 순종하기로 결단하고, 우상 숭배하는 사람들과 결혼하지 않기로 했다. 또한 안식일에는 하나님을 섬기고 하나님께 예물을 바치기로 했다.

11장 백성은 예루살렘에 거하며 그 곳을 지키기로 결의했다.

12장 예루살렘 성벽을 하나님께 바쳤고, 모든 백성은 함께 기뻐했다.

13장 느헤미야는 백성이 하나님 말씀에 순종하도록 도와주었다.

17. 에스더 남은 자 구원

저자 페르시아에 사는 유대인이라고 추정한다. 그는 모르드개가 보관한 기록과 역대기의 기록을 사용한 것 같다.

개요 주요 인물인 에스더가 주인공이다. 고레스 왕이 예루살렘으로 귀환하라고 허락했지만, 페르시아에는 많은 유대인이 남아 있었다. 에스더서는 페르시아에 남아 있는 유대인들을 하나님께서 어떻게 구해내셨는지가 쓰여 있다. 이 사건을 통해 부림절이 생겼다.

주요 인물 에스더, 모르드개, 하만, 아하수에로(크세르크세스)

주요 내용

☐ 왕후 와스디의 폐위 (에스더 1장)
☐ 왕후가 된 에스더 (에스더 2장)
☐ 하만의 음모 (에스더 3-4장)
☐ 에스더의 용기 (에스더 5장)
☐ 유대인 구원 (에스더 6-10장)

지도

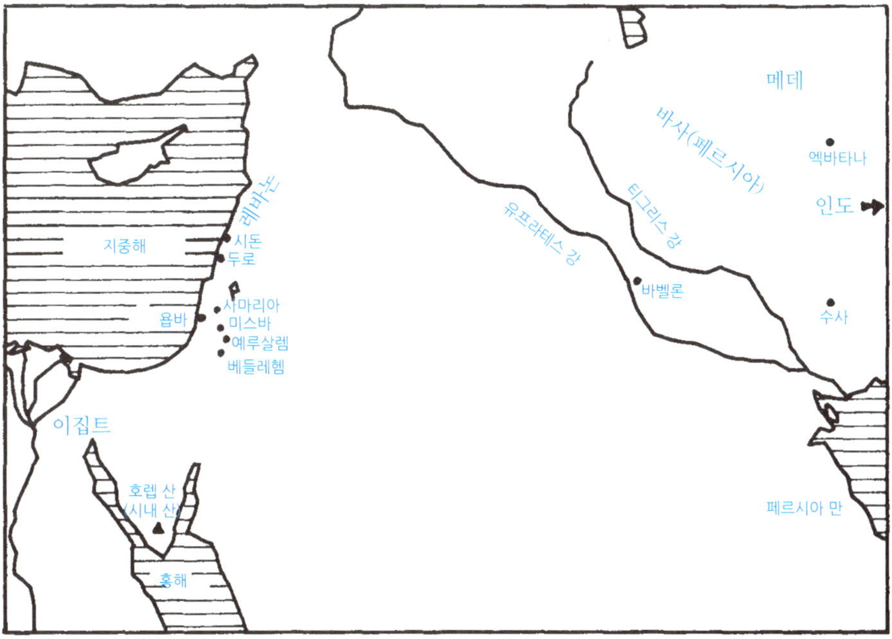

에스더서 사건은 언제 일어났는가?

핵심 사건 따라가기

◆ 백성을 구원해 내시는 하나님

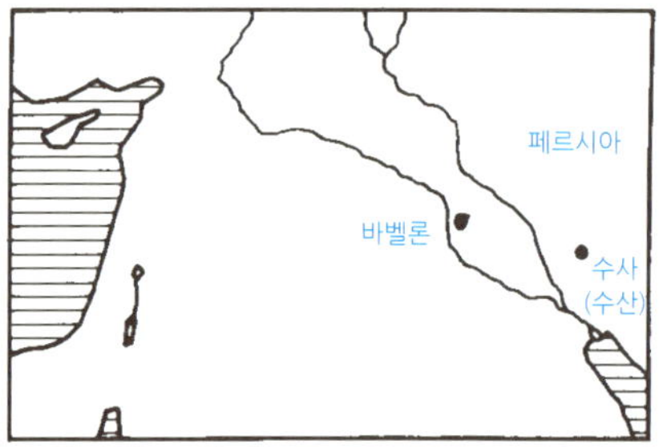

1-10장 1차 포로 귀환과 2차 포로 귀환 사이에 일어난 일이다. 에스라 6장과 7장 사이의 시간에 그 사건이 일어났다. 당시 예루살렘으로 돌아가지 않고 페르시아에 남아 있던 유대인들의 이야기다.

1장 수산궁에서 아하수에로(크세르크세스) 왕은 큰 잔치를 열고 아름다운 와스디 왕후에게 참석해 달라고 청했다.

그러나 왕후는 잔치에 오지 않았고, 그녀는 벌을 받아 궁에서 쫓겨났다.

2장 왕은 아름다운 여인 에스더를 택해 왕후의 자리에 앉혔다. 에스더의 친척 모르드개는 에스더에게 유대인이라는 사실을 숨기라고 했다.

모르드개는 에스더에게 누군가 왕을 죽이려는 음모를 꾸미고 있음을 알려주어, 왕이 이를 알도록 도왔다.

3장 모르드개는 거만한 국무총리 하만에게 경의를 표하지 않았다.

모르드개를 괘씸하게 여긴 하만은 그가 유대인인 것을 알고, 왕이 모든 유대인을 죽이라는 명령을 내릴 수밖에 없도록 음모를 꾸몄다.

4-5장 에스더는 모르드개에게서 이 음모를 들었다. 그리고 금식을 한 후 왕에게 나아갔다. 에스더는 하만과 왕을 잔치에 초대해, 하만의 기분을 흡족하게 해 주었다.

하만은 점점 더 모르드개를 미워했고 그를 매달아 죽이기로 작정하고, 장대를 만들었다.

6장 좀처럼 잠을 이루지 못한 왕은 궁중 일기를 읽어 달라고 요청했다.

왕은 궁중 일기를 통해 모르드개가 왕을 죽이려는 음모를 알려주었다는 사실을 알았다(2장 참조).

왕은 하만을 불러 모르드개에게 상을 내리라고 명령했다.

7장 에스더는 드디어 왕에게 하만이 자신과 모르드개를 포함한 유대인 모두를 죽이려는 계획을 세웠다고 말했다. 결국 하만은 모르드개를 죽이려고 만든 교수대에서 자신이 죽었다.

8장 그러나 왕은 유대인들을 죽이라는 명령, 즉 한 번 내린 명령을 돌이킬 수 없었다. 대신에 유대인들이 뭉쳐 스스로를 방어해도 좋다고 말했다.

9장 유대인들과 다른 사람들은 힘을 모아 적들을 무찔렀다.

백성은 축제를 열고 기뻐하면서 그들을 보호해 주신 하나님을 찬양했다(부림절).

10장 모르드개는 왕 다음으로 높은 지위까지 올랐다. 그는 유대인 중에서 아주 훌륭한 사람으로서 그의 지위와 힘을 오직 백성을 위해 선한 일에만 사용했다.

에스더서 속 실제 흔적들

페르시아 왕의 아름다운 궁전은 수사에 있었다. 고고학자들은 '수산궁'이 수사의 에라미트를 의미함을 알게 되었다. 그들은 1만㎢가 훨씬 넘는 아하수에로 왕의 거처를 찾았다.

에스더서에서 만나는 예수님

에스더서에서 우리는 유대 민족이 모두 죽임을 당해 예수 그리스도의 계보가 끊기게 될 뻔했던 위기를 만났다. 유대인을 몰살하려던 하만은 아말렉 사람이었는데, 사울이 살려준 아각 왕의 후손이었다(에 3:1). 사무엘하에서 하나님은 사울에게 아말렉을 진멸하라는 명령을 내리셨는데(삼상 15장) 사울은 불순종했다. 그의 불순종이 훗날 이스라엘 백성을 위험에 빠뜨리게 했다. 그러나 모든 일을 주관하시는 하나님은 전지전능하신 분이기에, 유대 민족을 안전하게 보호하셨다. 그리고 예수 그리스도의 계보를 온전히 지켜주셨다. 유대 민족을 돌보신 하나님은 지금 우리의 삶도 친히 돌보고 계신다.

시가서의 포인트

시가서는 하나님 백성의 삶과 하나님을 의지하고 따르는 삶에 대한 이야기와 노래가 소개되어 있다.

◦ 시가서: 욥기, 시편, 잠언, 전도서, 아가서

◇ 왜 시가서라고 부르나?

시가서는 히브리 시와 지혜 문학을 뜻한다. 시가서는 이스라엘의 언어인 히브리어로 쓰였다. 히브리어 시는 영어의 시처럼 운(라임)을 따르지 않는다. 쓰인 방식 때문에 시인 것이다. 어떤 시편은 히브리어 알파벳 시(acrostic poem)이다. 영어의 A B C D처럼 각 연이 알파벳 철자들로 시작하기 때문이다. 다른 시편들은 운율을 갖춘 노래이거나 음악에 맞춰 부른다.

◇ 신약성경에서 말하는 시가서

◦ 욥기

야고보서는 고난 받는 욥이 인내의 상징이며 하나님의 인애의 한 예라고 말한다.
"너희가 욥의 인내를 들었고 주께서 주신 결말을 보았거니와 주는 가장 자비하시고 긍휼히 여기시는 이시니라"(약 5:11).

◦ 시편

이스라엘이 그랬듯이 우리는 이 노래를 하나님께 찬양드릴 때 사용한다.
"시와 찬송과 신령한 노래들로 서로 화답하며 너희의 마음으로 주께 노래하며 찬송하며"(엡 5:19).

◦ 잠언, 전도서, 아가서

솔로몬이 그랬듯 지혜를 구하고 매일의 삶에서 지혜를 행해야 한다.
"그런즉 너희가 어떻게 행할지를 자세히 주의하여 지혜 없는 자 같이 하지 말고 오직 지혜 있는 자 같이 하여"(엡 5:15).

18. 욥기 알 수 없는 인간의 고난

저자 욥기의 저자는 알려져 있지 않다. 욥기는 바벨론 포로 기간에 무명의 저자가 쓴 책이다.

개요 '욥'은 히브리어로 '박해받는 사람', 아람어로는 '회개' (아람어)라는 뜻이다. 욥은 아브라함 시대 사람(족장 시대)이라고 알려져 있다.

주요 인물 욥, 욥의 가족, 욥의 친구들(엘리바스, 빌닷, 소발, 엘리후)

주요 내용

☐ 욥에게 닥친 재앙 (욥기 1-2장)

☐ 욥과 친구들과의 논쟁 (욥기 3-37장)

☐ 하나님과 욥의 대화 (38-42장)

☐ 욥의 회복 (욥기 42장)

욥기 사건은 언제 일어났는가?

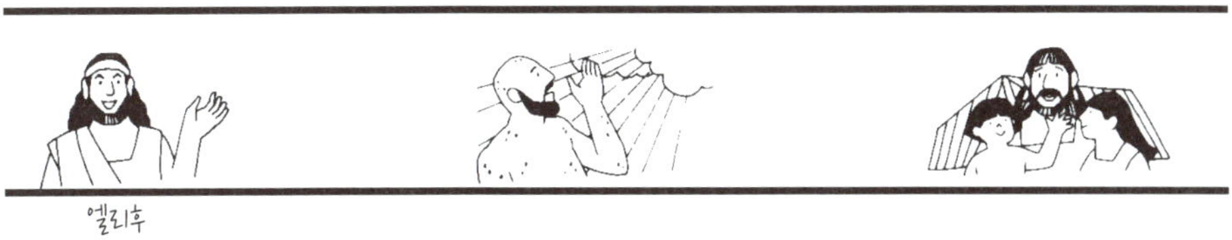

핵심 사건 따라가기

◆ 시험당하는 의인, 욥

1-42장 욥은 가나안 동부 우스 땅에 살던 경건한 의인이었다. 욥은 실제 인물이고, 우리가 만나게 될 사건들도 아브라함 시대에 실제로 있었던 일들이다.

1-2장 사탄은 욥의 자녀를 죽이고 모든 재산을 잃게 해, 욥이 비참한 삶에도 불구하고 진정으로 하나님을 사랑하는지를 시험했다.

사탄은 욥이 이유를 알 수 없는 고난 중에도 여전히 하나님을 사랑하고 신뢰하는 것을 보고, 그를 고통스러운 병에 걸리게 했다. 그렇게 되자 욥의 세 친구가 찾아왔다.

3장 욥은 병이 너무나 괴로워서 세상에 태어난 자신을 저주했다.

4-7장 욥의 친구 엘리바스는 욥이 분명 죄를 지어서 받는 벌이라며 하나님께 용서를 빌라고 말했다. 그러나 욥은 아무 잘못도 저지르지 않았다고 대답했다.

8-10장 다른 친구 빌닷도 욥이 이런 벌을 받아야 할 이유가 있다는 것에 동의했지만, 이번에도 욥은 자신은 벌을 받을 만한 죄를 짓지 않았다고 말했다.

11-14장 또 다른 친구 소발도 마찬가지로 욥에게 죄를 그만 짓고 하나님께 용서를 구하라고 경고했다.

욥은 왜 이런 고난과 벌을 받는지 도무지 이해하지 못했다. 아무리 생각해도 그럴 만한 이유가 없었다.

15-31장 욥이 받는 고난과 벌을 놓고, 욥과 세 친구들은 계속해서 논쟁했다.

32-37장 논쟁을 듣던 엘리후는 하나님이 의인에게도 나쁜 일을 허락하실 수 있고, 또 그럴 만한 이유도 갖고 있다고 말했다. 그는 하나님이 고난을 통해 사람을 훈련시킨다고 이야기했다.

38-42장 하나님은 욥에게 그분이 하시는 일을 말씀하셨다. 그리고 욥이 '하나님이 인간에게 고통을 주시는 이유는 아무도 알 수 없다'는 사실을 깨닫게 하셨다.

하나님은 욥의 세 친구들이 말한 것은 잘못되었다고 말씀하셨다. 욥은 하나님의 위대하심과 사람의 유한함을 깨달았다. 그는 회개했으며, 세 친구를 위해 중보 기도했다.

하나님은 욥에게 이전보다 더 많은 재산과 더 많은 가족을 주심으로써 그동안의 고난을 보상해 주셨다.

욥기 속 실제 흔적들

'욥'이라는 이름은 오늘날에는 거의 사용하지 않는다. 그러나 욥의 시대에는 이 이름이 흔했다. 아주 오래된 기록들에서 '욥'이라는 이름이 자주 발견된다는 것은 욥기가 그만큼 오래된 책임을 보여 준다.

욥기에서 만나는 예수님

욥기 19:25-27에서 욥은 하나님께서 자신을 구해 주실 것을 알았고, 그분을 믿었기 때문에 고통과 고난 가운데서도 평안할 수 있었다. 욥은 하나님의 나라에 자신이 가게 될 것을 미리 내다보았다. 그는 주님을 '대속자'라고 불렀다. 예수께서 십자가에서 죽으심으로 우리가 생명을 얻었으니, 예수 그리스도는 우리의 아름다운 대속자시다.

19. 시편 할렐루야

저자 시편의 저자는 다윗을 포함해 여러 명이다. 모든 저자를 다 알 수는 없지만, 시편을 쓰거나 편집한 저자 중 중요한 사람들을 아래에 정리해 두었다.

개요 '시편'은 '찬양의 책'을 뜻하며, 하나님을 찬양하는 150편의 노래를 엮은 책이다. 시편이 기록되기 시작한 것은 모세 시대 때부터였으며, 다윗의 시가 절반을 차지한다. 시편은 예루살렘에서 성전을 건축한 이후 사용했던 기도와 찬양 책으로서 하나님을 예배할 때 사용했다.

주요 내용 시편은 다섯 부분으로 나눌 수 있다.

권	시편	주요 저자 또는 편집자
1	1-41편	다윗
2	42-72편	다윗, 고라 자손
3	73-89편	아삽
4	90-106편	알려져 있지 않음
5	107-150편	다윗, 알려져 있지 않음

주 : 아삽은 다윗 왕의 성가대 지도자였다. 고라 자손은 전문 음악인 집안의 자손이다.

핵심 구절 따라가기

◆ 하나님 백성이 노래하던 책

1-150편 시편에는 여러 종류의 노래가 있다. 기쁨에 차서 부른 노래, 슬픔과 절망 속에서 읊은 노래, 커다란 문제와 고난 앞에서 부른 노래, 놀라움과 경이로운 일들을 보여 주는 노래 등. 그러나 모든 시편은 하나님에 대한 노래다. 하나님의 백성은 삶을 살아가며 무엇이든 하나님께 아뢰고 간구할 수 있다. 하나님은 백성의 말과 노래에 늘 귀 기울이신다.

주제별로 나눠 본 시편

교훈 1, 19, 39편
찬양 8, 29, 93, 100편
감사 30, 65, 103, 107, 116편
회개 6, 32, 38, 51, 130편
신뢰 3, 27, 31, 46, 56, 62, 86편
곤경 4, 13, 55, 64, 88편
소망 42, 63, 80, 84, 137편
역사 78, 105, 106편

성서 시대에 사용한 악기들

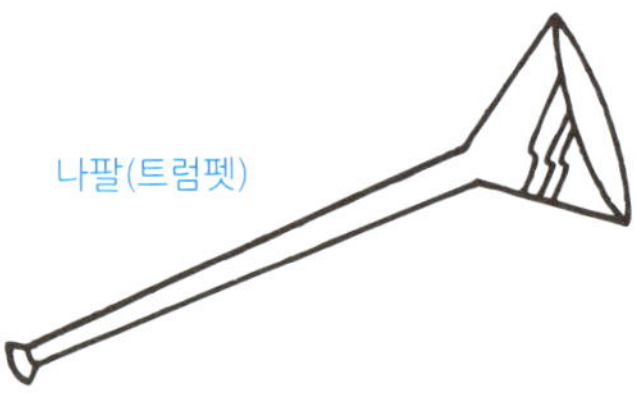

나팔(트럼펫)

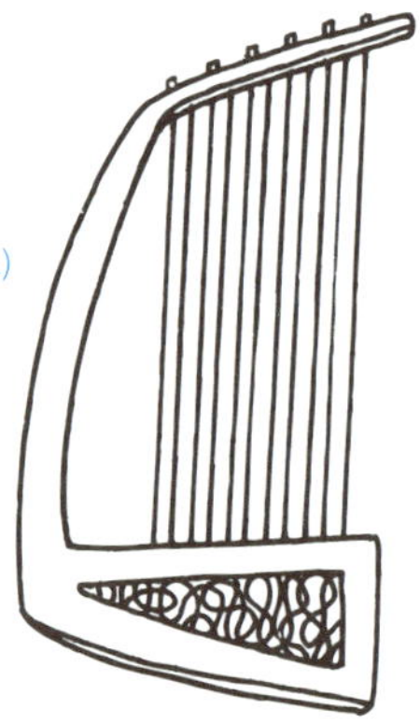

수금(하프)

비파(리르)

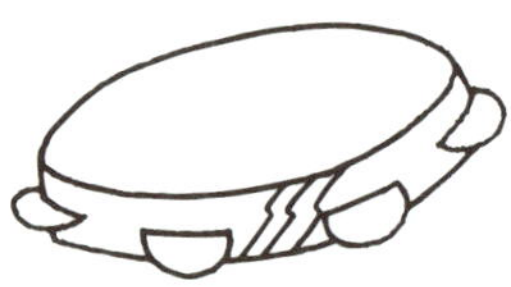

소고(탬버린)

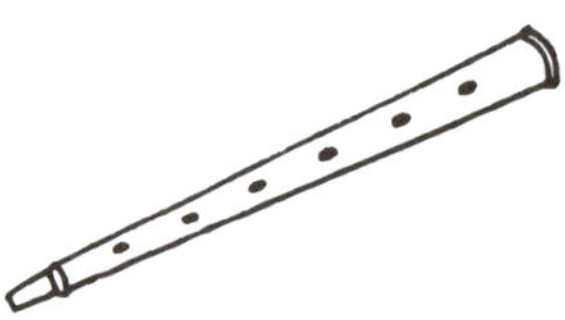

피리(플루트)

제금(심벌즈)

1편 하나님의 말씀을 사랑하는 사람은 시냇가에 심은 나무와 같다. 그 사람은 좋은 열매를 많이 맺는다.

19편 하나님은 자신이 창조한 피조물과 말씀, 즉 성경으로 자신이 어떤 분이신지를 보이셨다.

23편 다윗이 쓴 시답게, 여기서는 여호와를 우리의 선한 목자라고 말한다. 하나님은 우리를 목자가 양들을 돌보듯이 지키고 보호하신다.

27편 다윗은 그를 헤치려는 적들로부터 보호해 주시기를 하나님께 간구하고 있나.

34편 이 시는 기도에 응답하신 하나님께 감사드리고 있다.

46편 문제가 다가올 때 하나님은 그분의 백성을 보호하신다.

51편 다윗이 쓴 시. 그의 죄를 용서하시고 깨끗하게 해주시기를 겸허하게 간구하고 있다.

56편 다윗이 쓴 시. 위험에 처했을 때 보호하시는 하나님을 신뢰하고 있다.

77편 하나님이 홍해를 갈라 이스라엘 백성을 통과하게 하셨듯이 많은 방법을 통해 그분의 힘과 능력을 보여주신다.

91편 하나님은 피난처가 되셔서 재앙으로부터 그분의 백성을 안전하게 보호하신다.

100편 하나님께 감사드리기 위한 시다. 4절의 문과 궁정은 성전의 문과 뜰을 의미한다.

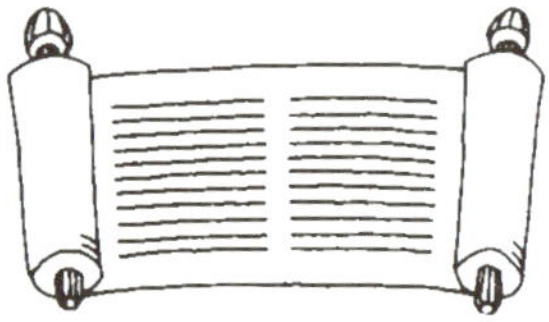

119편 이 시편의 22개의 영역은(히브리어 알파벳의 각 문자로) 하나님의 말씀이 얼마나 놀라운지 말해준다. 성경을 언급하기 위해 "율법", "증거들", "법도", "계명", "교훈", "규례", "말씀", "율례" 등과 같은 단어들이 반복 사용되었다.

119편 하나님의 말씀은 많은 재물과 금, 은, 피난처 그리고 램프(인간의 앞날을 비춰주는) 등에 비유된다.

122편 예루살렘 성전으로 올라가는 사람들이 찬양하며 부른 시.

136편 레위 사람들이 성전에서 이 시편을 사용할 때, 성가대 지도자가 각 절의 처음 부분을, 성가대가 나머지 부분을 낭송했던 것 같다. 우리도 당시 레위 사람들처럼 이 시편을 낭송하며 즐거워하자. 어떤 이는 지도자 역할을, 어떤 이는 성가대 역할을 하면서!

150편 이 시는 하나님을 찬양하는 노래로, 당시 하나님을 찬양하기 위해 사용된 악기들이 나온다. 각 절의 끝은 "찬양할지어다"로 맺고 있다.

누가복음 24:44에서 예수님은 '시편에 나를 가리켜 기록된 모든 것이 이루어져야 하리라'고 말씀하셨다. 즉 예수님은 시편이 예수님에 대해 이야기하는 책이라고 말씀하신 것이다.

시편 2, 16, 22, 24, 40, 45, 68, 69, 72, 97, 110, 118편, 이 시들은 우리에게 오실 메시아에 대해 썼기 때문에 '메시아적 시편'이라고 부른다.

신약성경에는 시편에서 인용한 많은 구절들이 있다. 적어도 20군데에서 예수 그리스도와 그분의 생애, 그리고 죽음에 대해 직접적으로 이야기한다.

시편 22편은 갈보리의 모습을 보여준다. 구약성경 다른 어느 곳에서보다 이곳에서 보다 선명하게 십자가를 볼 수 있다. 이 시편은 주님이 가장 고통스러웠던 때의 절규로 시작한다.

"내 하나님이여 내 하나님이여 어찌 나를 버리셨나이까"

다음 구절들을 읽고 비교해 보자.

시편 22:1	마태복음 27:46
시편 22:6-7	누가복음 23:35-36
시편 22:6-8	마태복음 27:39, 41, 43
시편 22:12-13	마태복음 27:36, 44
시편 22:28	고린도전서 15:23-24

시편 22:16은 "내 수족을 찔렀나이다"라고 말하고 있다. 예수님이 돌아가시기 수백 년 전에 쓰인 이 말씀은 훗날 예수께서 어떻게 돌아가실지 묘사했다. 이는 손과 발을 십자가에 못 박아 죽이는 로마의 처형 방법이다. 당시 유대 율법에는 이런 처형 방법이 없었다.

시편 22:18의 "내 겉옷을 나누며 속옷을 제비 뽑나이다"라는 구절은 수백 년 후에 예수님을 처형한 로마 병사들의 행동을 묘사하고 있다. 마태복음 27:35을 펼쳐보자!

시편 23편 - 우리의 목자이신 예수님

시편 23편을 읽으면서 목동이 양을 어떻게 돌보았는지 묵상해 보자.
그리고 우리의 좋은 목자이신 예수님께 감사하자.

목자는 양을 잘 먹이고
안전하게 보호한 후에야
누워서 쉰다.

목자는 양들이 잔잔한 물을
마실 수 있도록 어떻게 했나?

양 한 마리가 길을 잃었을 때
목자는 어떻게 했나?

시편 23:4을 읽어보자. 목자의 지팡이는 끝부분에
손잡이가 달린 짧은 막대다. 목자는 양들을
짐승으로부터 보호하기 위해 막대기를 사용했다.
또한 양들을 인도하고 도와주기 위해
끝부분이 휘어진 긴 막대기도 함께 사용했다.

시편 23:5에서 목자가 양을 위해
준비한 잔칫상은 어떤 것인가?
목자는 그곳을 안전하게 하기 위해
어떻게 했나?

양이 상처를 입으면 목자는
그 상처에 기름을 발라 준다.

시편 23:5에 나타난,
더위에 지치고 목마른 사슴이
마실 '잔'은 어떤 것인가?

20. 잠언 지혜의 격언들

저자 잠언의 대부분을 쓰고 편집한 사람은 솔로몬이다. 열왕기상 4:32은 솔로몬이 3,000개의 잠언과 1,005편의 노래를 불렀다고 말한다.

개요 지혜의 글이라고도 부른다. 잠언은 우리가 어떻게 살아가며, 어떤 행동과 말을 해야 할지, 어떤 마음과 태도를 지녀야 하는지를 알려 주는 지혜의 말씀이다.

주요 내용 생활을 위한 지혜의 말씀이다(잠언 1-31장).
잠언에서는 여러 다양한 문제들과 상황을 다루고 있다. 대부분의 구절이 짧고 명료해 기억하기 쉽다. 잠언은 한 가지 주제가 아니어서 구절들이 각기 다르고 새로우며, 중요한 가치를 지닌다.

핵심 구절 따라가기

1장 사람이 하나님의 지혜를 알게 하며, 어리석은 사람이 이끄는 죄악된 길을 가지 않도록 격려한다.

3장 5-6절 하나님을 신뢰하고 모든 일에 하나님을 인정하면, 하나님이 가야 할 길을 알려 주신다.

10장 23절 어리석은 사람은 악한 행동을 하면서 기쁨을 느끼지만 분별력 있는 사람은 지혜에서 기쁨을 누린다.

14장 21절 가난한 사람에게 친절을 베푸는 사람은 복이 있다.

17장 17절 언제나 서로 사랑하는 것이 친구이며, 어려움을 당할 때 서로 돕는 것이 형제다.

20장 5절 사람의 생각은 깊은 물속과 같아서 통찰력 있는 사람만이 길어 낼 수 있다.

22장 9절 다른 사람을 잘 보살펴 주는 사람은 복이 있을 것이다.

24장 30-34절 게으른 사람에게는 가난이 강도처럼 갑자기 들이닥칠 것이다.

여호와를 경외함

"여호와를 경외하는 것이 지혜의 근본이요 거룩하신 자를 아는 것이 명철이니라"(잠 9:10).

"지혜로운 자는 두려워하여 악을 떠나나 어리석은 자는 방자하여 스스로 믿느니라"(잠 14:16).

"여호와를 경외하는 자에게는 견고한 의뢰가 있나니 그 자녀들에게 피난처가 있으리라"(잠 14:26).

분노

"노를 품는 자와 사귀지 말며 울분한 자와 동행하지 말지니 그의 행위를 본받아 네 영혼을 올무에 빠뜨릴까 두려움이니라"(잠 22:24-25).

"어리석은 자는 자기의 노를 다 드러내어도 지혜로운 자는 그것을 억제하느니라"(잠 29:11).

"노하는 자는 다툼을 일으키고 성내는 자는 범죄함이 많으니라"(잠 29:22).

돈

"부자 되기에 애쓰지 말고 네 사사로운 지혜를 버릴지어다"(잠 23:4).

"네가 어찌 허무한 것에 주목하겠느냐 정녕히 재물은 스스로 날개를 내어 하늘을 나는 독수리처럼 날아가리라"(잠 23:5).

"가난한 자를 구제하는 자는 궁핍하지 아니하려니와 못 본 체하는 자에게는 저주가 크리라 "(잠 28:27).

말

"칼로 찌름같이 함부로 말하는 자가 있거니와 지혜로운 자의 혀는 양약과 같으니라"(잠 12:18).

"유순한 대답은 분노를 쉬게 하여도 과격한 말은 노를 격동하느니라"(잠 15:1).

"선한 말은 꿀송이 같아서 마음에 달고 뼈에 양약이 되느니라"(잠 16:24).

지혜

"대저 여호와는 지혜를 주시며 지식과 명철을 그 입에서 내심이며"(잠 2:6).

"지혜를 얻는 것이 금을 얻는 것보다 얼마나 나은고 명철을 얻는 것이 은을 얻는 것보다 더욱 나으니라"(잠 16:16).

"지혜 있는 자는 강하고 지식 있는 자는 힘을 더하나니"(잠 24:5).

정직

"진실한 입술은 영원히 보존되거니와 거짓 혀는 잠시 동안만 있을 뿐이니라"(잠 12:19).

"거짓 입술은 여호와께 미움을 받아도 진실하게 행하는 자는 그의 기뻐하심을 받느니라"(잠 12:22).

"의로운 입술은 왕들이 기뻐하는 것이요 정직하게 말하는 자는 그들의 사랑을 입느니라"(잠 16:13).

미련함

"여호와를 경외하는 것이 지식의 근본이거늘 미련한 자는 지혜와 훈계를 멸시하느니라"(잠 1:7).

"솔로몬의 잠언이라 지혜로운 아들은 아비를 기쁘게 하거니와 미련한 아들은 어미의 근심이니라"(잠 10:1).

"미련한 자는 자기 행위를 바른 줄로 여기나 지혜로운 자는 권고를 듣느니라"(잠 12:15).

인내

"분을 쉽게 내는 자는 다툼을 일으켜도 노하기를 더디 하는 자는 시비를 그치게 하느니라"(잠 15:18).

"노하기를 더디하는 자는 용사보다 낫고 자기의 마음을 다스리는 자는 성을 빼앗는 자보다 나으니라"(잠 16:32).

"오래 참으면 관원도 설득할 수 있나니 부드러운 혀는 뼈를 꺾느니라"(잠 25:15).

잠언에서 만나는 예수님

잠언은 하나님의 관점에서 지혜롭게 따를 수 있는 말씀과 행동들을 우리에게 제공한다. 예수님은 이 땅에서 사시는 동안 참지혜로서 완전한 모범이셨다. 그래서 예수님을 알아갈 때 우리는 어디서든지 바르고 선한 일을 하는 데 도움을 얻을 수 있다.

21. 전도서 참된 인생을 위한 교훈

저자 솔로몬

개요 '전도서'는 '모임(집회)' 또는 '설교자'를 의미한다. 솔로몬은 전도서를 통해 자신이 살아오면서 배우고 느낀 것을 이야기한다. 전도서는 하나님을 떠나 세상에서 추구하는 모든 것이(부귀영화, 명예, 권세 등) 헛되다고 말하면서 '인생에서 가장 중요한 것'은 하나님의 명령을 지키는 것이라고 가르친다.

전도서에서 만나는 예수님

솔로몬 왕은 행복을 발견하기 위해 다각도로 노력했다. 그러나 그는 진정한 행복은 하나님을 알고 그분께 순종하는 데서만 얻을 수 있음을 깨달았다. 이와 같이, 우리는 하나님을 알고 그분께 순종할 필요가 있다. 인생은 속도보다 방향이 중요하다. 예수님은 허무한 인생이 아니라 하나님을 경외하는 행복한 삶을 살도록 이끄시는 절대자이시다. 예수님 때문에 우리는 하나님의 가족이 되며, 하나님께서 주시는 진정한 기쁨을 경험할 수 있다.

핵심 구절 따라가기

◆ 삶에 의미를 주시는 하나님

1-12장 전도서는 삶의 의미에 대해 말한다. 하나님이 왜 사람들을 만드시고 세상을 만드셨는지, 돈이나 권력은 과연 선한 것인지, 이를 어떻게 사용해야 하는지, 우리는 어떻게 행동하며 살아가야 하는지 등의 질문에 솔로몬은 친절히 그리고 단호하게 답한다.

만물을 위한 하나님의 때

1-2장 솔로몬은 많은 지혜와 학식, 재물을 갖는 것에 대해 이야기한다. 그는 아름다운 궁궐과 엄청난 재산이 있었고 이를 마음껏 누리고 즐겼지만, 결국 그 모든 것이 헛되다는 것을 깨달았다.

3장 만물을 다스리시는 하나님은 모든 일의 때를 정하셨다. 지금은 비록 불공평과 불의가 가득해 보이고, 공의와 공정이 사라진 듯해도 언젠가 하나님의 때에 모든 것은 바르게 돌아올 것이다.

4-5장 솔로몬은 권력을 사용해 다른 사람의 것을 빼앗거나 다른 사람에게 상처를 주지 말라고 경고한다. 또한 예배에 관한 교훈도 함께 전한다.

6-12장 솔로몬이 전하는 가장 중요한 메시지는 바로 '하나님께 순종하라'는 것이다. 우리는 때때로 우리에게 일어나는 일들을 이해할 수 없을 때가 있다. 그렇지라도 우리가 할 수 있는 최선은 '하나님께 순종하는 것'이다.

22. 아가서 사랑의 고백

저자 솔로몬

개요 '아가(솔로몬의 노래)'는 '노래 중의 노래'를 뜻한다. 이는 모든 글과 노래 중 가장 훌륭하고 아름답다는 의미다. 아가서는 유월절에 읽는 책으로서, 솔로몬이 지은 사랑 노래다. 아가서는 하나의 시이자 그림이며 노래라고 할 수 있다. 아가서는 에스더서처럼 '하나님'이란 단어가 한 번도 나오지 않지만 곳곳에서 하나님 사랑이 깃들어 있다. 아가서는 이면적으로는 부부의 친밀감과 애정에 대해 말한다. 즉 사랑하는 사람을 위해 모든 것을 포기할 수 있고, 사랑을 위해 모든 것을 바치는 실제적이고도 헌신적인 사랑을 묘사하고 있다.

예언서의 포인트

구약성경의 나머지 부분은 이제 시작될 열일곱 권의 예언서로 되어 있다. 예언서에 나오는 사건들은 열두 권의 역사서에 나오는 사건들과 같은 시기에 일어났다.

구약성경의 배열을 눈여겨보자.

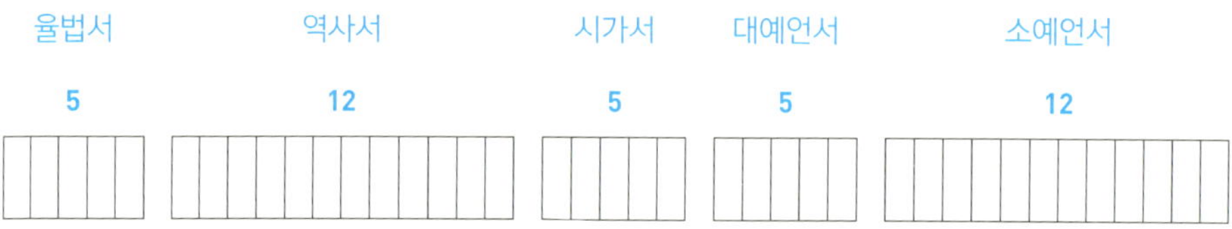

'대예언서'와 '소예언서'는 각 예언자의 중요도나 지위가 아니라, 책의 길이에 따라 긴 분량은 대예언서, 적은 분량은 소예언서로 나눈 것이다.

주 : 예레미야애가는 예레미야가 기록했다. '애가'는 예언자 이름이 아니라, '애통하는 노래' 혹은 '슬픈 노래'라는 의미다.

구약의 예언자들

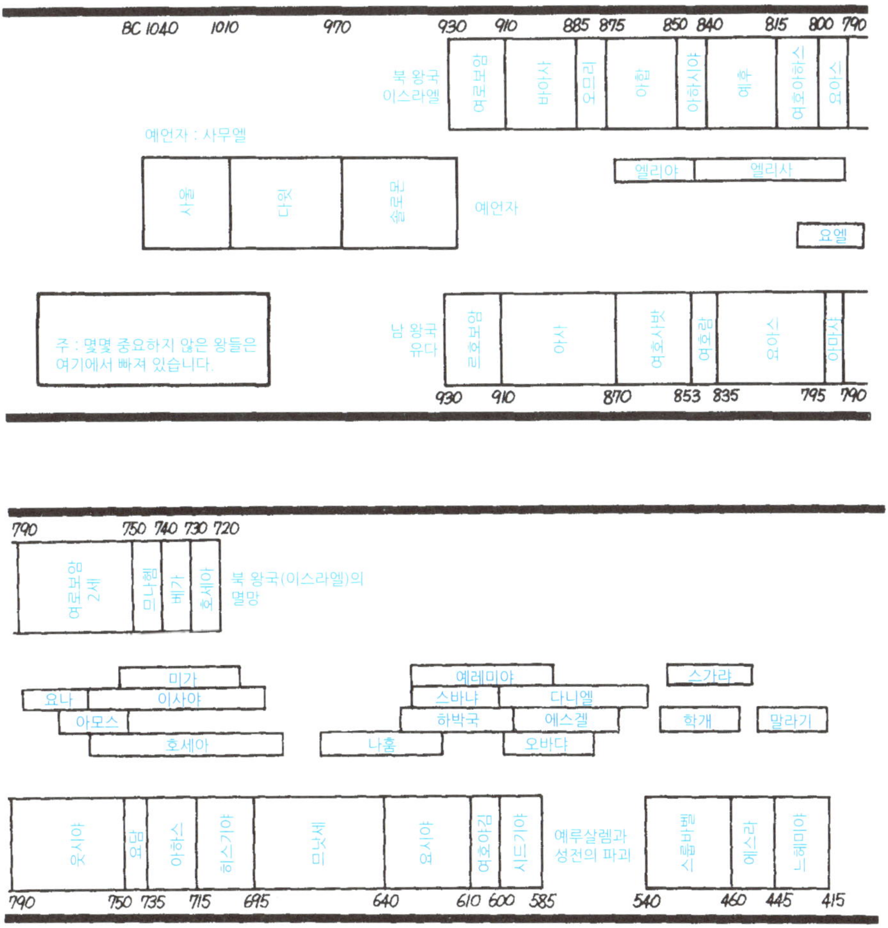

◇ 예언자는 어떤 사람인가?

예언자는 하나님이 백성에게 그분의 말씀을 전하기 위해 세우신 사람이다. “여호와께서 각 선지자와 각 선견자를 통하여 이스라엘과 유다에게 지정하여 이르시기를 너희는 돌이켜 너희 악한 길에서 떠나 나의 명령과 율례를 지키되…”(왕하 17:13).

예언자들은 왕이라고 해서 두려워하지 않았다. 그들은 왕에게나 백성에게나 똑같이 당당하고 담대하게 하나님의 말씀을 전했다. 그들은 백성의 죄와 회개에 대해 늘 이야기했다.

◇ 누가 예언자였는가?

사무엘이 첫 번째 예언자였다. 예언자들은 약 500년 동안 이어져 내려왔다. 신구약 중간기인 약 400년 동안에는 예언자가 없었고, 세례 요한이 마지막 예언자였다.

◇ 예언자는 누구에게 말했는가?

하나님은 이스라엘뿐만 아니라 이집트나 바벨론 등 특정 민족에게도 말씀을 주셨다. 예언자들은 그들에게 하나님의 말씀을 전파하고 선포했다.

이스라엘 (북부의 10지파)	아모스, 호세아
유다(남부의 2지파)	요엘, 이사야, 미가, 예레미야,
	하박국, 스바냐
포로 귀환 백성	학개, 스가랴, 말라기
니느웨	요나, 나훔
바벨론	다니엘, 에스겔
에돔	오바댜

주 : 하나님은 위의 표에 기록한 민족 외에 다른 민족에게도 말씀을 보내셨다. 예언서에는 니느웨, 바벨론, 에돔, 이집트, 모압 그리고 다른 여러 민족들에게 보내는 말씀이 기록되어 있다. 위의 나라들은 예언자들이 주로 하나님의 메시지를 전한 곳이다.

예언자들이 말씀을 전한 민족들

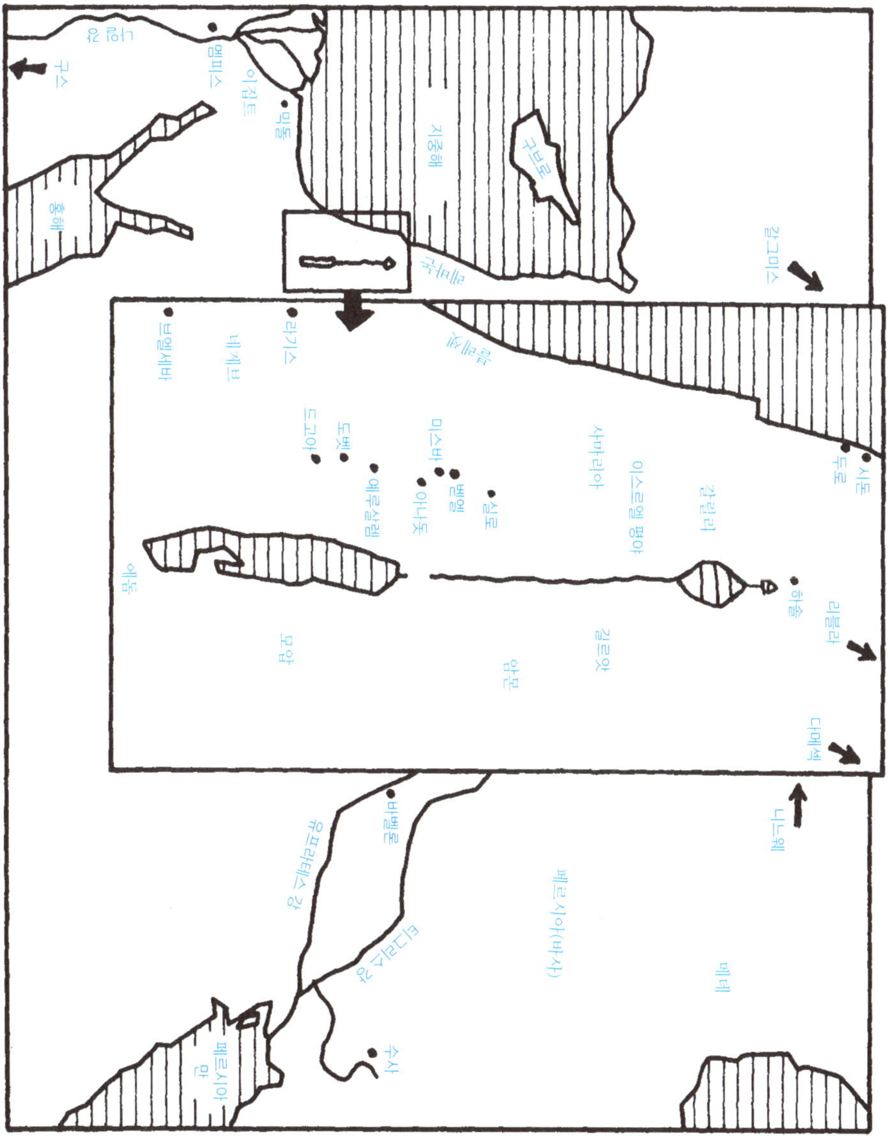

◇ 예언자들이 전한 소식

하나님은 이스라엘 백성에게 예언자를 보내 죄에서 돌이켜 회개하라고 하셨다. 예언자들은 만일 죄에서 돌이키지 않는다면 어떻게 될지 경고도 했다. 하나님은 사람들이 순종하는 삶을 살아갈 때는 예언자들을 보내지 않으셨다. 왜냐하면 예언자는 '사람들을 죄에서 돌이키게 하기 위해' 보내심을 받은 사람들이기 때문이다. 그래서 예언자들은 백성에게 인기가 없었다. 또한 그들은 앞으로 일어날 일들을 예언하고 경고하기도 했다.

1. 유대인들은 세계 여러 나라에 흩어지게 될 것이다.

⇨ 많은 유대인들이 오늘날에도 여전히 여러 나라에 흩어져 살고 있다.

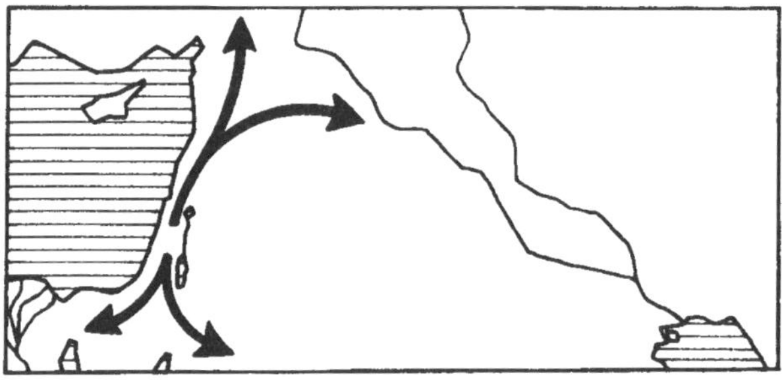

2. 하나님은 그분의 백성을 구원하기 위해 메시아를 보낼 것이다.

⇨ 하나님은 아들 예수 그리스도를 메시아로 보내셨지만, 많은 유대인들은 예수님을 믿지 않았다. 그들은 지금까지도 다시 오실 메시아를 기다리고 있다.

3. 유대인들은 그들의 땅으로 돌아올 것이다.

⇨ 수천년 간 이스라엘은 나라 없이 전세계에 흩어져 살았지만 1948년에 이스라엘 국가가 세워졌다. 오늘날 유대인들이 이스라엘로 돌아오고 있다.

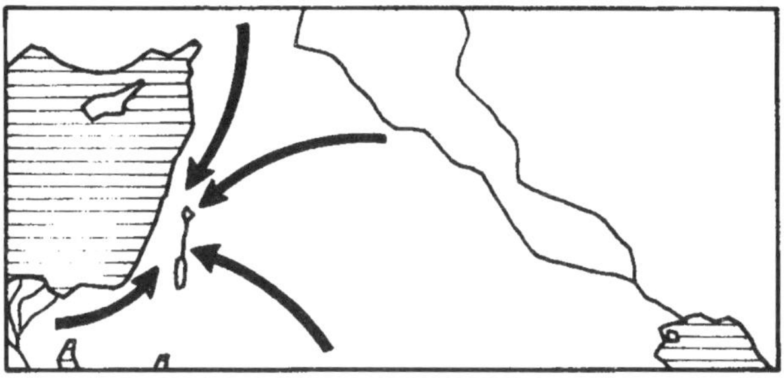

4. 메시아는 온 세상을 다스릴 분이시다.
⇨ 평화의 왕 예수께서 온 세상을 다스리실 때, 영광스러운 나라가 임할 것이다.

우리는 복음서에서 '그 일이 이루어졌다'는 구절을 많이 보게 될 것이다. 하나님은 예언들을 하나씩 이루심으로써 그분의 계획을 신실하게 실행하셨다.
예언자들은 예수 그리스도가 이 땅에서 어떻게 일하실지 이야기했지만, 교회(그리스도를 믿는 자들)에 대해서는 아무 말도 하지 않았다. 예수 그리스도가 직접 자신의 교회를 세우겠다(마 16:18)고 말씀하셨기 때문이다. 우리는 신약성경에서 '참된 교회'에 대해 알아가게 될 것이다.

◇ 우리를 위한 하나님의 말씀

예언은 성경 전체의 1/3을 차지하고 있는 만큼 아주 중요하다. 하나님은 예언을 통해 그분의 계획을 말씀해 주셨다. 예언자들의 메시지는 다음 세 가지를 포함한다.

1. 예언자의 시대에 대한 말씀
2. 일어날 사건에 대한 말씀
3. 오늘날 우리들을 위한 말씀 - 옳고 그름에 대한 영원한 원칙

- 하나님은 예언자들을 통해 말씀하셨다. 베드로후서 1:21, 예레미야 1:9, 에스겔 2:7을 통해 하나님이 말씀을 주신 방법들을 찾아보자.
- 예수님이 예언자들에 대해 하신 말씀도 읽어 보자(눅 24:25-27).
- 예수님에 대한 많은 예언은 그대로 이루어졌다. 이를 통해 성경이 '하나님의 말씀'이라는 것을 우리에게 확실히 보증해 주었다.

23. 이사야 심판과 회복

저자 이사야

개요 이사야는 로마와 그리스 왕국이 막 시작되었던 무렵에 태어난 예언자다. '이사야'는 '여호와(하나님)는 구원이시다'라는 뜻이다. 이사야는 북이스라엘이 앗시리아에게 멸망했던 그 시기를 살았으며, 웃시야, 요담, 아하스, 히스기야 왕의 통치기에 남유다에 하나님의 말씀을 전했다.

동시대의 다른 예언자들 아모스, 호세아(북이스라엘 예언자), 미가(남유다 예언자)

주요 내용

□ 하나님의 심판의 말씀 (이사야 1-39장)
- 웃시야와 요담 왕 시기 (이사야 1-6장)
- 아하스 왕 시기 (이사야 7-14장)
- 히스기야 왕 시기 (이사야 15-39장)

□ 하나님의 평강의 말씀 (이사야 40-66장)
- 하나님의 백성을 자유롭게 하시고 그들을 하나님이 주신 땅으로 돌아오게 하시겠다는 약속 (이사야 40-52장)
- 하나님의 종(예수 그리스도)이 메시아가 되기 위해 이 땅에 오심 (이사야 52-53장)
- 하나님 백성의 영광스러운 미래 (이사야 54-66장)

이사야 사건은 언제 일어났는가?

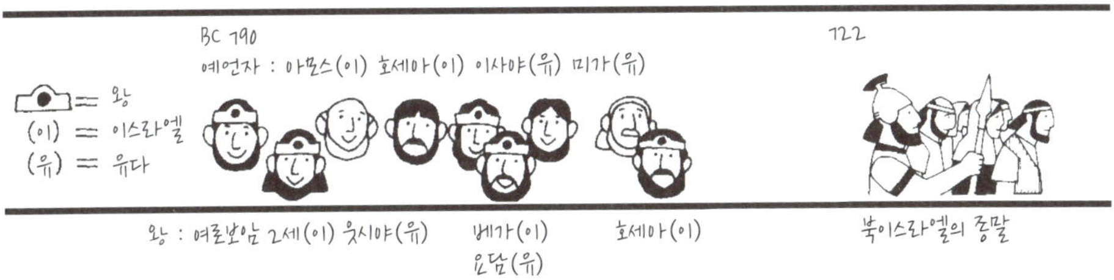

핵심 사건 따라가기

◆ 하나님의 심판의 말씀

1-39장 이사야는 북이스라엘이 앗시리아의 포로였던 시기의 예언자다. 그는 하나님께서 남유다를 앗시리아로부터 보호하고 계신다는 것을 알았으나, 곧 남유다가 바벨론에게 멸망할 것임을 깨달았다. 그는 이 일과 오실 메시아에 대한 하나님의 말씀을 기록했다.

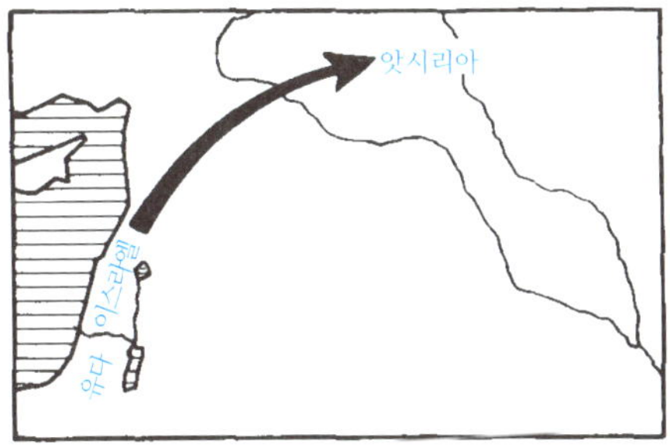

1-5장 이사야는 이스라엘 백성에게 그들의 죄 때문에 적이 공격해 오는 것이라고 말했다. 또한 이미 일어난 끔찍한 재앙에 대해서도 이야기했다.

6장 이사야는 하나님의 말씀을 전하기 위해 자신이 부름받았다고 말했다.

7-12장 이사야는 다시금 죄에 대한 하나님의 심판을 경고했다. 그리고 이 땅에 오실 메시아에 관한 하나님의 약속도 알려주었다.

13-23장 이사야는 하나님께서 이스라엘에게만 진노하신 것이 아니라 그들의 원수, 즉 악한 민족들에게도 진노하셨다고 이야기했다. 그리고 그 악한 민족들이 어떻게 패망하게 되는지도 알려주었다.

BC 700

예언자 호세아, 이사야, 미가는
하나님의 일을 계속했다.

아하스(유) 히스기야(유) 앗시리아 군대의 몰리 므낫세(유)

24-35장 이사야 예언자는 언젠가 하나님께서 세상의 모든 악한 권세를 무너뜨리시고, 영원하고 영광스러운 하나님의 나라를 세우실 것이라고 전했다.

36-38장 이사야는 앞으로 예루살렘에 일어날 일들을 기록했다(이 사건은 역대하 29-32장에도 기록되어 있다). 앗시리아는 이미 북이스라엘 백성을 잡아갔고 남유다를 침략했다.

이사야는 하나님께서 앗시리아 군대를 멸망시키심으로써 어떻게 남유다를 보호하셨는지 말했다.

39장 히스기야 왕은 그를 찾아온 바벨론 사람들에게 왕궁의 부유함을 자랑했고, 이로 인해 이사야는 바벨론 사람들이 유다와 모든 보물을 빼앗을 것이라고 예언했다.

◆ 하나님의 평강의 말씀

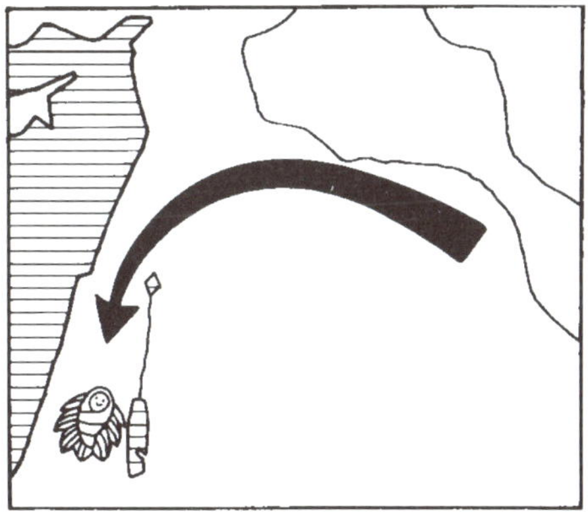

40-66장 이사야는 이스라엘 백성을 약속의 땅으로 돌아오게 하시겠다는 것과, 앞으로 오실 메시아에 대한 하나님의 약속을 전했다. 이 모든 것이 하나님 계획의 일부였다. 이스라엘 땅에서 그리고 하나님의 백성인 유대인을 통해서 약속하신 메시아가 오실 것이기 때문이다. 그러면서 이사야는 이스라엘의 영광스러운 앞날을 예언했다.

40-48장 이사야는 하나님께서 이스라엘 백성을 가르치고 교훈을 얻게 하기 위해 그들의 적을 사용하시는 것이라고 말했다.

하나님의 백성이 순종을 배우게 될 때 그들의 원수들은 멸망할 것이며 이스라엘 민족은 다시 강해질 것이다.

49-66장 이사야 예언자는 하나님께서 약속해 주신 메시아를 자세히 묘사했다. 그는 또한 하나님께서 모든 민족에게 자신의 능력과 영광을 보이실 때가 올 것이라고 말했다. 하나님은 백성을 심판하신 후에 그들에게 상이나 벌을 주실 것이다.

이사야 속 실제 흔적들

사해 사본 성경은 아주 오래 전의 기록이다. 성경의 원본은 현재 없다. 그러나 성경의 중요성을 아는 사람들이 몇 개의 복사본을 만들었다. 하나님은 그분의 말씀이 옮겨 적히는 과정을 지켜보셨다. 세월이 지나면서 오래된 복사본은 낡아졌고 점점 읽기 어려워져 새로운 복사본이 만들어졌다. 이 새로운 복사본 가운데 어떤 것은 다른 언어로 번역되었다. 어떤 글을 한 치의 오차도 없이 정확하게 옮겨 적기는 힘들다. 실수가 있게 마련이다. 사람들은 성경 복사본에 실수가 있지는 않을까 걱정했다. 그러나 1940년대에 발견한 사해 사본을 통해, 성경을 옮겨 쓴 사람들이 매우 주의 깊고 철두철미한 사람들이었다는 사실이 밝혀졌다.

이스라엘에 살던 한 목동이 염해(사해) 근처 쿰란 동굴 안에서 항아리 속에 숨겨져 있던 두루마리들을 찾아냈다. 두루마리 중 하나는 예수님이 이 땅에 살던 시기에 살았던 누군가가 베껴 쓴 이사야서로 밝혀졌다.

성경학자들이 오늘날 우리가 읽는 성경과 사해 사본을 비교해 보았다. 그들은 하나님께서 진실로 자신의 말씀을 지켜 오셨다는 사실을 발견했다. 현대에 읽고 있는 성경이 하나님께서 처음 기록했던 저자들에게 주셨던 말씀과 변함없이 똑같다는 사실에 경탄하며 마음 깊이 감사하게 된다.

사해 사본이 발견된 쿰란 동굴

바벨론 바벨론에 대한 이사야의 예언(사 13:19-22)은 오늘날 실제로 이루어졌다. 현재 그곳에는 아무도 살고 있지 않다.

이사야서에서 만나는 예수님

이사야는 훗날 오실 메시아에 대해 많은 이야기를 했다. 다음은 이사야가 메시아에 대해 이야기한 구절들 중 일부다.

- 탄생-이사야 7:14, 9:6
- 가족-이사야 11:1
- 성령의 능력-이사야 11:2
- 메시아는 어떤 분인가-이사야 11:3-5, 42:1-4
- 고통과 죽음-이사야 53장
- 부활-이사야 25:8
- 영광스러운 통치-이사야 11:3-16, 32:1

53장에서 이사야는 메시아가 죽게 되는 이유를 설명했다. 그는 메시아가 우리의 죄를 사하기 위해 대신 형벌을 받으실 것이라고 말했다. 예수님은 그 어떤 죄도 짓지 않으셨지만, 그분 스스로 죄의 형벌을 받으셨다. 우리는 5절 말씀을 나의 삶 속에서 진실된 고백으로 삼을 수 있어야 한다.

"그가 찔림은 [나의] 허물을 인함이요 그가 상함은 [나의] [죄악]을 인함이라 그가 [징계]를 받음으로 [내가] 평화를 누리고 그가 채찍에 맞음으로 [내가] 나음을 입었도다."

영혼과 마음을 다해 진심으로 이 고백을 할 수 있다면 우리는 진정으로 하나님의 자녀가 된 것이다.

24. 예레미야 무너지는 이스라엘

저자 예레미야

개요 남유다 출신의 예레미야는 요시야의 통치 시기부터 40년이 넘도록 하나님의 말씀을 전한 예언자다. '예레미야'는 '여호와께서 세우실 것이다' 또는 '여호와께서 보내실 것이다'라는 뜻이다. 그는 예루살렘 함락을 목격한 눈물의 예언자였다. 예레미야는 남유다 멸망 후 일부 백성과 함께 이집트로 갔는데, 거기서도 하나님의 말씀을 전했다.

동시대의 다른 예언자들 하박국과 스바냐(유다), 에스겔과 다니엘(바벨론), 나훔(니느웨).

주요 내용

□ 예루살렘 함락 이전 (예레미야 1-38장)

□ 예루살렘 함락 이후 (예레미야 39-52장)

주 : 예레미야서는 사건이 일어난 순서에 따라 순차적으로 기록되지 않았다. 서기관 바룩은 예레미야의 말을 긴 두루마리에 적었다. 그런데 어떤 내용을 적고 있던 중에 예레미야가 이전에 말했던 내용에 추가할 것이 생각날 때마다, 쓰던 것을 멈추고 그 자리에 앞의 내용에 대한 추가 설명을 덧붙여 놓곤 했다. 그래서 앞뒤의 내용이 섞였고, 이로 인해 예레미야서는 말씀을 전한 순서를 정확하게 알기는 어려운 구조가 되었다.

예레미야서 사건은 언제 일어났는가?

핵심 사건 따라가기

◆ 앞으로 닥칠 하나님의 심판

1-52장 예레미야는 유대 민족이 가장 어려웠던 시기, 즉 예루살렘이 멸망하기 직전에 하나님의 말씀을 전했다. 하나님은 우상을 숭배하고 불순종하던 그들을 심판하겠다고 말씀하셨다. 40년 동안이나 예레미야를 통해 하나님의 심판, 즉 그들의 멸망을 경고하셨다.

예레미야는 백성이 마땅히 받아야 할 심판이었음에도 불구하고, 그 메시지를 전하면서 몹시 슬퍼해 '눈물의 예언자'로 불렸다. 예레미야는 자신의 예언이 이루어지는 것을 보면서 살았다.

1장 하나님이 예레미야를 부르셨다. 그리고 그에게 해야 할 말을 주겠다고 말씀하시며, 함께하실 것을 약속하셨다.

2-25장 예레미야는 죄 짓기를 일삼으며 살던 백성에게 유다에 임할 심판에 대해 열두 번의 말씀을 전했다.

예레미야는 그들이 포로로 잡혀갈 것이며, 수십 년 동안 바벨론에서 지내게 될 것이라고 예언했다.

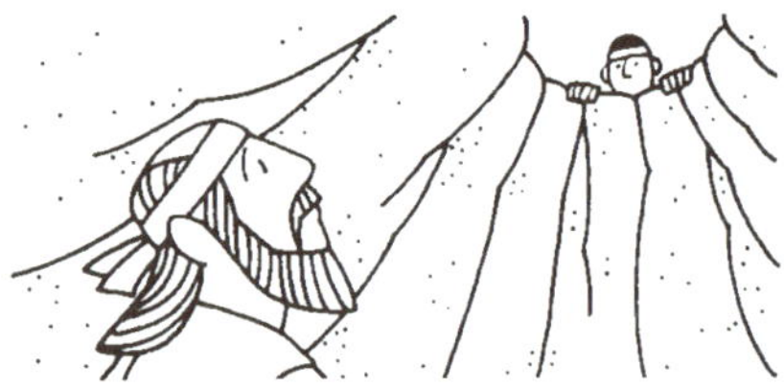

26-45장 거짓 예언자는 바벨론에게 망하지 않을 거라고 백성을 선동하며 예레미야를 협박, 모함했다. 예레미야는 하나님의 일을 함으로써 겪는 고난을 이야기했다.

예루살렘은 예언대로 멸망했고, 예레미야는 남아 있던 일부 이스라엘 백성에 의해 이집트로 끌려갔다. 그러나 그는 계속 백성에게 하나님의 말씀을 전했다.

52장 예루살렘이 어떻게 점령되고 파괴되었는지를 보여 주는 장이다. 모든 지도자들은 죽임을 당했고 백성은 바벨론으로 끌려갔다.

예레미야 속 실제 흔적들

라기스의 멸망 1935년에 라기스의 멸망(렘 34장)을 이야기한, 아주 오래 된 편지가 발견되었다. 이 편지는 도시의 멸망을 지켜 본 누군가가 기록한 것으로서, 예레미야가 성경에 기록한 내용과 일치한다.

바벨론의 멸망 예레미야의 묘사(렘 51:37-43)와 이사야의 묘사(사 13:17-22)를 비교해 보자.

예레미야서에서는 "바벨론이 돌무더기가 되어서 승냥이의 거처와 혐오의 대상과 탄식거리가 되고 주민이 없으리라… 온 세상의 칭찬 받는 성읍이 빼앗겼도다 슬프다 바벨론이 나라들 가운데에 황폐하였도다…그 성읍들은 황폐하여 마른 땅과 사막과 사람이 살지 않는 땅이 되었으니 그리로 지나가는 사람이 없도다"(렘 51:37-43)고 하였고, 이사야서에서는 "…바벨론이 하나님께 멸망 당한 소돔과 고모라 같이 되리니 그 곳에 거주할 자가 없겠고 거처할 사람이 대대에 없을 것이며… 그의 때가 가까우며 그의 날이 오래지 아니하리라"(사 13:17-22)고 말씀한다.

예수님 시대에 바벨론은 이미 무너졌다. 그 이후 약 100년 동안 이 도시는 거의 폐허가 되었고, 남은 벽돌들은 바그다드시를 건설하고 운하를 재보수하는 데 사용되었다. 한때는 거대하고 웅장했던 옛 바벨론의 도시가 오늘날은 버려진 채 사막의 짐승들만 사는 곳이 되었다는 사실은 예레미야 예언의 성취이다.

바벨론 성벽

예레미야서에서 만나는 예수님

예레미야는 23장에서 백성을 다스리고 구원해 주실 목자에 대해 이야기했다. 그 목자의 이름은 '여호와 우리의 의'로, 예수님의 다른 이름이다(렘 23:5-6). 예레미야는 목자이신 예수님이 하나님과 백성 사이에서 새로운 언약을 맺으실 것이라고 말했다(렘 31:31-34). 이 새로운 말씀은 아브라함과 모세와 다윗에게 주신 약속을 완성시켰다.

예수 그리스도의 약속은 그분이 실제로 세상에 오시기 훨씬 이전부터, 즉 구약성경에서부터 명확하게 찾아볼 수 있다! 하나님은 이처럼 늘 그분의 백성을 위한 계획을 갖고 계셨고, 하나님의 약속은 반드시 이루어졌다.

25. 예레미야애가 예루살렘을 향한 탄식

저자 예레미야

개요 '애가'는 '탄식하다' 또는 '큰소리로 울다'라는 의미다. 예레미야는 성전이 붕괴되고 예루살렘이 멸망하는 것을 보고 심히 통곡했다. 백성에게 악한 길에서 돌이키고 회개하라고, 심판이 올 것이라고 외쳤던 그의 메시지는 40년 후에 현실로 일어났다. 그는 백성이 포로로 잡혀가고 도시가 무너지는 것을 지켜보았다.

예레미야애가는 구약성경에서 가장 슬픈 책이다. 예레미야는 거대한 예루살렘이 무너지는 걸 보며 그 슬픔을 기록했다. 그러나 통곡 가운데서도 하나님의 선하심을 이야기했다.

"여호와의 인자와 긍휼이 무궁하시므로 우리가 진멸되지 아니함이니이다 이것들이 아침마다 새로우니 주의 성실하심이 크시도소이다"(애 3:22-23).

하나님은 약속대로 예수님을 보내주셨다. 우리가 예수님을 믿을 때 죄로 인한 슬픔이 멀리 옮겨질 것이다. 하나님은 우리에게 기쁨을 주셨다.

26. 에스겔 환상과 계시

저자 에스겔

개요 ‘에스겔’은 ‘하나님께서 강하게 하신다’라는 뜻이다. 에스겔은 바벨론 2차 침공 때 포로가 되어 끌려갔고, 거기서 예언자로 활동했다. 그는 유대인들에게 그들의 죄 때문에 포로 생활을 하는 것이라고 말했다. 그리고 고향 땅으로 돌아가기를 바라기 전에, 먼저 회개하고 돌이켜 하나님께 돌아가야 함을 강조했다. 에스겔은 유대인을 비롯해 다른 민족에 대해서도 예언했다.

동시대의 다른 예언자들 예루살렘에는 가난한 유대인들과 함께 남아 있던 예레미야, 바벨론에는 포로로 잡혀 왔지만 통치자들의 궁정에서 지내게 된 다니엘이 있었다. 다니엘은 에스겔보다 9년 먼저 포로로 잡혀 왔다(1차 포로). 에스겔과 다니엘은 비슷한 나이였을 것이고, 예레미야는 그들보다 나이가 많았을 것이다. 예레미야는 에스겔이 바벨론으로 끌려갈 때 이미 예루살렘에서 약 30년 동안 예언자로 있었다.

주요 내용

□ 에스겔을 부르심 (에스겔 1-3장)

□ 에스겔의 예언

◦ 유다와 예루살렘을 향해 (에스겔 4-24장)

◦ 민족들을 향해 (에스겔 25-32장)

◦ 이스라엘과 종말에 관해 (에스겔 33-48장)

에스겔서 사건은 언제 일어났는가?

핵심 사건 따라가기

◆ 바벨론에서의 에스겔 예언자

1-48장 유대인들이 한꺼번에 바벨론으로 잡혀 온 것은 아니었다. 에스겔은 당시 바벨론에 잡혀 온 포로 중에 한 명이었고, 예레미야는 예루살렘에 남아 있으면서 백성에게 예루살렘의 멸망에 대해 경고했다.

에스겔은 포로로 잡혀 온 백성에게 하나님의 말씀을 전하라는 사명을 받았다. 하나님은 에스겔에게 환상을 많이 보여 주셨다. 이 환상들은 그가 백성에게 무엇을 말해야 할지 알려 주는 그림이었다.

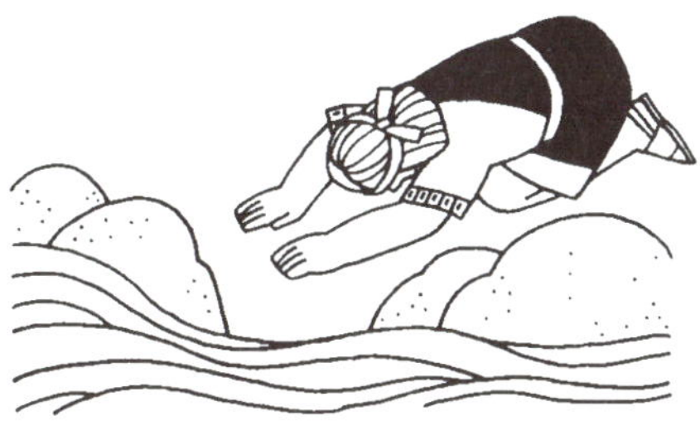

1-3장 하나님은 에스겔을 부르시고는 그에게 할 일을 주셨다. 에스겔은 하나님의 말씀을 듣고 그것을 백성에게 그대로 전했다.

4-24장 에스겔은 특별한 상황에 대해 이야기하고 행동으로 보임으로써 하나님께서 예루살렘을 멸망시키려는 이유를 백성에게 가르쳐 주었다.

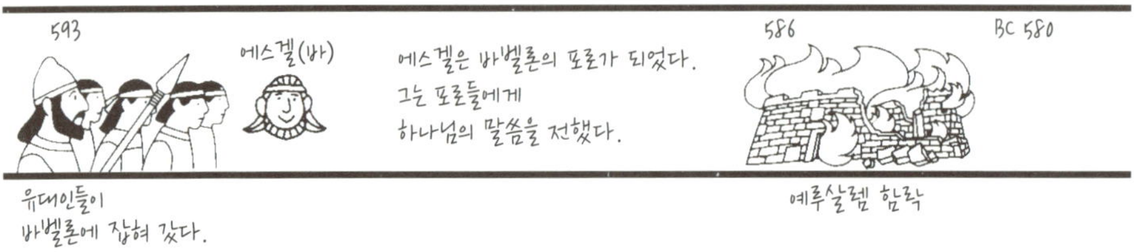

어떤 포로들은 곧 다시 예루살렘으로 돌아가기를 소망했으나, 에스겔은 그렇게 되지 않을 것이라고 말했다.

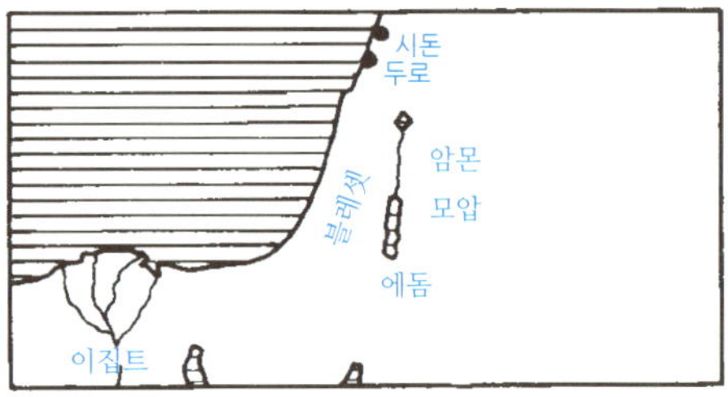

25-32장 에스겔은 죄악이 가득한 다른 민족들도 멸망할 것이라고 예언했다.

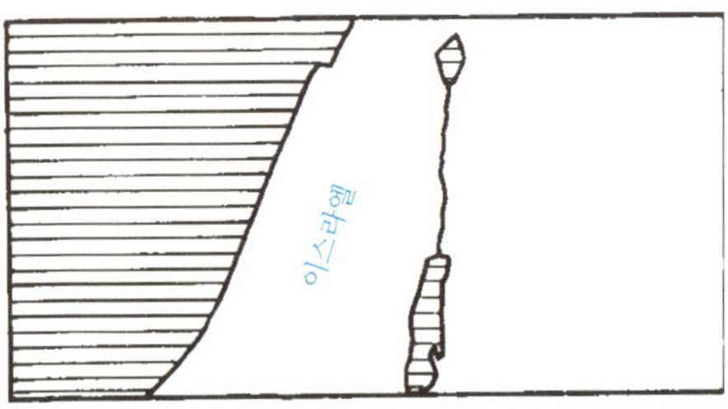

33-48장 에스겔은 백성에게 좋은 소식을 전했다. 그것은 언젠가는 이스라엘 백성이 모여서 다시 큰 나라를 이룰 것이라는 소식이었다.

에스겔은 백성이 선하고 훌륭한 목자(훗날 예수 그리스도)의 인도를 받을 것이라고 말했다.

에스겔서 속 실제 흔적들

바벨론에서 발견된 증거들 에스겔 시대의 오래 된 기록들 가운데 '베로수스'라는 바벨론 제사장이 쓴 것이 있다. 그는 바벨론의 느부갓네살 왕이 이스라엘에서 일어난 유대인 반란을 진압하기 위해 바벨론을 떠났다고 기록했다. 또 바벨론의 다른 기록들은 유다의 여호야긴 왕에 대해 기록했다.

바벨론의 거대함 성경은 느부갓네살 왕이 바벨론을 얼마나 자랑스럽게 여겼는지 기록하고 있다. 고고학자들은 그 고대의 수도를 발견했는데, 실제로 커다란 건물과 넓은 도로가 즐비했고, 아름다운 공원을 가진 도시라고 했다. 또한 그곳에서 많은 이스라엘 죄수들의 이름이 적힌 진흙 판도 발견했다.

에스겔서에서 만나는 예수님

하나님의 백성은 포로 신분으로 지내며 매우 불행해했다. 그들의 죄 때문에 포로 생활을 하게 되었다는 예언자들의 말은 위로가 되지 않았다. 에스겔은 그런 백성에게 선한 목자로 오실 왕이 그들을 구원할 것이라고 말했고, 백성은 그날이 빨리 오기를 간절히 기다렸다. 그러나 기다리는 일은 참으로 어려웠다. 그들은 약속된 왕이 오직 그들만을 위해, 그들이 사는 그 시대만을 위한 분이 아니라는 것을 이해하지 못했다. 메시아로 오실 예수 그리스도가 모든 민족과 인류, 모든 시대의 왕이 되실 분임을 용납하지 못한 것이다.

약속된 왕이신 예수 그리스도는 이스라엘 백성이 기다렸던 것처럼 그들의 원수와 싸우지 않으셨다. 군대를 지휘하지도 않으셨다. 그분의 나라는 특별했다. 에스겔의 선포를 들은 백성은 그분의 나라가 이루어지는 것을 보지 못했다. 그러나 오늘날 우리는 예수 그리스도, 곧 평화의 왕자가 바로 에스겔이 선포한 그 목자라는 것을 안다.

27. 다니엘 용기와 보호

저자 다니엘

개요 다니엘은 '하나님은 나의 재판관이시다'라는 뜻이다. 다니엘은 바벨론에서 활동했으며, 다른 예언자들과 달리 유대 민족보다 다른 민족들에 대한 내용을 더 많이 다루었다. 하나님은 다니엘을 통해서 그 당시와 미래에 존재할 왕국과 하나님 나라를 대조해서 보여주셨다. 다니엘의 예언은 그 일들이 실제로 일어나기 전에 기록되었다. 다니엘서는 성경의 마지막인 요한계시록을 이해하는 데 큰 도움이 된다.

동시대의 다른 예언자들 예레미야(예루살렘), 에스겔(바벨론).

주요 내용

□ 바벨론에서의 생활 (다니엘 1-6장)

◦ 바벨론에서의 소년 다니엘 (다니엘 1장)

◦ 느부갓네살 왕의 꿈: 커다란 신상 (다니엘 2장)

◦ 불타는 용광로 (다니엘 3장)

◦ 느부갓네살 왕의 꿈: 거대한 나무 (다니엘 4장)

◦ 벨사살 왕: 벽에 쓰인 글자 (다니엘 5장)

◦ 사자굴에 던져진 다니엘 (다니엘 6장)

□ 다니엘의 환상 (다니엘 7-12장)

지도

다니엘서 사건은 언제 일어났는가?

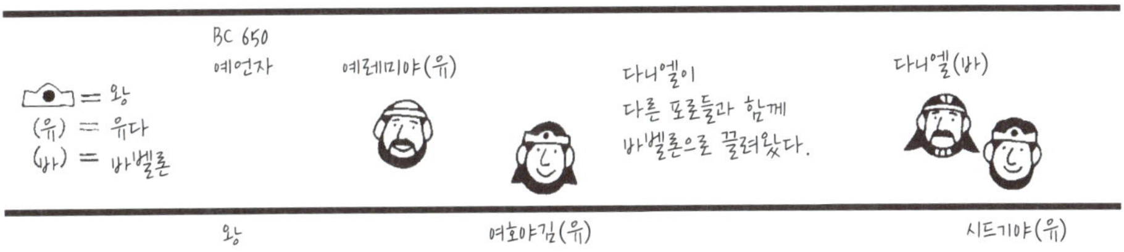

핵심 사건 따라가기

◆ 바벨론에서의 다니엘

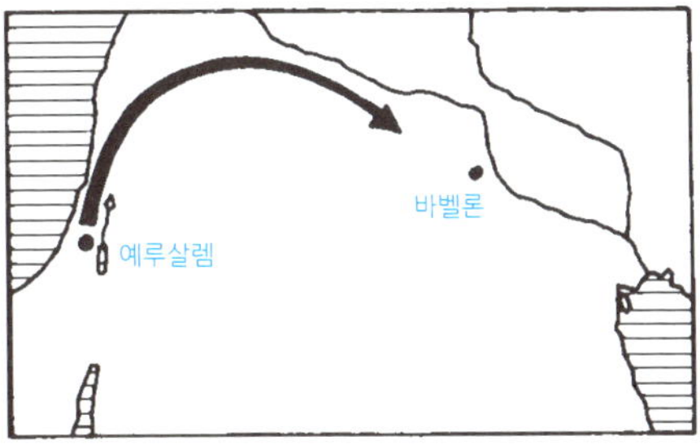

1-6장 16살 정도의 앳된 소년 다니엘은 예루살렘에서 바벨론으로 끌려온 포로였다(1차 포로). 그는 믿음과 기도의 사람으로서 용기와 담대함이 있었고, 늘 하나님을 가까이하며 그분께 순종하려고 애썼다.

다니엘은 90세가 넘도록 살면서 바벨론 왕국의 멸망과 바사(페르시아)-메대 왕국이 세워지는 것을 보았다. 그는 느부갓네살과 벨사살 왕, 다리오와 고레스 왕까지 4대 왕을 가까이에서 섬긴 엘리트 인재였다.

느부갓네살

벨사살

다리오

고레스

1장 예루살렘을 정복한 바벨론의 느부갓네살 왕은 똑똑한 인재들을 바벨론으로 데려오라고 명령했다. 그렇게 해서 다니엘과 그의 친구들은 왕궁에서 훈련을 받게 되었다. 그들은 하나님의 율법에 거리끼는 음식, 즉 우상에게 바쳐진 음식을 먹을 위기에 놓였다.

다니엘과 그의 친구들은 이 음식을 먹지 않고, 오직 채소와 물만 먹겠다고 주장했다.

왕 앞에 서는 날이 되자, 다니엘과 친구들은 다른 소년들보다 건강하고 아름다워 보였고, 왕의 질문에도 누구보다 훌륭히 대답했다.

2장 왕은 이상한 꿈을 꾸고 난 후, 지혜로운 사람들을 불러 자기가 무슨 꿈을 꾸었으며, 그 꿈이 무엇을 뜻하는지 이야기하라고 명령했다.

그러나 그들은 이 명령을 따를 수가 없었다. 능력 밖이었기 때문이다. 하나님은 다니엘에게 그 꿈과 뜻을 보여 주셨고, 다니엘은 왕 앞에 서서 그 이야기를 전했다.

그 꿈은 거대한 신상이 깨지는 것이었다. 이것은 느부갓네살 왕의 바벨론 왕국이 앞으로 어떻게

될 것인지를 말해 준다. 왕은 꿈을 해몽해 준 다니엘에게 나라의 중요한 일을 맡겼다.

3장 왕은 황금으로 된 왕의 신상을 만들어 모든 사람들이 그 앞에 절하도록 했으며, 절을 하지 않는 사람은 죽이라고 명령했다.

다니엘의 세 친구는 그 신상에 절하지 않았기 때문에 산 채로 뜨거운 풀무불에 던져졌다. 그러나 하나님께서 그들을 보호하셨다.

왕은 그런 놀라운 일을 행하실 분은 하나님밖에 없음을 인정하고, 세 친구에게 그 나라의 중요한 직책을 맡겼다.

4장 왕은 또 다른 꿈을 꾸었는데, 다니엘은 이 꿈에 대해 '왕이 제정신을 잃고 짐승처럼 행동할 것'이라고 해몽했다.

결국 왕은 병을 앓게 되었고, 그 후에 하나님의 능력을 깨달아 그분을 찬양했다.

5장 새로운 왕 벨사살이 호화로운 잔치를 베풀고 있는데, 갑자기 신비한 손가락이 나타나 벽에 '메네 메네 데겔 우바르신'이라는 글씨를 썼다.

다니엘은 벨사살 왕에게 곧 적군이 일어나 그의 왕국이 멸망하게 될 것이라고 경고했다. 바로 그날 밤, 벨사살 왕은 죽임을 당했고 페르시아(바사)의 다리오 왕이 바벨론을 정복했다.

6장 다니엘은 새로운 왕을 위해 힘써 일했고, 왕의 두터운 신임으로 고위 직책을 맡게 되었다. 다니엘을 시기한 다른 사람들은 그를 모함하려고 온갖 술수를 썼다.

바벨론의 모든 백성은 오직 왕에게만 기도해야 한다는 법이 만들어졌지만, 다니엘은 늘 하던 대로 하나님께 기도를 드렸다.

법을 지키지 않은 다니엘은 체포되었고 사자굴에 던져졌다. 그리고 다니엘을 아끼고 사랑했던 왕은 그 법을 만든 것을 후회했다.

왕은 다음날 아침 일찍, 사자굴에 던져진 다니엘이 어떻게 되었는지 궁금해서 달려갔다. 하나님이 다니엘을 보호하셨다.

하나님의 능력을 본 왕은 모든 백성이 '다니엘의 전능하신 하나님'을 경배하고 섬겨야 한다는 새로운 법을 만들었다.

◆ 다니엘의 환상

7-12장 다니엘도 에스겔처럼 환상을 통해 미래를 보았다. 그는 이스라엘 대적들의 최후와 아직 생기지도 않은 나라들의 마지막 모습을 보았다. 다니엘의 예언 중 많은 부분이 그가 살아 있는 동안 현실로 나타났고, 그가 죽은 후에 더 많은 일들이 예언대로 이루어졌다. 이는 우리가 역사책을 통해 확인할 수 있는 사실이다. 다니엘의 환상 중에 많은 부분이 이루어졌기에, 우리는 그 나머지도 이루어지리라 확신할 수 있다.

다니엘서에서 만나는 예수님

다니엘의 환상들 중 어떤 것은 예수님에 대한 실제적인 사실을 보여 준다. 다니엘은 예루살렘에서 일생을 보내게 될 메시아(예수님)에 대해 이야기했다. 다니엘은 하나님이 예수님께 한 왕국을 주실 것이라고 말했다. 이 땅의 모든 백성이 예수님을 섬길 것이며, 그의 왕국은 영원히 멸망하지 않을 것이다(단 7:13-14).

이 벽은 당시 바벨론의 성벽이
어떤 모습이었는지를 보여 주기 위해 다시 세워진 것이다.

오늘날 폐허가 된 도시 바벨론의 모습이다.
예레미야 51:58, 이사야 13:20을 읽어 보자.

이 높은 벼랑은 에돔의 커다란 바위 도시인 페트라로 들어가는 유일한 입구이다.

예레미야 49:16에서
하나님은 에돔 사람을 '바위틈에서 살고 있는 자들'이라고 말씀하셨다.

하나님의 백성들이 노예로 살면서 학대 받았던 그곳,
바로 이집트가 위치한 곳이다(출애굽기 1-14). 에스겔 32:15을 읽어 보자.

한때는 강대했던 니느웨(앗시리아의 수도)에 지금은
양들이 풀을 뜯고 있다. 스바냐 2:13을 읽어 보자.

룻과 나오미가 떠나왔던,
그리고 이스라엘의 적이었던 모압 땅이다.
룻기와 아모스 2:2을 읽어 보자.

28. 호세아 사랑으로 인내

저자 호세아

개요 '호세아'는 '구원'을 의미하는 이름으로, '여호와는 구원이시다'라는 '여호수아'나 '예수'와 거의 같은 뜻으로 볼 수 있다. 그는 이스라엘 민족이 우상을 숭배하지 않고 하나님을 섬길 때만 구원을 얻을 수 있다고 이야기하면서 구원에 대해 기록했다. 호세아는 북이스라엘의 여로보암 2세와 그 뒤를 이은 여섯 왕들이 다스린 기간(왕하 14-17장) 동안 말씀을 전했던 예언자다. 당시 백성의 죄가 너무 커서, 그가 사역하던 중간에 많은 백성이 앗시리아에 잡혀 갔다. 호세아 말년에 북이스라엘은 사마리아의 함락과 함께 멸망했고, 호세아는 자신의 예언이 이루어지는 것을 지켜보게 됐다(BC 722년).

동시대의 다른 예언자들 아모스(북이스라엘에서 호세아와 같은 시기거나 조금 앞선 시기에 활동했던 예언자), 이사야와 미가(남유다).

주요 내용

□ 호세아의 아내 (호세아 1-3장)

□ 이스라엘 백성들 (호세아 4-14장)

◦ 이스라엘이 심판받다 (호세아 4-10장)

◦ 이스라엘을 사랑하시다 (호세아 11-14장)

호세아서 사건은 언제 일어났는가?

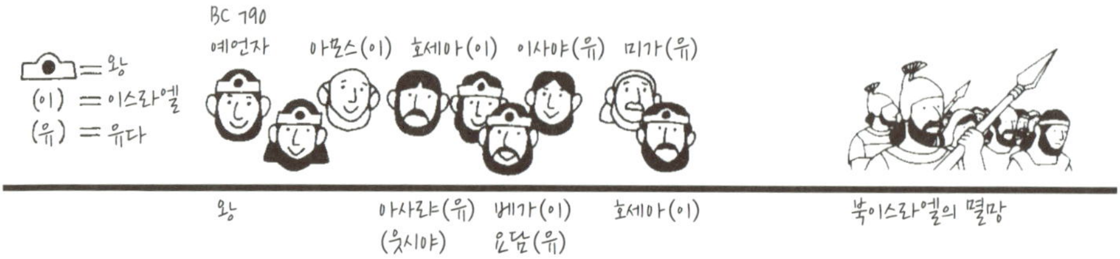

핵심 사건 따라가기

◆ 백성들에 대한 하나님의 사랑

1-14장 하나님은 북이스라엘이 멸망하기 전에 호세아를 부르셔서 말씀을 전하셨다. 호세아서에서 우리는 한 이야기 속의 또 다른 이야기를 보게 되는데, 하나님께 신실하지 않았고, 거짓 신들을 숭배하던 이스라엘 민족의 모습이 바로 그것이다.

호세아의 아내 '고멜'은 남편이 아닌 다른 남자를 사랑한다며 남편을 떠났다. 그러나 호세아는 고멜을 찾았고, 그녀를 종에서 풀어 주며 다시 자기 곁으로 데려왔다. 이처럼 하나님도 여전히 그의 백성을 사랑하시며 그들을 구원하겠다고 약속하신다.

1-3장 호세아는 고멜과 결혼해 세 자녀를 두었다. 그러나 고멜은 호세아를 떠나 다른 남자를 따라갔다.

호세아는 그런 죄를 지은 고멜을 찾아 나섰다. 종이 되어 있는 고멜을 찾아 값을 치르고 다시 데려왔다. 그녀의 죄와 허물에도 불구하고 호세아는 고멜을 사랑했다.

4-14장 하나님은 우상을 숭배하는 이스라엘 백성 때문에 너무나 슬퍼하셨다. 호세아는 이스라엘 백성에게 곧 앗시리아의 포로로 잡혀갈 것이라고 경고했다.

하나님은 사랑 그 자체시고, 자비와 긍휼이 가득한 분이다. 그러나 자녀들이 불순종하고 죄를 지을 때에는 그들을 징계하신다. 이는 자녀를 너무 사랑하시기 때문이다. 하나님은 연약한 자녀들을 언제나 도울 것이라고 약속하셨다.

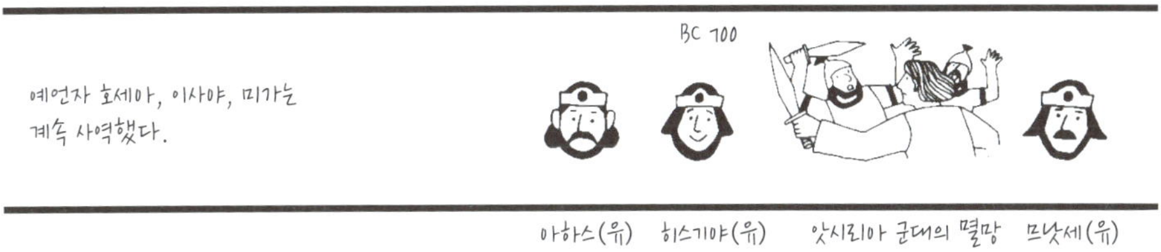

호세아서에서 만나는 예수님

호세아는 하나님이 "내가 사랑하여 내 아들을 애굽(이집트)에서 불러냈거늘"(호 11:1)이라고 하신 말씀을 기록한다. 이는 하나님이 모세를 통해 이스라엘 백성을 이집트의 노예 생활에서 구원해 내신 사건을 말씀하신 것이다. 오랜 세월이 지나고 마태복음의 저자는 요셉과 마리아가 어린 예수를 데리고 헤롯 왕을 피해 이집트로 도망갔던 일을 이야기한다. 마태는 호세아 예언자의 말을 기억했고(마 2:15), 이를 예수님을 보내시려는 하나님의 놀라운 계획을 이야기하는 데 인용했다.

"헤롯이 죽기까지 거기 있었으니 이는 주께서 선지자를 통하여 말씀하신 바 애굽으로부터 내 아들을 불렀다 함을 이루려 하심이라"(마 2:15).

호세아는 다른 남자를 따라 떠나버린 아내 고멜을 종의 삶에서 구해 내고 되찾아 왔다. 이는 예수께서 우리를 위해 하신 일을 보여 주는 것이다. 예수님은 죄로 물든 우리를 살리시기 위해 자신의 생명을 죗값으로 지불하셨다. 예수님은 철저히 우리를 대신해 우리의 입장에서 죽으셨다. 이로써 우리는 하나님의 자녀가 될 수 있었으며, 영원히 그분과 함께할 수 있게 되었다.

29. 요엘 여호와의 날

저자 요엘

개요 '요엘'은 '여호와는 하나님이시다'라는 뜻이며, 남유다에서 사역했다. 요엘서는 백성의 큰 죄 때문에 일어난 메뚜기 재앙을 이야기했다. 또한 '여호와의 날'을 언급하여 그날에 악인은 멸망하며 하나님의 신실한 자녀는 구원을 받게 됨을 이야기했다. 그는 하나님께 돌아와 그분의 사랑 안에 거하라고 권면했다.

동시대의 다른 예언자들 호세아가 요엘보다 조금 뒤에 북이스라엘에서 사역했다.

주요 내용

☐ 하나님의 심판을 뒤돌아봄 (요엘 1장)
☐ 여호와의 날을 내다봄 (요엘 2-3장)

요엘서에서 만나는 예수님

요엘은 유다 백성에게 임할 하나님의 심판을 경고했다. 예수 그리스도는 미래의 어느 때에 모든 민족을 심판하러 오실 것이다. 요엘은 신약성경에 기록된 몇 가지 일들도 예언했다. 예수께서 약속하셨고 요엘이 예언한 대로 성령이 오셨다(행 2장). 성령이 임하시자 베드로는 "이는 곧 선지자 요엘을 통하여 말씀하신 것이니"라고 말했다(욜 2:28-32, 행 2:16-21을 읽어 보자).

하나님은 메시아를 보내겠다고 약속하셨다. 요엘서를 통해 우리는 그분이 오실 날이 점점 가까워지고 있음을 알게 된다. 하나님은 예수 그리스도 안에서 그분의 약속을 이루실 것이다.

요엘서 사건은 언제 일어났는가?

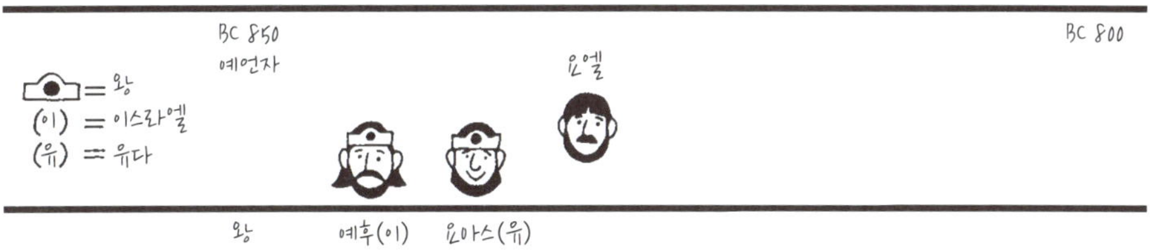

핵심 사건 따라가기

◆ 하나님의 심판을 뒤돌아봄

1장 요엘은 엄청난 메뚜기 떼가 그 땅을 황폐하게 하고 난 직후에 유다 백성에게 말했다. 메뚜기 떼는 식량을 모두 먹어치워 버렸다. 동시에 비가 내리지 않아 마실 물조차 없었다.

그 재앙이 끔찍했음에도 요엘은 백성이 불순종했기에 하나님이 하시고자 하는 일과는 비교도 되지 않는다고 했다. 그리고 더 늦기 전에 하나님께로 돌아와 그분께 순종하라고 말했다.

◆ 여호와의 날을 내다봄

2-3장 요엘은 유다에게 다가올 더 무서운 날들을 보여 주기 위해 메뚜기 떼의 재앙을 사용했다. 그는 적의 군대가 그 땅을 점령할 것이라고 경고하며, 아직 시간이 있을 때 어서 하나님께로 돌아와 용서를 구하라고 간곡히 외쳤다.

하나님은 인자하시고 자비로우시기 때문에 그의 백성을 완전히 멸망시키지 않으실 것이다. 반드시 대적들을 쫓아내시고 이스라엘 백성을 좋은 시절로 돌아오게 하실 것이다. 이스라엘 백성을 괴롭혔던 민족들은 심판을 받을 것이지만, 하나님은 그의 백성을 지키시고 보호하실 것이다.

30. 아모스 정의가 물같이

저자 아모스

개요 '아모스'는 '짐을 드는, 짐을 옮기는'이란 뜻이다. 아모스는 백성의 무거운 짐에 마음을 쓰고 그들이 악한 길에서 돌이키도록 이야기함으로써 그의 이름대로 살았던 예언자다. 아모스는 남유다 출신이지만 북이스라엘에서 사역했다. 아모스는 남유다의 웃시야 왕과 북이스라엘의 여로보암 2세 통치 기간에 하나님의 말씀을 선포했다. 이 시기에 두 왕국이 매우 번영했지만 심각한 우상 숭배와 사치와 호화로운 향락에 빠져 있었다. 사회 정의는 바닥을 쳤고 빈익빈 부익부 현상이 심화되었다. 아모스는 백성에게 돈과 우상을 의지하지 말고 하나님을 기쁘시게 해드리는 삶을 살라고 강조했다.

동시대의 다른 예언자들 호세아(북이스라엘). 아모스의 사역이 끝나갈 무렵 이사야와 미가가 남유다에서 사역을 시작했다.

주요 내용

□ 아모스의 예언 : 민족들에 대한 경고 (아모스 1-2장)

□ 아모스의 설교 : 이스라엘에게 말함 (아모스 3-6장)

□ 아모스의 환상 : 이스라엘의 미래 (아모스 7-9장)

아모스서 사건은 언제 일어났는가?

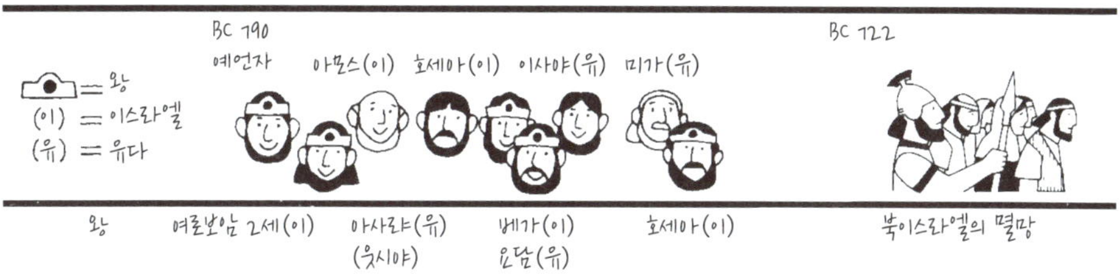

핵심 사건 따라가기

◆ 하나님의 공의

1-9장 아모스는 북이스라엘이 평화로웠던 시기에 사역한 예언자다. 당시 북이스라엘은 물질적으로 풍족했고 군사적으로 강대했다. 당시 이스라엘을 괴롭히던 앗시리아가 내부 문제로 이스라엘을 내버려두었기 때문에 여로보암 2세는 솔로몬 시대의 부를 회복했다. 하지만 그곳의 백성들은 형식적으로만 하나님을 섬겼을 뿐 진심으로 경배하지 않았다. 그들은 탐욕적이었고 가난한 자들을 무시하며 불의를 행했다. 많은 경고를 받았음에도 그들은 하나님보다 자기 자신을 위한 삶을 살며, 하나님께로 돌이키지 않았다.

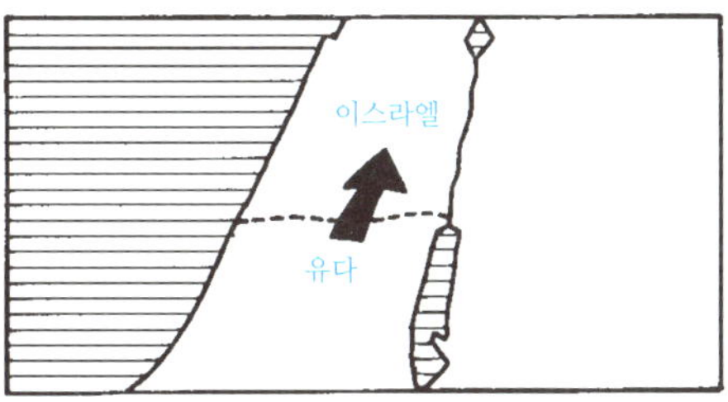

1-2장 하나님은 아모스에게 고향인 남유다를 떠나 북이스라엘로 가서 백성에게 다가올 심판에 대해 전하라고 말씀하셨다.

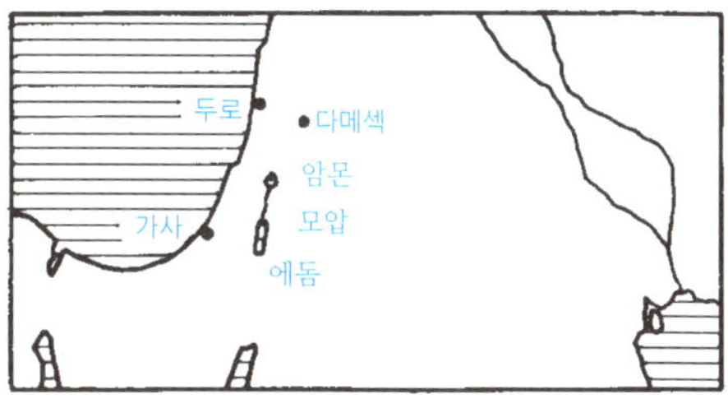

아모스는 다른 민족들에게 그들의 죄 때문에 하나님께서 불을 보내실 것이라고 경고했다.

계속해서 그는 이스라엘 백성이 행한 죄악을 지적하며, 결코 형벌과 심판을 피하지 못할 것이라고 경고했다.

3-6장 아모스는 이스라엘의 죄에 대해 세 번 설교했다. 각각의 설교는 "이 말씀을 들으라"로 시작된다.

예언자 호세아, 이사야와 미가는
계속 사역했다.

하나님은 그 백성을 사랑하고 돌보셨지만, 그들은 불의를 행하며 약하고 가난한 사람들을 속이고 핍박했다.

그들은 겉으로는 하나님을 경배하는 척했지만 진심으로 하나님을 섬기거나 순종하지 않았다. 하나님께 용서를 구하지도 않고 회개치도 않았던 그들의 평화는 결국 끝났다.

7-9장 아모스는 이스라엘에 임할 심판에 대해 다섯 가지 환상을 말했다. 이 환상들은 아모스가 백성에게 무엇을 어떻게 말해야 할지 알려준 메시지이다.

처음의 두 환상은 무서운 형벌이었다(메뚜기 떼 환상, 불 환상). 아모스는 하나님께 백성을 용서해 달라고 간구했다. 그래서 하나님은 그 형벌을 미루셨다.

세 번째 환상(담벽과 다림줄 환상)에서 하나님은 그 백성을 살펴보셨다. 그들은 그 선에서 너무 멀리 벗어나 있었고, 하나님은 이제 형벌을 미루지 않겠다고 말씀하셨다.

네 번째 환상에서는 한때는 아름다웠으나 곧 썩어버린 과일 바구니에 백성을 비유했다. 마지막 환상(부서지는 기둥)은 이스라엘에 대한 무서운 심판을 보여 주었다.

9장 아모스는 다윗의 혈통을 다시 회복시키겠다는 하나님의 약속을 언급하며 이 책을 마무리했다.

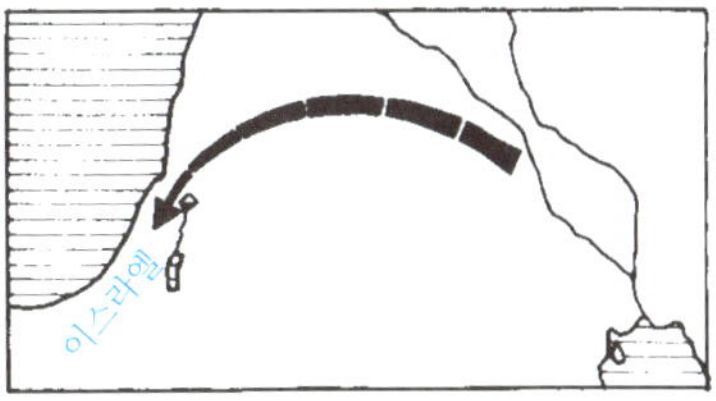

하나님은 백성의 죄를 벌하신 후에 그들을 본토로 돌아오게 하겠다고 약속하셨다.

아모스서 속 실제 흔적들

아모스 당시 이스라엘의 수도는 아주 아름다웠다. 그 도시에는 10미터 정도 되는 두께의 성벽이 두 겹으로 쌓여 있는 곳이 많았다. 그래서 앗시리아 군대가 이 도시를 점령하는 데에 3년이나 걸렸다(왕하 17:5). 이렇듯 철벽같은 보호를 받으며 신변이 안전했기 때문에 백성은 아모스의 말씀과 하나님의 능력을 믿지 않고, 자신들의 힘을 믿었던 것이다.

아모스서에서 만나는 예수님

아모스는 범죄하고 불순종하는 하나님의 백성을 거침없이 책망했다. 죄의 결과로 백성은 하나님을 거부했다. 오늘날에도 사람이 죄를 지으면 하나님을 거부하고 하나님의 사랑을 경험하지 못하게 된다. 오직 예수님을 영접하고 예수님이 십자가에서 죽으심으로 대속하신 것을 받아들임으로 우리는 하나님이 우리를 위해 계획하신 놀라운 삶을 살 수 있게 된다.

31. 오바댜 에돔의 멸망

저자 오바댜

개요 '오바댜'는 '여호와를 섬기는 사람', '여호와의 종'이라는 뜻이다. 오바댜는 유다와 오랫동안 원수였던 에돔의 멸망을 예언했다.

동시대의 다른 예언자들 예레미야(유다), 다니엘과 에스겔(바벨론)도 포함된 듯하다.

오바다서 사건은 언제 일어났는가?

= 왕
(이) = 이스라엘
(유) = 유다
(에) = 에돔
(바) = 바벨론

주 : 오바댜 1:11-14에 나오는 사건은 여호람 왕과 예언자 엘리야 시기에 있었던 예루살렘 침략을 이야기하는 것일 수도 있고, BC 605-586년에 바벨론이 예루살렘을 공격했던 일을 이야기하는 것일 수도 있다. 성경학자들은 후자 쪽 바벨론의 공격을 의미한다고 믿기에 이 장에서도 그 의견을 따른다.

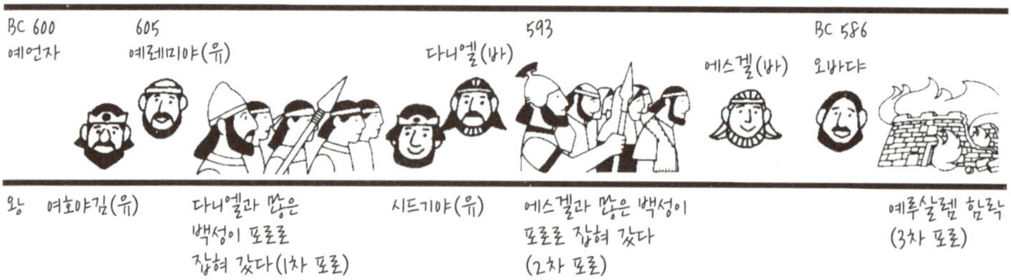

핵심 사건 따라가기

유다 왕국이 바벨론의 침략을 받자 에돔은 무척 기뻐했다. 그들은 바벨론 군대를 도와주기까지 했다. 그리고 예루살렘을 약탈했다. 오바댜는 하나님께서 에돔을 멸망시킬 것이라고 말했다. 오바댜는 하나님께서 언젠가 이스라엘 백성을 그들의 땅으로 다시 돌아오게 하시겠다는 약속의 말씀을 기록하며, 자기들의 땅뿐만 아니라 에돔 땅까지 갖게 될 것이라고 선포했다.

에돔은 누구인가?

에돔에 대해 알기 위해서 우리는 창세기 27장의 두 형제, 바로 야곱과 에서 시대로 거슬러 올라가야 한다. 야곱은 장자권을 갖기 위해 형 에서를 속였고 그 때문에 에서는 동생 야곱을 죽이려 했다. 야곱은 에서를 피해 고향을 떠났고, 아주 오랜 세월이 지난 후에 두 형제는 화해했지만, 결국 그들은 떨어져서 살기로 결정했다.

아버지를 속이는 야곱

벧엘에서 하나님의 약속을 받는 야곱

화해하는 에서와 야곱

훗날 야곱의 가족은 이스라엘 민족이 되었고, 에서의 가족은 에돔 민족이 되었다. 이스라엘 백성과 에돔 백성은 야곱과 에서처럼 오랫동안 원수로 지냈다.

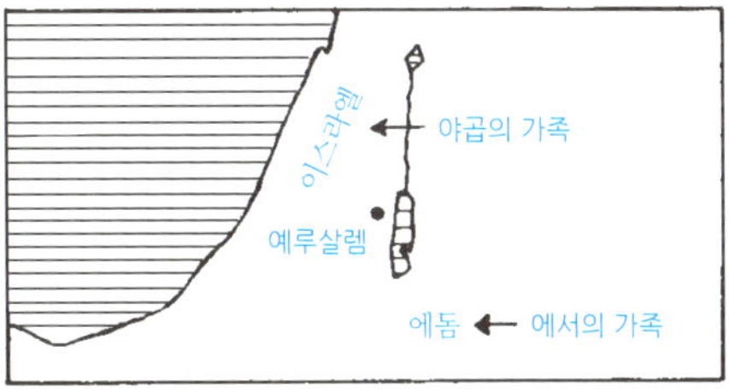

오바댜 속 실제 흔적들

에돔인의 고향 에돔의 수도는 오늘날 '페트라'(바위)이다. 페트라는 세계 불가사의 중 하나로, 이 거대한 암벽 도시로 들어가는 유일한 입구는 600미터가 넘는 길고 좁다란 통로 단 하나이다. 게다가 이 통로의 양 옆에는 굉장히 높은 절벽이 있다.

페트라로 가는 입구

이 거대한 암벽 도시는 침입자로부터 안전했고 늘 보호받을 수 있었다. 이로 인해 에돔인들은 매우 교만했고 자신감에 차 있었다. 그들은 이 커다란 암벽을 깎아 신전을 만들었고, 집도 거의 바위를 파낸 동굴이었다. 그래서 에돔인들은 지나가는 여행자들을 습격하고는 깊은 숲속에 숨어 버리곤 했다.
그들은 유대인을 깊이 증오했다. 이는 야곱과 에서 때부터 시작된 증오였다. 이 때문에 에돔인들은 항상 유대인을 침략하는 어떤 군대든 도울 준비가 되어 있었다. 바벨론이 예루살렘을 공격했을 때, 에돔인들은 도망가는 유대인들을 붙잡도록 도와주기까지 했다.

예언의 성취 오바댜의 예언 후 역사는 이렇게 전개되었다.

□ "네가 행한 대로 너도 받을 것인즉 네가 행한 것이 네 머리로 돌아갈 것이라"(옵 1:15).

□ "에서 족속에 남은 자가 없으리니"(옵 1:18).

예루살렘 멸망 5년 후에 바벨론의 느부갓네살 왕은 에돔인들을 고향에서 쫓아냈다. 역사적으로 보면, 에돔인들은 자기들이 돕던 바벨론에게 멸망당한 것이다. 수백 년이 지나고 예수님이 십자가에서 돌아가신 뒤, 에돔인들은 인류 역사에서 완전히 사라졌다.
오바댜는 때가 이르면 이스라엘 민족이 다시 일어날 것이며 그들의 땅뿐만 아니라, 블레셋과 에돔 땅도 갖게 되리라고 약속했다. 이스라엘은 결국 약속된 메시아의 통치 아래에서 큰 기쁨과 영광을 누리게 될 것이다.

32. 요나 하나님의 긍휼

저자 요나

개요 '요나'는 '비둘기'라는 뜻이다. 요나는 북이스라엘의 왕 여로보암 2세의 통치 기간 중에 사역했다. 그는 앗시리아의 수도 니느웨에 가서 하나님의 말씀을 전하고 싶지 않았고, 그들이 자기가 전한 말을 듣고서 회개했을 때도 기뻐하지 않았다.

동시대의 다른 예언자들 아모스(북이스라엘)

주요 내용

☐ 도망가는 요나 (요나 1장)

☐ 요나의 기도 (요나 2장)

☐ 니느웨에서의 선포 (요나 3장)

☐ 모든 사람을 사랑하시는 하나님의 성품을 배운 요나 (요나 4장)

지도

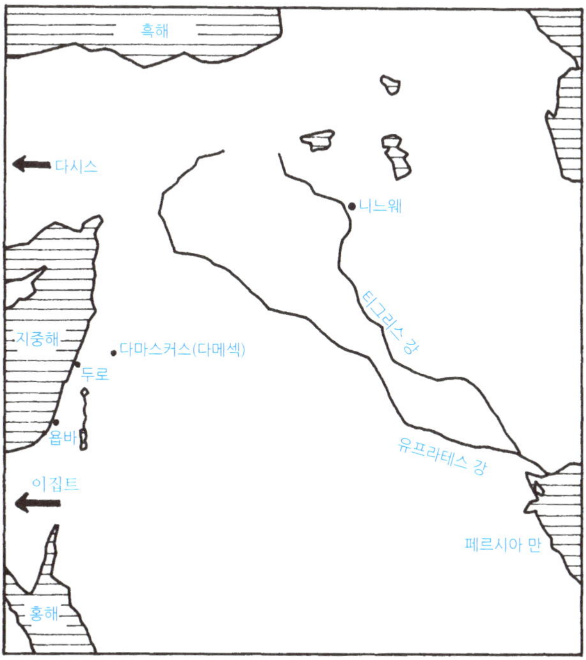

요나서 사건은 언제 일어났는가?

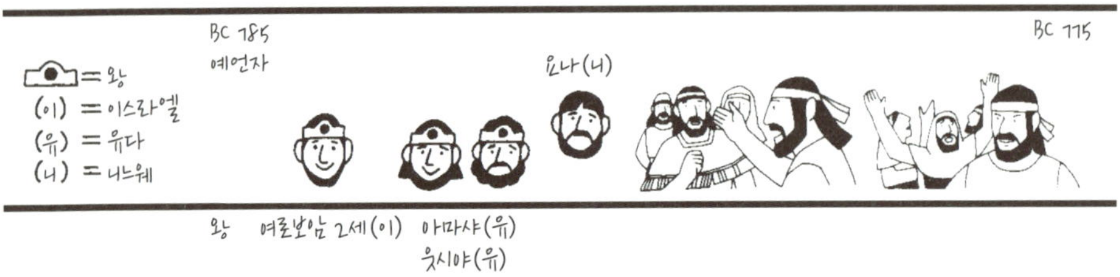

핵심 사건 따라가기

◆ 요나를 통해 니느웨에 말씀하시는 하나님

1-4장 앗시리아가 점점 더 부강해지자, 하나님의 백성은 앗시리아가 쳐들어올까 봐 두려워했다. 니느웨는 앗시리아 제국의 수도로서 가장 악한 도시였다. 하나님은 요나에게 니느웨에 가서 '너희의 죄 때문에 곧 멸망당할 것이니 회개하라'는 말씀을 전하라고 명하셨다. 그러나 요나는 니느웨가 망하기를 바라고 있었다.

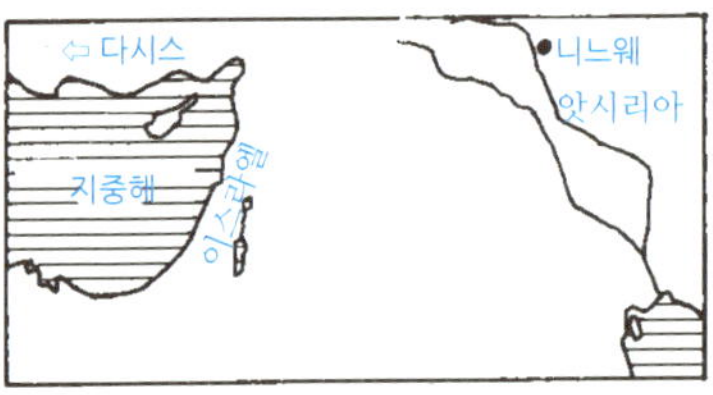

1장 하나님은 요나를 부르셔서 니느웨로 가 그곳 백성들이 회개하도록 말씀을 전하라고 명하셨다. 요나는 이스라엘의 원수였던 앗시리아에 가고 싶지 않았다.

요나는 하나님의 말씀에 순종하지 않기로 결정하고 다시스(스페인)로 가는 배를 탔다.

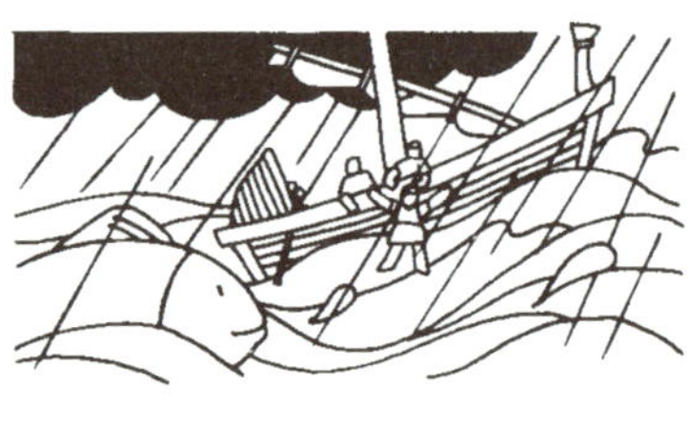

여행 중에 무서운 폭풍이 불어왔고, 선원들은 배의 안전을 위해서 요나를 바다에 던졌다.

하나님은 요나를 구하기 위해 커다란 물고기를 보내셔서 삼키게 하셨다.

2장 물고기 뱃속에 들어간 요나는 하나님께 불순종한 것을 회개했다. 그는 하나님의 도우심으로 물고기 뱃속에서 다시 나왔다.

3장 하나님은 다시 한 번 요나를 부르셨다. 이번에는 하나님께 순종해 니느웨로 간 요나는 그곳 사람들에게 하나님의 말씀을 전했다. 니느웨 사람들은 요나의 말을 듣고 바로 믿었으며 그 즉시 순종했다.

니느웨 사람들이 하나님께 용서를 구하며 회개했다. 그들을 사랑하신 하나님은 니느웨를 멸망시키지 않으셨다.

4장 하나님께서 니느웨 사람들을 용서하고 자비를 베푸시자 요나는 화가 났다. 그러나 하나님은 요나에게 '하나님은 모든 사람을 사랑하고 지키시는 분'임을 가르쳐 주셨다.

성경 속 실제 흔적들

앗시리아의 '산헤립'은 히스기야 시대에 예루살렘을 공격했던 왕으로 유명하다. 산헤립 왕이 통치하던 시기의 수도는 니느웨였다. 성경에서는 니느웨를 커다란 도시라고 말한다. 이는 성전과 궁전들이 아주 많았고, 높은 성벽으로 둘러싸여 있었기 때문이다. 왕궁에는 70개가 넘는 방이 있었고, 수로를 설치해 멀리 있는 산에서부터 니느웨까지 물을 끌어 오기도 했다. 요나가 강력한 원수들에게 심판의 소식을 알려주기 싫었던 것은 당연한 일인지도 모른다.

요나서에서 만나는 예수님

예수님은 마태복음 12:40-41에서 "요나가 밤낮 사흘 동안 큰 물고기 뱃속에 있었던 것같이 인자도 밤낮 사흘 동안 땅 속에 있으리라 심판 때에 니느웨 사람들이 일어나 이 세대 사람을 정죄하리니 이는 그들이 요나의 전도를 듣고 회개하였음이거니와 요나보다 더 큰 이가 여기 있으며"라고 말씀하셨다.

요나는 사흘 밤낮 동안 커다란 물고기 뱃속에 있었고, 그 후에 육지로 나올 수 있었다. 그리고 그는 하나님의 말씀을 선포하기 위해 니느웨로 향했다. 예수님 역시 죽으신 후에 사흘 낮밤을 무덤 속에 계셨다. 그리고 죽음에서 일어나셨고 부활하셨다. 예수님은 자신에게 어떤 일이 일어날지 알고 계셨고, 사람들이 그분의 죽음과 부활을 잘 이해할 수 있도록 요나의 이야기를 인용하신 것이다.

33. 미가 정의로운 사회 회복

저자 미가

개요 '미가'는 '누가 여호와(하나님)와 같은가'라는 뜻으로, 요담, 아하스, 히스기야 왕의 통치 기간에 사마리아(북이스라엘의 수도)와 예루살렘(남유다의 수도)에서 동시에 사역한 예언자다. 이사야가 왕실에서 주로 사역했다면 미가는 평민들을 대상으로 사역했다. 미가는 약자의 편에 서서 강자의 부패와 불의를 강하게 책망했다.

동시대의 다른 예언자들 이사야(남유다)와 호세아(북이스라엘).

주요 내용

□ 하나님께 불순종하는 민족들과 통치자들이 멸망할 것이라고 경고 (미가 1-3장)
□ 새로운 왕을 주실 것이라는 하나님의 약속을 전함 (미가 4-5장)
□ 백성을 용서하시겠다는 하나님의 약속을 전함 (미가 6-7장)

지도

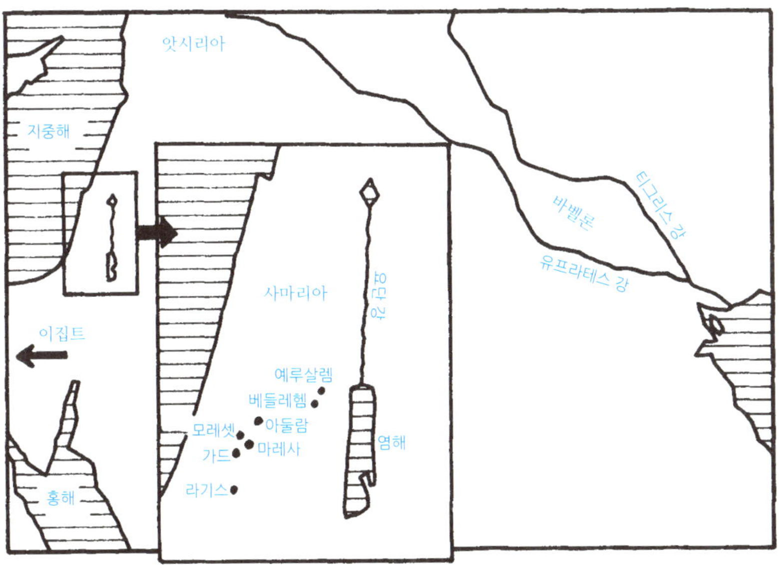

미가서 사건은 언제 일어났는가?

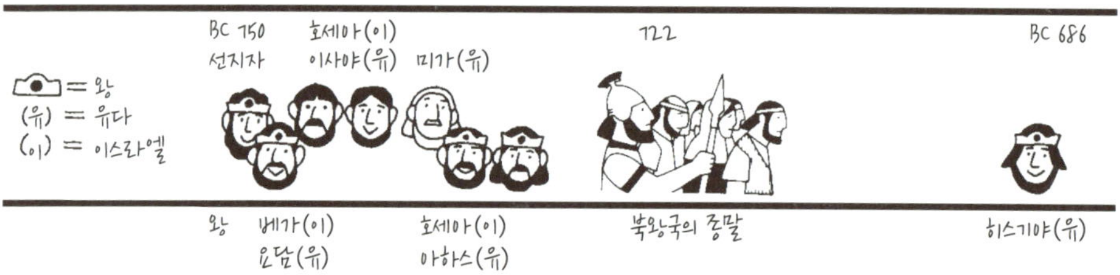

핵심 사건 따라가기

◆ 심판과 소망에 대한 하나님의 말씀

1-7장 이스라엘과 유다가 다른 민족에게 정복되기 전까지 미가는 죄 많은 백성에게 하나님의 말씀을 전했다. 그는 거짓 예언자와 부정직한 지도자들, 그리고 불경건한 제사장들을 언급하며, 이러한 죄로 인해 심판을 받게 될 것이라는 하나님의 경고를 전했다. 그는 죄의 길에서 돌이키고 하나님께 용서를 구하라고 강권하면서, 그분의 왕국에서 평화와 소망을 회복시키실 하나님의 놀라운 계획을 이야기했다.

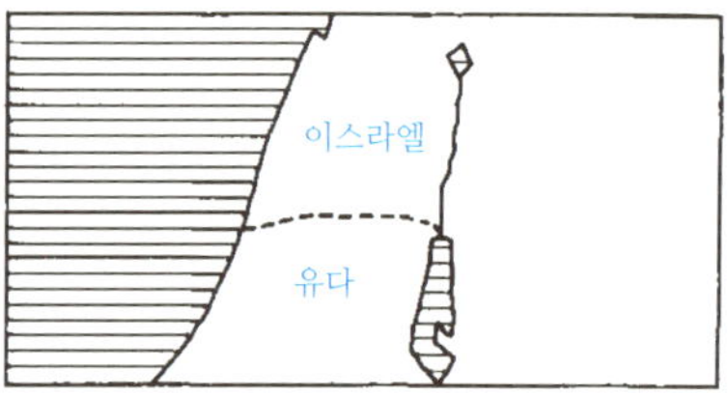

1-3장 미가는 이스라엘과 유다에 내려질 심판을 이야기했다. 이스라엘과 유다는 하나님을 거역하는 죄가 가득했다. 결국 두 왕국은 그들의 죄 때문에 포로가 될 것이다.

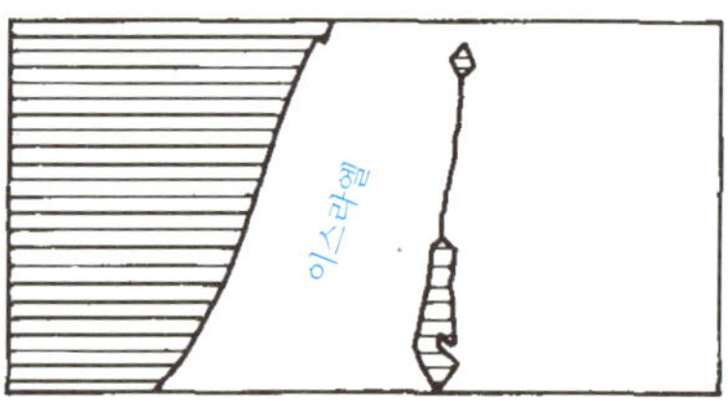

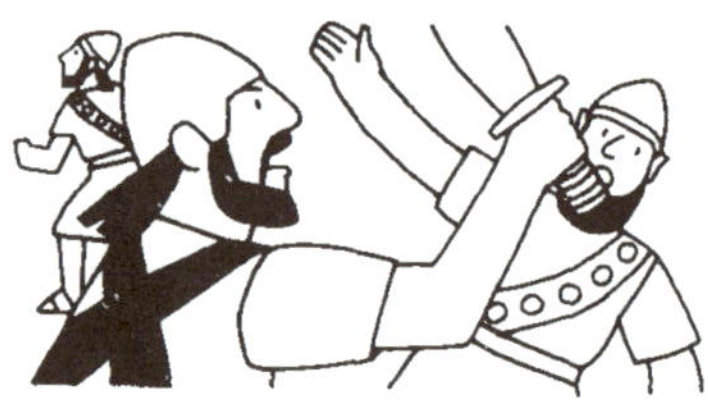

4-5장 미가는 계속해서 민족이 다시 강해질 그때를 내다보라고 말했다. 그들의 죄 때문에 고통을 받겠지만, 곧 다시 그들의 원수들이 고통당하게 될 것이다.

베들레헴에서 나실 이스라엘의 위대한 왕! 그분은 강함과 평화를 가져오실 것이다.

6-7장 하나님은 악을 행하는 백성을 책망하셨다. 가난한 자를 착취하고 부정직한 거래를 하고 껍데기만 남은 신앙을 하나하나 지적하셨다.

하나님께 예물과 희생 제물을 바치는 것보다, 먼저 한결같은 마음으로 하나님을 사랑하고 그분께 순종하며 살라고 하셨다. 그렇지 않으면 심판이 임할 것이다.

그러나 그 형벌은 영원하지 않을 것이다. 하나님은 그분의 자녀를 너무나 사랑하시기에 양을 돌보는 목자처럼 그들을 돌보실 것이다.

미가서에서 만나는 예수님

미가는 훗날 메시아로 오실 예수님에 대해 특별한 예언을 했다. 예수님이 태어나실 마을은 베들레헴이라고 했다(미 5:2). 그는 또한 통치자의 몇 가지 자질, 즉 힘, 위엄, 위대함, 평화에 대해 말했다. 하나님은 아들을 보내시기 700년 전에 이미 예수님이 태어나실 마을을 정하셨고 계획하셨다. 이처럼 하나님은 우리의 삶을 위한 놀라운 계획을 갖고 계신다. 우리가 무엇을 하고 어떻게 살아야 할지 하나님께 구해 보자. 놀라운 일이 일어날 것이다!

34. 나훔 니느웨의 멸망

저자 나훔

개요 '나훔'은 '위로' 혹은 '여호와의 위로'라는 뜻이다. 나훔은 남유다의 요시야 왕 통치기에 살았다. 나훔서는 요나가 니느웨로 가서 하나님의 심판을 경고하며 회개를 촉구했을 때로부터 100년 후에 쓰인 책이다. 요나가 니느웨에 메시지를 전했을 당시 그들은 회개하여 심판을 면했다. 그러나 많은 세월이 흐른 뒤 니느웨는 몹시 악하고 잔인해져 있었다. 나훔은 니느웨의 멸망을 예언했는데, 앗시리아의 잔인한 지배로 고통당하던 유다에게는 위로가 되었다.

동시대의 다른 예언자들 스바냐, 하박국, 예레미야(유다).

주요 내용

□ 니느웨에 대한 하나님의 진노 (나훔 1장)

□ 니느웨의 멸망을 예언 (나훔 2-3장)

지도

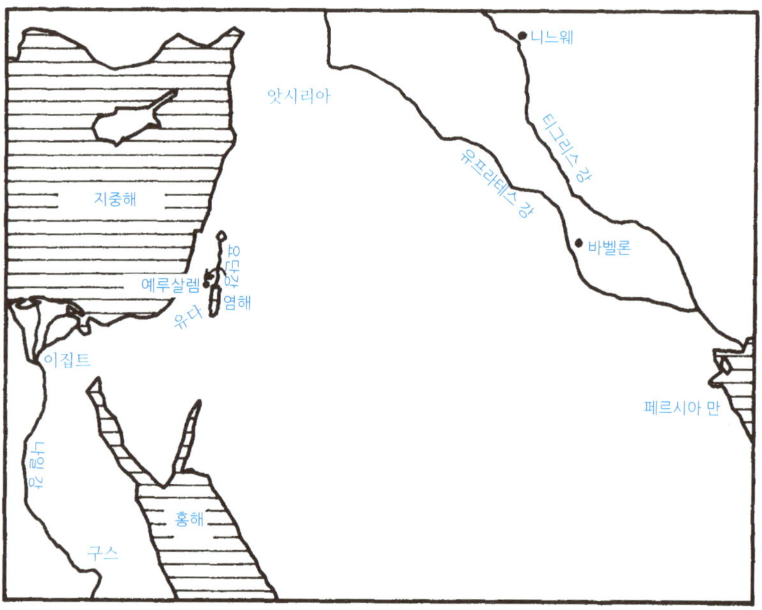

나훔서 사건은 언제 일어났는가?

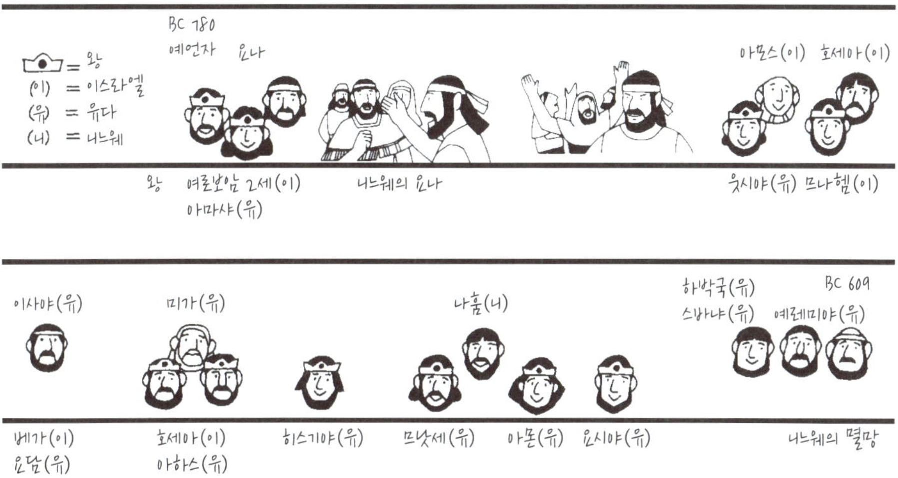

하나님의 정의와 사랑

나훔은 하나님의 정의와 사랑을 보여 주는 책이다.

"여호와는 질투하시며 보복하시는 하나님이시니라 여호와는 보복하시며 진노하시되 자기를 거스르는 자에게 여호와는 보복하시며 자기를 대적하는 자에게 진노를 품으시며 여호와는 노하기를 더디하시며 권능이 크시며 벌 받을 자를 결코 내버려두지 아니하시느니라 여호와의 길은 회오리바람과 광풍에 있고 구름은 그의 발의 티끌이로다… 여호와는 선하시며 환난 날에 산성이시라 그는 자기에게 피하는 자들을 아시느니라"(나 1:2-3, 7).

나훔은 니느웨가 매우 악하기 때문에 하나님의 심판을 받아 멸망할 것임을 경고하며, 바벨론이 니느웨를 점령할 것이라고 말했다. 대홍수가 일어나 그 도시의 성벽을 무너뜨릴 것이며, 니느웨는 처참히 무너지고 불에 탈 것이라는 무서운 예언이었다. 나훔은 또한 하나님께서 이스라엘을 다시 회복시키실 것이라고 이야기했다(나 1:15, 2:2).

나훔서 속 실제 흔적들

니느웨는 예수님이 태어나기 600여 년 전에 메데와 바벨론에게 점령당했다. 티그리스 강이 갑자기 넘치며 대홍수가 일어나, 성벽의 일부를 무너뜨렸고, 이로 인해 적군은 니느웨를 쉽게 점령할 수 있었다. 니느웨는 부분적으로 불에 타서 무너졌고, 완전히 파괴된 후에는 모든 유적이 사라져 버렸다.

고고학자들은 1845년에 어마어마했던 니느웨의 잔해, 즉 거대한 궁전의 흔적을 찾아냈으며 앗시리아의 역사 흔적이 담긴 수천 개의 묘비도 발견했다.

니느웨의 성벽은 약 30미터 높이였는데, 이 벽은 아주 두꺼워서 네 대의 전차가 나란히 지나갈 수 있을 정도였다. 이 성벽에는 수백 개의 탑이 있었고, 성벽 둘레에는 약 42미터 넓이와 약 18미터 깊이를 지닌 호수가 있었다. 니느웨인들은 그 무엇도, 어느 누구도 이 거대하고 웅장하며 철벽 같은 니느웨를 파괴할 수 없다고 생각했다. 그러나 엄청난 부와 군사력이 그들을 안전하게 지켜주지 못했다. 하나님은 나훔의 예언대로 악한 죄를 지은 니느웨를 멸망시키셨고, 이곳은 오늘날까지 여전히 폐허로 남아 있다.

35. 하박국 의인의 조건

저자 하박국

개요 '하박국'은 '끌어안다' 또는 '끌어안는 사람'이라는 뜻이다. 하박국은 요시야 왕의 통치 말기와 여호야김 왕의 통치 초기에 남유다에서 사역했다. 언제 앗시리아가 침략할지 모르는 상황에서 여호야김은 세금을 착취해서 애굽 왕에게 바치고 도움을 요청했다. 하박국은 여호야김의 악정에 하나님께 항의했다. 하나님은 바벨론을 일으켜 심판하실 거라고 답하셨다. 이에 하박국은 왜 더 악한 바벨론을 사용하시는지 항변했다. 이에 하나님이 답을 하셨다. 하박국서는 하나님과 하박국의 대화, 즉 질문과 대답이 담긴 책이다.

동시대의 다른 예언자들 예레미야, 스바냐(남유다) 그리고 다니엘(바벨론).

주요 내용

□ 하박국과 하나님의 대화(하박국 1-2장)

하박국의 첫 번째 질문 유다는 죄를 저질렀는데 왜 벌을 받지 않나요?

하나님의 대답 바벨론이 유다를 벌할 것이다.

하박국의 두 번째 질문 유다는 바벨론보다 의로운데 왜 정의로운 하나님께서 악한 바벨론을 사용하실 수 있나요?

하나님의 대답 바벨론도 나의 때에 벌을 받을 것이다. 의인은 그의 믿음으로 말미암아 살리라.

□ 하박국의 기도(하박국 3장)

하박국이 하나님의 계획을 이해하게 되자 하나님 안에서 기뻐했다. 그리고 하나님의 크신 능력과 거룩하심을 찬양했다. 하박국은 유다의 형벌 속에서 하나님의 계획을 보았다. 하박국은 "나는 여호와로 말미암아 즐거워하며 나의 구원의 하나님으로 말미암아 기뻐하리로다"(합 3:18)라고 고백했다.

하박국서 사건은 언제 일어났는가?

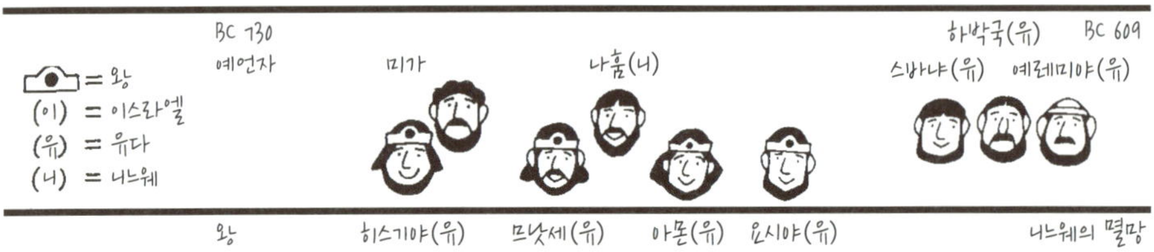

하박국서에서 만나는 예수님

하박국은 하나님이 우주를 통치하고 계심을 깨닫는다. 비록 하박국이 상황을 모두 이해할 수 없다 해도, 그는 하나님이 말씀하신 것을 반드시 이루심을 신뢰하게 된다. 하나님의 계획은 때가 되면 일어날 것이다. 메시아 오심이 더딘 것처럼 보여도, 하나님은 인간을 구원하시기 위해 가장 적절한 시기에 예수님을 보내셨다.

36. 스바냐 심판 후의 회복

저자 스바냐. 그는 히스기야 왕의 후손이다.

개요 '스바냐'는 '여호와께서 숨기신다'는 뜻이다. 그는 요시야 왕이 통치할 때 남유다에서 사역했다. 스바냐는 요시야 왕 당시에 부흥 운동의 책임을 맡고 있었던 것 같다. 요시야가 8세에 왕이 되었을 때, 유다의 상황은 요시야 왕 전의 두 왕 므낫세와 아몬의 학정으로 최악이었다. 부자들은 가난한 이들을 억압하고 부당하게 돈을 모았고, 백성은 우상을 숭배했다. 요시야가 우상의 제단을 없애고 개혁을 시행하지만 우상 숭배의 뿌리를 뽑지는 못했다. 그래서 하나님은 바벨론을 심판의 도구로 쓰시기로 하셨고, 스바냐는 이 소식을 백성에게 전했다. 그러나 하나님은 심판 후의 회복을 약속하셨다.

동시대의 다른 예언자들 예레미야, 나훔, 하박국

주요 내용

□ 유대에 다가올 심판과 열방에 임할 진노 (스바냐 1:1-3:8)

□ 심판 후에 회복시키심 (스바냐 3:9-20)

스바냐서 사건은 언제 일어났는가?

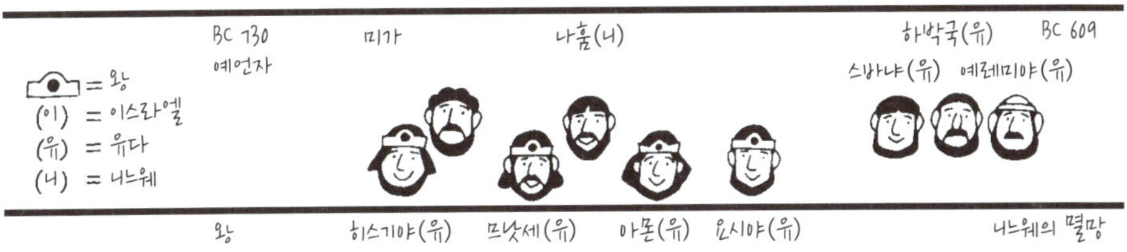

슬픔에서 시작해 기쁨의 노래로

스바냐는 슬픔으로 시작해서 기쁨의 노래로 끝난다. 이 책의 처음 부분은 슬픔과 탄식으로 가득 차 있지만, 나머지 부분은 구약성경에서 가장 달콤한 노래를 포함하고 있다.

스바냐서에는 '주님의 날'이라는 말이 일곱 번이나 나온다. 성경에서 그 앞에 숫자가 없이 '날'이라는 단어가 사용될 때는 24시간이 아닌, '일정한 기간'을 뜻한다(예를 들면 우리가 '오늘날에 살고 있는 사람들'이라 말할 때, 오늘은 24시간을 말하는 것이 아닌, 우리가 살고 있는 기간을 의미하는 것처럼!).

즉 성경이 말한 '주님의 날'은 주님께서 특별한 일을 하실 때를 뜻한다. 스바냐 시대의 유대인들에게 '주님의 날'은 하나님께서 이스라엘 백성에게 벌을 주시고 그들이 포로 생활을 하게 하셨던 그때를 의미했다. 그러나 미래에 임할 '주님의 날'은 대환난과 천년 왕국의 기간을 의미한다. 천년 왕국은 예수님이 예루살렘과 모든 민족을 다스리실 천년 동안의 기간이다. 우리는 요한계시록에서 이 천년이라는 시간에 대해 알게 될 것이다.

스바냐는 유대인들만이 아니라 그들의 원수들에게 있을 하나님의 심판도 이야기한다. 그리고 하나님의 백성을 향한 그분의 놀라운 약속으로 책을 맺는다. 그들은 반드시 고토로 돌아올 것이며, 하나님의 복을 받을 뿐만 아니라 온 세상에 축복이 될 것임을 이야기한다.

스바냐는 마지막 구절에서 "그때에 너희를 이끌고 그때에 너희를 모을지라… 너희에게 천하 만민 가운데서 명성과 칭찬을 얻게 하리라"고 말한다.

하나님의 백성은 놀라운 기쁨을 누릴 것이다. 스바냐 3:17의 "너의 하나님 여호와가 너의 가운데에 계시니 그는 구원을 베푸실 전능자이시라 그가 너로 말미암아 기쁨을 이기지 못하시며 너를 잠잠히 사랑하시며 너로 말미암아 즐거이 부르며 기뻐하시리라"는 고백처럼.

스바냐서에서 만나는 예수님

스바냐는 "이스라엘 왕 여호와가 네 가운데 계시니 네가 다시는 화를 당할까 두려워하지 아니할 것이라"(습 3:15)고 말했다. 이스라엘의 왕은 예수 그리스도다. 스바냐 시대의 이스라엘 백성에게 얼마나 좋은 소식이었을까! 우리에게도 얼마나 감사하고 기쁜 일인가! 이스라엘 백성이 악했을 때에도 하나님은 예수 그리스도를 보내 주실 계획을 갖고 계셨다.

그러나 때로는 하나님의 약속을 우리가 제대로 이해하지 못하기도 한다. 하나님은 이스라엘 백성에게 새 왕을 보내주시겠다고 약속하셨지만 당장은 아니었다. 하나님의 때에 보내주시겠다는 약속이었지만, 백성은 '주님의 날'이 곧 오리라 생각했다. 또한 하나님이 말씀하신 새로운 왕은 메시아이신 예수 그리스도였는데, 당시 백성은 유다의 대적을 패하게 할 군대를 이끌고 올 인간적인 왕을 기다렸다. 우리는 앞으로 신약성경을 통해 새로운 왕을 보내시겠다는 하나님의 약속이 예수 그리스도 안에서 어떻게 이루어졌는지를 알게 될 것이다.

37. 학개 성전 재건축

저자 학개

개요 '학개'는 '축제' 또는 '여호와의 축제일'이라는 의미다. 학개는 70년의 포로 생활 후 예루살렘으로 돌아간 유다인들에게 성전 재건을 촉구했다.

동시대의 다른 예언자들 스가랴. 학개는 넉 달 동안 예언했고, 젊은 예언자 스가랴는 수년 동안 예언했다. 스가랴와 학개는 성전 재건을 완성하도록 강력하게 설득했다.

주요 내용

☐ 성전 재건의 촉구 (학개 1장)

☐ 이전보다 훌륭하게 될 새 성전(학개 2:1-9)

☐ 성전 재건 때 임할 하나님의 복 (학개 2:10-19)

☐ 하나님께서 다른 민족들을 멸하시고 스룹바벨을 축복하심 (학개 2:20-23)

학개서 사건은 언제 일어났는가?

핵심 사건 따라가기

◆ 예루살렘 성전의 재건

1-2장 바벨론에서의 70년 포로 생활이 드디어 끝났다. 약 5만 명의 유다인이 스룹바벨의 인도 아래 예루살렘으로 돌아왔고(1차 포로 귀환) 그들은 성전을 짓기 시작했다. 주변 대적들의 심한 반대로 16년이 지나도 성전이 완성되지 않자 학개는 백성에게 성전 재건을 끝내도록 강력히 권했다.

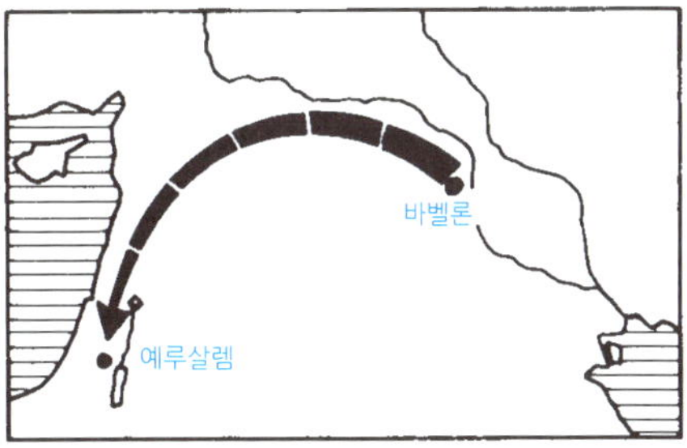

1장 사람들은 성전을 다시 짓기 시작했으나 중단되었다. 백성은 주변 대적의 반대에 부딪히자 낙심하여 먹고사는 일에 몰두했다.

하나님은 이들을 향한 축복을 거둬 가셨고, 곡식과 동물들에게 필요한 비를 내리지 않으셨다.

백성은 하나님의 말씀을 전해 듣자, 3주도 채 안 되어 다시 성전을 짓기 시작했다.

2장 성전 재건을 다시 시작한 지 한 달이 되었는데, 이 성전은 솔로몬 성전보다 훨씬 작았다.

학개는 하나님께서 여전히 그들과 함께하시고, 언젠가는 아주 큰 성전을 짓게 하실 것이라고 약속하며 백성을 격려했다.

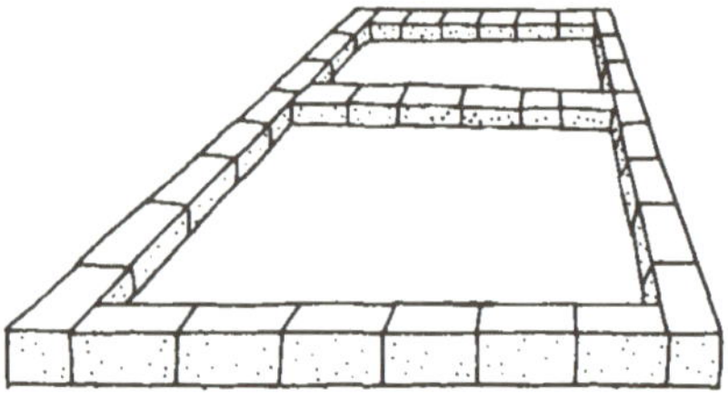

백성이 성전의 기초를 완성하는 데 석 달이 걸렸다. 학개는 이제 그들이 하나님께 순종하며 살고 있으니 이전의 어려움과 문제는 모두 없어졌다고 이야기했다.

학개는 하나님께서 각 민족들을 심판하실 것이며, 신실한 사람에게는 보상하시고 은혜를 베푸실 것이라고 이야기했다.

예루살렘으로 처음 돌아온 무리를 인도한 스룹바벨은 영광을 얻을 것이다.

학개서에서 만나는 예수님

지도자 스룹바벨은 다윗의 족보, 즉 메시아로 오실 예수 그리스도의 족보에 등장하는 사람이다. 하나님은 우리에게 메시아를 보내시려고 이 오랜 세월 동안 예수님의 혈통을 이어 오신 것이다. 하나님의 사랑과 돌보심에 깊이 감사하며 그분의 이름을 찬양하자!

38. 스가랴 다가올 메시아

저자 스가랴

개요 '스가랴'는 '하나님께서 기억하신다'는 뜻이다. 하나님은 백성과 맺은 언약을 반드시 기억하시고 이루시는 분이므로, 언젠가 이스라엘 민족이 축복을 받을 것이라는 의미가 담겨 있다. 스가랴는 70년의 포로 생활 후 예루살렘으로 돌아간 유다인들에게 성전 재건을 촉구했다.

동시대의 다른 예언자들 학개

주요 내용

☐ 하나님께로 돌아오라는 요청 (스가랴 1:1-6)
☐ 스가랴의 여덟 가지 환상 (스가랴 1:7-6:8)
☐ 대제사장 여호수아에게 씌운 면류관 (스가랴 6:9-15)
☐ 금식에 관한 질문 (스가랴 7:1-3)
☐ 스가랴가 전하는 네 가지 소식 (스가랴 7:4-8:23)
☐ 스가랴의 두 가지 짐 (스가랴 9-14장)

스가랴에서 만나는 예수님

스가랴는 훗날 오실 메시아에 대해 분명하게 이야기했다. 그는 메시아가 오시는 첫 번째 이유가 인류의 죄를 위해 죽으시기 위함이라고 했다. 두 번째 이유는 영광스러운 왕으로서 세상을 심판하시고, 하늘과 땅을 다스리시기 위함이라고 했다. 스가랴서는 이사야서를 제외하고, 예수님에 대해 가장 많은 약속을 담고 있는 책이다. 예수님의 첫 번째 오심(초림)에 대해 이야기하는 구절은 스가랴 3:8, 9:9, 9:16, 11:11-13, 12:10, 13:1, 6 등이며, 예수님의 재림에 대해 이야기하는 구절은 스가랴 6:12, 14:1-21 등이다. 스가랴서를 읽으면서 '예수님이 이 땅에 처음 오시는 것'과 '영광 중에 다시 오시는 것'을 가리켜 말하고 있는 때를 살펴보자.

핵심 사건 따라가기

◆ 성전을 재건하라. 메시아가 오실 것이다

1-14장 유다 백성 중 5만 명이 예루살렘으로 돌아왔다. 그들은 무너진 성전을 다시 지으려 했으나, 심한 대적의 방해로 포기했다. 하나님은 스가랴와 학개를 부르셔서 백성이 다시 성전 재건을 하도록 격려하셨다. 그들은 백성에게 성전의 앞날과 앞으로 오실 메시아에 대해 열심히 전했다.

학개 스가랴

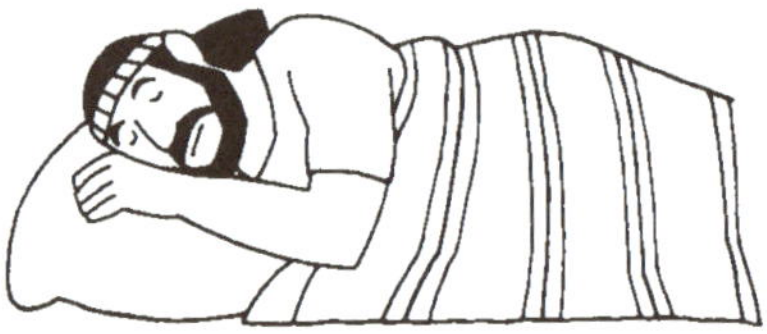

1-6장 어느 날 밤, 하나님은 스가랴에게 8가지 환상을 보여 주셨다. 그 환상은 예루살렘의 회복과 하나님의 백성에게 올 축복과 은혜의 시절에 대한 것이었다.

또한 그 환상은 하나님의 종(예수 그리스도)이 다스리실 미래에 대한 것이었다.

7-8장 백성이 예배에 대해 물어보자, 스가랴는 형식적인 금식을 책망하며 하나님의 말씀에 순종하라고 말했다. 또한 백성이 서로 자비를 베푼다면 하나님께서 기뻐하실 것이라고 말했다.

9-14장 스가랴는 앞으로 오실 위대한 왕에 대해 이야기했다. 그 왕은 아주 상반되는 두 가지 모습으로 오실 것이다.

첫 번째는 사람의 몸을 입고 오셔서 사람으로 사시다가, 사람을 위하여 십자가에서 죽으실 것이

다. 두 번째는 모든 사람들을 심판하시고 온 세상을 다스리실 것이다.

39. 말라기 하나님의 메신저

저자 말라기

개요 '말라기'는 '나의 전달자' 또는 '여호와의 소식을 전하는 자'라는 뜻이다. 말라기는 구약시대의 마지막 예언자로서 느헤미야와 동시대 사람이지만 느헤미야 이후에 활동했을 것으로 추정된다. 백성은 바벨론에서 이스라엘로 돌아왔지만 신앙은 점차 해이해졌다. 형식적인 예배를 드린 데다 깊은 불신앙의 모습을 보였다. 하나님은 그들에게 죄와 싸우고 하나님과의 관계를 회복하라고 말씀하셨다.

주요 내용

□ 이스라엘 백성을 향한 하나님의 사랑 (말라기 1:1–5)
□ 이스라엘 백성에 대한 하나님의 경고 (말라기 1:6–3:15)
□ 주님의 오심을 선포 (말라기 3:16–4:6)

말라기서 사건은 언제 일어났는가?

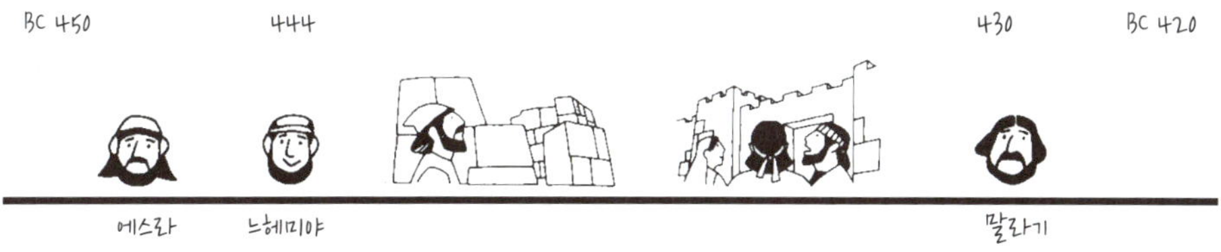

핵심 사건 따라가기

◆ 하나님을 신뢰하고 순종하라. 메시아가 오실 것이다!

1-4장 이스라엘 백성이 바벨론의 포로 생활을 마치고 돌아왔지만 다시 죄를 짓기 시작했다. 형식적인 예배를 드렸으며, 병든 제물을 하나님께 바치고, 이방 여인과 혼인했다. 말라기는 그런 백성들에게 올바른 예배를 회복하라고 외치며, 메시아가 모든 백성에게 소망을 주러 오실 것이라고 약속했다.

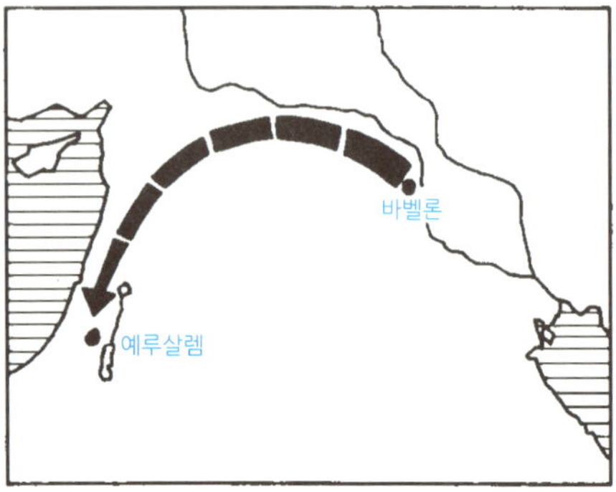

1장 하나님은 이스라엘 백성에게 그들을 향한 하나님의 크신 사랑을 생각하도록 하셨다.

1-3장 백성과 종교 지도자들은 형식적으로 예배를 드리긴 했지만, 삶에서 하나님을 기쁘게 해 드리려고 노력하지 않았다. 그래서 하나님은 축복을 거두어 가셨다.

하나님은 말라기를 통해 메시아가 오실 것을 이야기하고, 그가 내리실 심판에 대해 경고하셨다. 하나님은 백성이 하나님을 우선순위에 둔다면 그들에게 복을 주겠다고 약속하셨다.

3-4장 하나님은 악한 사람들은 심판을 받고, 하나님을 사랑하고 순종한 사람들은 상을 받을 것이라고 말씀하셨다. 메시아를 보내는 하나님의 계획은 신약시대에 이루어질 것이다.

말라기는 메시아의 길을 예비할, 한 사자가 올 것이라고 예언한다. 말라기가 예언했던 그때로부터 한 사자인 세례 요한이 오기까지는 400년이라는 세월이 흘러야 했다. 말라기의 예언대로 세례 요한은 사람들에게 죄를 회개하라고 외침으로써 예수님이 오실 길을 예비했다. 말라기는 예수 그리스도가 처음 오시는 때뿐만 아니라, 이 땅에 다시 오실 것에 대해서도 이야기했다.

우리는 이제 신약성경에서 마태복음, 마가복음, 누가복음과 요한복음에 나오는 예수 그리스도를 만나러 가게 될 것이다.

PART 3

신구약 중간기의 핵심을 잡아라

신구약 중간기

구약시대 역사의 마지막 100년

에스라, 느헤미야, 에스더서는 구약시대의 마지막 100년 간 일어난 일을 이야기하고 있다. 에스라와 느헤미야서는 유대인 포로 중 일부가 예루살렘 땅으로 다시 돌아와 어떻게 성전을 다시 짓고 또 그 뒤에 예루살렘 성벽을 지었는지를 말해준다. 에스더서는 이 기간 동안 페르시아(바사)에 남아 있던 유대인들에게 일어난 사건을 이야기한다. 또 몇몇 예언자들도 이 시기의 사건을 이야기한다.

침묵의 400년

느헤미야와 말라기로부터 신약성경 시대가 시작되기까지 400년 동안 하나님은 어떤 예언자도 보내지 않으셨다. 하나님은 아무 말씀이 없으셨다. 사람들은 이 시간을 '침묵의 400년'이라 부른다. 그러나 그 침묵의 세월 속에서 많은 놀라운 변화들이 일어났다.

중간기에 일어난 일

이스라엘-다리 역할의 지역

우리는 지도에서 이스라엘이 유럽과 아시아와 아프리카 대륙을 연결하는 다리가 되는 지역이라는 사실을 알 수 있다. 이 작은 땅덩어리의 지리적 위치는 너무나 중요했기 때문에, 세계의 제국들이 이 땅을 차지하고 싶어 했다. 그래서 이스라엘 땅은 계속 다른 나라와 민족에게 점령당해 왔다.

- 그리스의 알렉산더 대왕은 이스라엘과 그 주변 지역을 점령했고, 그는 이스라엘에 그리스 언어와 관습을 전파했다.
- 알렉산더 대왕이 죽고 나자 점령 지역을 그리스의 네 장군이 나누어 다스렸다. 이집트에 세워진 왕국(프톨레미 왕조)이 처음에 이스라엘을 정복했으나, 이 왕국은 시리아와 메소포타미아에 세워진 왕국(셀류코스 왕조)에게 점령당했다.

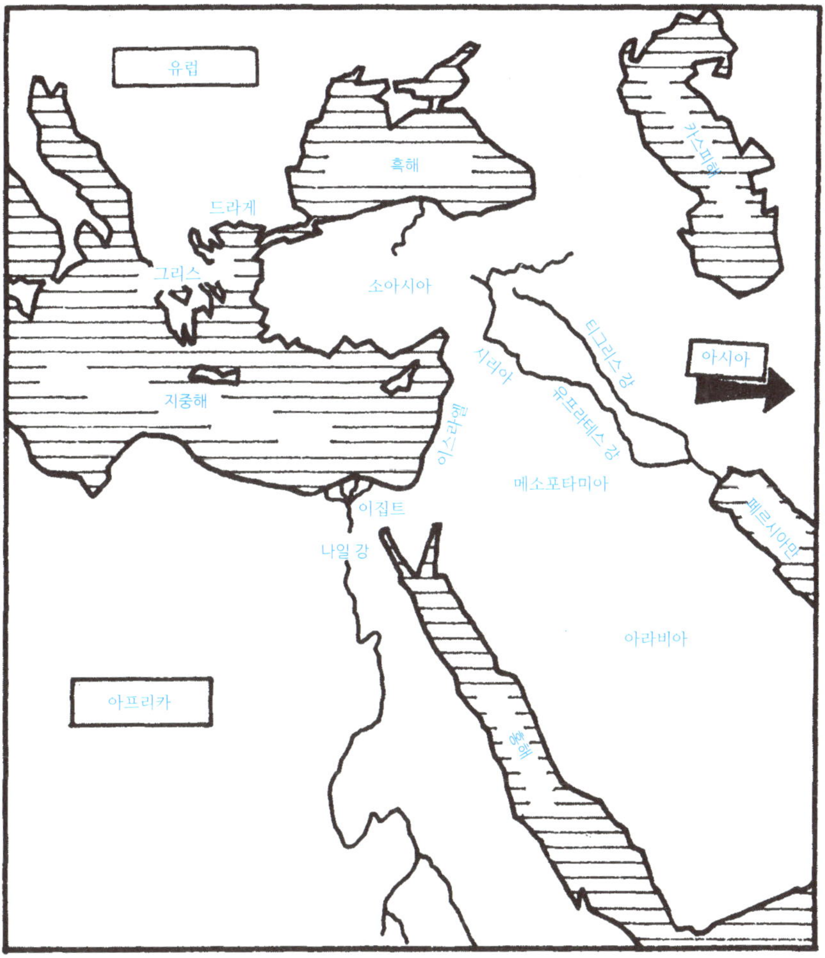
유럽
흑해
카스피해
드라게
그리스
소아시아
지중해
시리아
티그리스 강
유프라테스 강
아시아
이스라엘
메소포타미아
페르시아만
이집트
나일 강
아라비아
아프리카
홍해

이스라엘에서의 예배

이스라엘 땅을 정복한 통치자 중에서 어떤 이들은 유대인들이 원하는 대로 예배하도록 허락해 주었다. 그러나 많은 통치자들 중, 안티오쿠스 4세는 그리스의 관습과 예배를 따르도록 강요했다.

- 안티오쿠스 4세는 유대인들이 오직 한 분이신 참 하나님을 경배하는 것을 막았다.
- 그는 토라의 모든 복사본, 즉 다섯 권의 율법책을 없애 버리려 했다.
- 그는 유대인들에게 그리스 신인 제우스를 경배하라고 명령했다.
- 그는 예루살렘 성전에 제우스 신상을 세우고 성전에서 돼지를 바쳤다.

율법책(토라)

성전

유대인의 반란

유대인들은 잔혹하고 악랄한 안티오쿠스 4세의 통치에 대항해 반란을 일으켰다. 그들은 그리스로부터 독립하기 위해 치열하게 싸웠으며, 이 반란을 이끌었던 마카비 가문은 새로운 지도자가 되었다.

로마의 통치

마카비로부터 시작된 마카비 왕조는 오래가지 않았다. 이스라엘은 무시무시한 위세로 세력을 넓혀 가던 당시 로마 제국에게 점령되었다. 로마인들은 성전에서 일하던 유대인 제사장들을 죽이기도 했다. 이 때문에 유대인들이 로마인 통치자들을 증오하게 되었고, 그들은 어서 약속한 메시아가 오셔서 그들을 로마의 지배로부터 해방시켜 주기를 간절히 소망했다.

무대가 세워지다

마침내 메시아가 오시기 위한 무대가 세워졌다. 하나님은 예수님이 오셨다는 놀라운 소식이 전 세계에 빠르게 전파될 수 있는 시기를 선택하셨다. 그리스가 통치할 때는 그리스어(헬라어)를 공용어로 쓰게 했지만, 로마가 정복하고 나서는 커다란 도로망을 만들어 예수님에 대한 복음이 전 세계로 빠르게 전파될 수 있도록 했다.

오랜 세월에 거쳐 하나님은 메시아에 대해 많은 말씀을 전해 주셨다. 하나님은 구원자가 다윗의 혈통에서 나올 것이며, 그분이 하실 많은 일들을 이야기해 주셨다. 심지어 예수님이 어디에서 태어나실지도 알려주셨다.

침묵의 400년이 흐른 후, 하나님이 약속하신 바로 그때가 왔다! 무대가 세워진 것이다. 하나님의 아들, 모든 인류의 구원자이자 메시아, 예수 그리스도는 하늘의 집을 떠나 인간의 몸을 입고서 베들레헴에서 나셨다. 하나님께서 구약시대에 거듭 약속하신 대로, 그분은 우리의 구세주가 되기 위해 세상에 오셨다. 신약성경은 이 놀라운 사건, 약속의 성취에서부터 시작되는 것이다!

헤롯 가문

신약성경을 읽다 보면 '헤롯 왕'이 종종 등장한다. 헤롯은 예수님의 어린 시절부터 사도행전에 이르기까지 광범위하게 등장한다. 헤롯은 한 사람이 아니라 헤롯의 아들과 손자들도 일컫는다. 헤롯 가문은 오랫동안 이스라엘을 다스렸다.

헤롯 대왕

헤롯은 에돔 사람임에도 뛰어난 처세술로 로마의 후광을 받아 유대의 왕으로 등극했다. 예수님이 탄생했을 때 치리했으며, 유아 살해 명령을 내려 예수님의 가족이 이를 피해 이집트로 내려가기도 했다. 헤롯은 예루살렘 성전을 화려하게 재건하였으나 예수님의 예언대로 파괴되었다.

헤롯 아켈라오

유대 지역을 다스렸고, 마태복음 2:22에 언급되었다. 아켈라오는 정치에 서툴러 백성의 원성을 많이 샀다. 폭동이 일어날까 우려한 로마는 아켈라오를 추방하고 직접 총독을 파견해 다스렸다.

헤롯 빌립

갈릴리 북동부 지역을 다스린 분봉왕(일부 영토를 다스리도록 통치권을 위임받은 왕). 가이사랴 빌립보를 세웠다.

헤롯 안티파스

갈릴리와 베레아 지역을 다스렸으며 갈릴리에 디베랴를 건설했다. 예수님의 공생애에 등장하는 헤롯 왕은 이 사람을 가리킨다. 헤롯 빌립(분봉왕 빌립이 아닌 다른 빌립)의 아내 헤로디아와 결혼하여 세례 요한의 책망을 받았으며, 빌라도로부터 송치된 예수님을 심문했다.

헤롯 아그립바

사도행전에 등장하는 헤롯 왕. 야고보를 죽이고, 베드로를 옥에 가두었다.

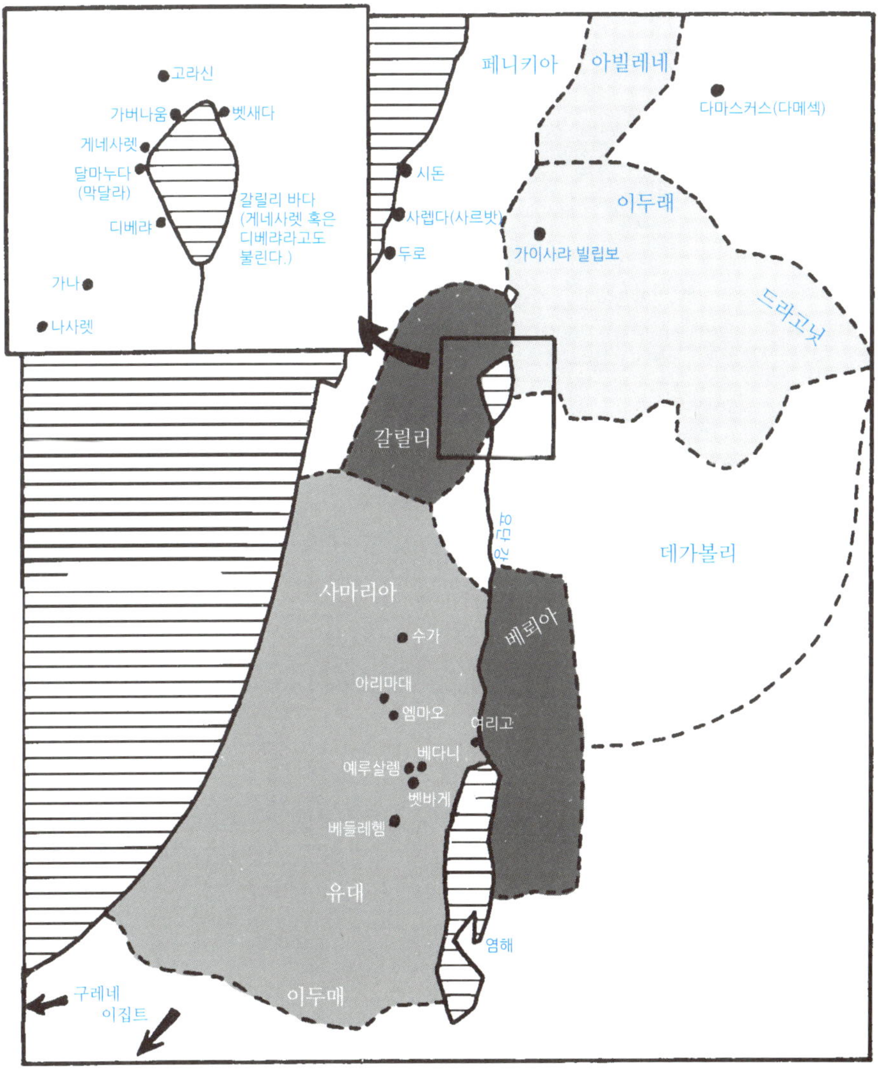

헤롯의 아들들 통치지역
□ 헤롯 빌립 ■ 헤롯 안티파스 ■ 헤롯 아켈라오 ⇨ 총독

What the Bible is All about for
Young Explorers

PART 4

신약의 핵심을 잡아라

복음서의 포인트

복음서는 어떤 책인가?

'복음'이란 '복된 소식'이다. 4복음서는 예수님이 우리의 메시아로 오셨다는 복된 소식을 이야기하고 있는 책이다. 각 복음서의 저자는 마태, 마가, 누가, 요한이다.

4복음서의 비슷한 점 vs 차이점

마태, 마가, 누가복음은 거의 비슷하다고 할 수 있다. 예수님의 유대 사역을 보여주기도 하지만, 주로 갈릴리에서의 사역이 기록되어 있다. 즉 예수님이 행하신 사역들, 행하신 기적과 비유 그리고 군중에게 하신 설교 등에 초점을 맞추고 있다. 요한복음에도 이런 내용이 있긴 하지만, 요한은 예수님의 심도 있는 대화와 기도에 더욱 많은 초점을 맞추고 있다. 요한복음은 주로 유대에서 행하신 예수님의 사역과 함께 갈릴리에서의 몇 가지 사건들을 포함한다.

비슷한 점
그리스도의 사역, 죽음과 부활,
이 모든 것을 이야기하고 있다.

차이점

주로 '그리스도의 사역' 이야기다.	갈릴리 (유대에서의 몇 사건)	유대 (갈릴리에서의 몇 사건)
그리스도의	행동	더 깊은 대화와 기도

모든 복음서는 이 땅에서 예수님의 사역과 삶, 그분이 말씀하신 교훈과 행하신 기적, 십자가 죽음과 부활을 다루고 있다. 그러나 각각의 복음서는 분명한 차이가 있다. 각 저자는 예수 그리스도의 모습을 다른 관점에서 보았다.

저자	나타내는 예수님의 모습
마태	왕
마가	종
누가	사람의 아들
요한	하나님의 아들

4복음서를 모두 읽으면, 한 복음서만 읽었을 때보다 예수 그리스도의 모습을 더 깊고 자세하게 알 수 있다.

구약성경 속 예수님의 모습

구약의 예언서에서도 복음서에서 볼 수 있는 예수님의 네 가지 모습을 발견할 수 있다.

- 왕: 이사야 9:6, 7, 32:1; 예레미야 23:5; 스가랴 9:9, 14:9
- 여호와(하나님)의 종: 이사야 42:1-7, 52:13-15, 53장
- 사람의 아들: 이사야 7:14-16, 9:6
- 하나님: 이사야 9:6, 40:3-5, 47:4; 예레미야 23:6

복음서 - 신약성경의 시작

구약성경이 약속의 이야기라면, 신약성경은 그 약속의 성취를 기록했다.
복음서에서는 13권의 구약성경을 인용해서 말씀하셨다. 마태복음-32번, 마가복음-20번, 누가복음-15번, 요한복음-11번.
신약성경에서 약속이 이루어진 것을 본 사람들은 그 일이 어떻게 일어났는지 정확히 기록했다. 그들은 하나님의 약속이 우리에게 주는 중요한 의미를 기록했다.

복음서
마태복음
마가복음
누가복음
요한복음
역사서
사도행전
교회에게 보내는 바울 서신서
로마서
고린도전서
고린도후서
갈라디아서
에베소서
빌립보서
골로새서
데살로니가전서
데살로니가후서
개인에게 보내는 바울 서신서
디모데전서
디모데후서
디도서
빌레몬서
일반 서신서
히브리서
야고보서
베드로전서
베드로후서
요한1서
요한2서
요한3서
유다서
예언서
요한계시록

신약성경

복음서에 나타난 지역들

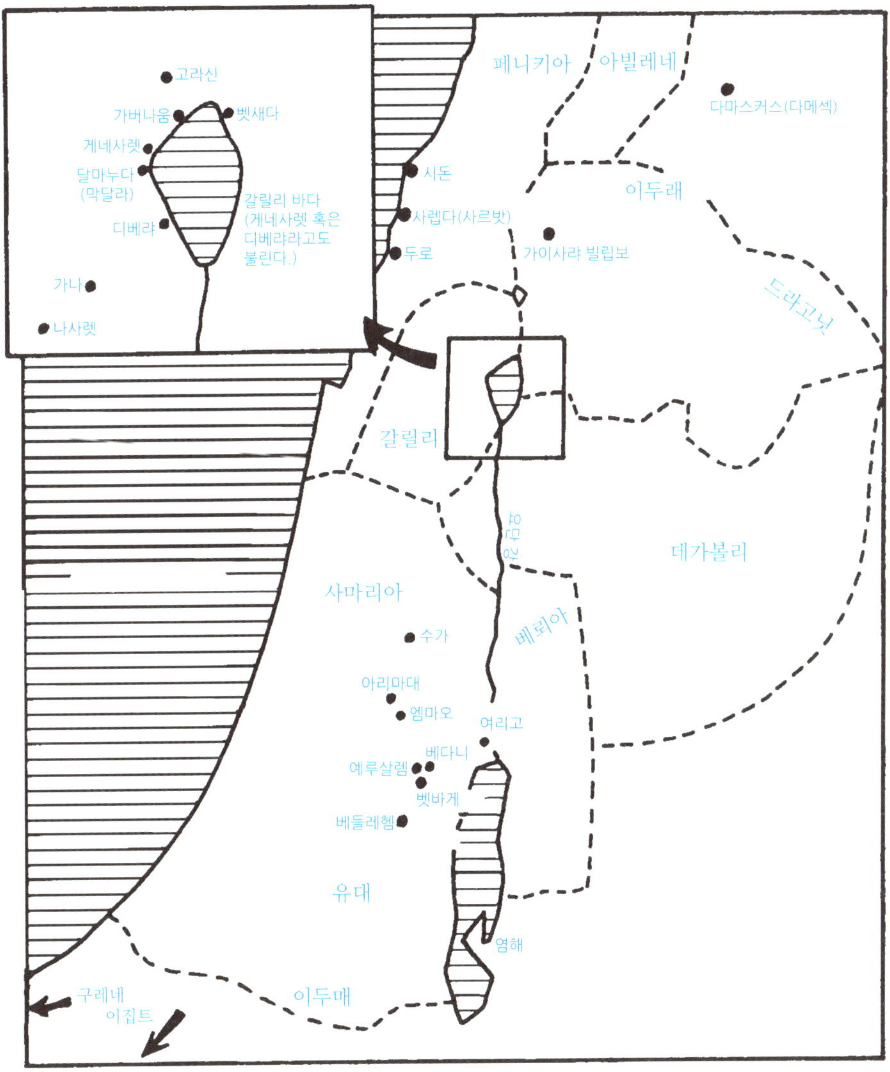

고라신
가버나움
벳새다
게네사렛
달마누다
(막달라)
갈릴리 바다
(게네사렛 혹은
디베랴라고도
불린다.)
디베랴
가나
나사렛
페니키아
아빌레네
다마스커스(다메섹)
시돈
이두래
사렙다(사르밧)
가이사랴 빌립보
두로
드라고닛
갈릴리
요단강
데가볼리
사마리아
베뢰아
수가
아리마대
엠마오
여리고
베다니
예루살렘
벳바게
베들레헴
유대
염해
구레네
이집트
이두매

갈릴리 바다

이스라엘 북쪽에 있는 큰 호수다. 오래 전부터 어부들이 이곳에서 고기를 잡았다. 예수님의 제자들 중 몇 명은 갈릴리 근처 가버나움 마을에 살던 어부였다. 갈릴리 바다는 성경에서 여러 가지 이름으로 불렸다. 긴네롯 바다, 게네사렛 호수, 디베랴 바다, 또는 단순히 바다, 호수라고도 불렸다.

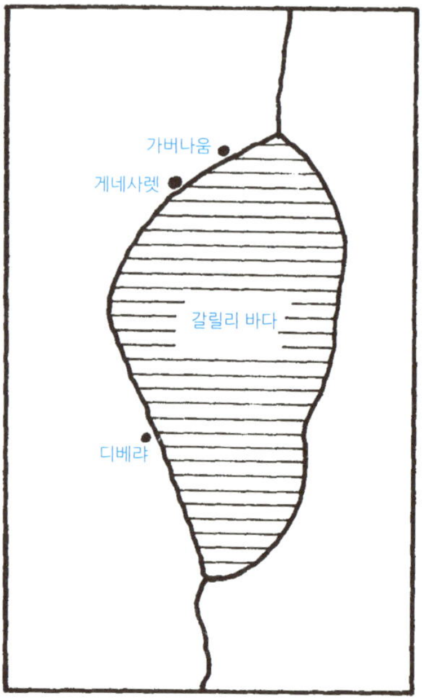

다음 구절들을 읽으면서 갈릴리 바다의 다른 이름을 찾아보자.

- 민수기 34:11
- 요한복음 6:1
- 누가복음 5:1

요단 강

요단 강은 갈릴리 바다의 북쪽에서 시작해 염해에서 끝이 난다. 강의 거리는 끝까지 직선으로 잿을 때 약 128km 밖에 되지 않지만, 매우 구불구불하고 심하게 굽이쳐 흐르기 때문에 실제 길이는 320km나 된다. 요단 강은 깨끗한 산속 시냇물에서 발원되었지만, 흘러가면서 점점 더 진흙탕이 되었다.

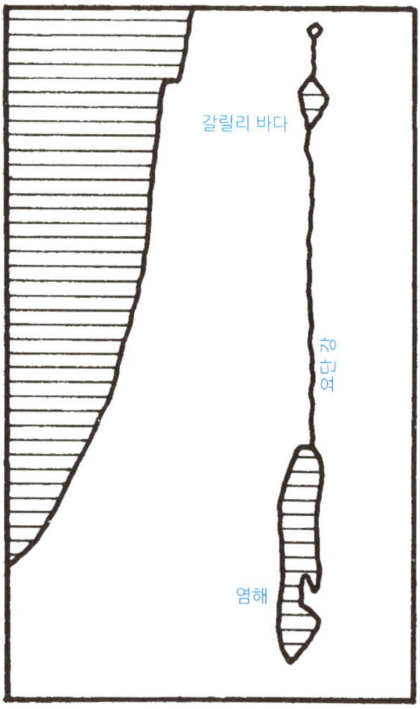

요단 강은 여호수아와 이스라엘 백성이 가로질러 건넜던 강이며(수 3장), 나아만 장군이 문둥병을 고쳤던 곳이기도 하다(왕하 5:10-14). 또한 예수님도 이곳에서 세례 요한에게 세례를 받으셨다(막 1:9).

1. 마태복음 부활하신 유대인의 왕

저자 마태. 성경에서 '레위'라고도 불린다.

개요 '마태'는 '주님의 선물'이라는 뜻이다. 마태는 로마를 위해 가버나움에서 일하던 세리였다. 마태복음은 유대인을 위해 쓴 책으로, 유대인들이 예수님에 대해 가지고 있던 질문들에 대한 대답으로 쓰여졌다. 구약성경은 하나님의 백성이 오래 전에 약속된 왕, 그들의 메시아를 기다리는 것으로 끝이 났는데, 마태복음은 예수님이 바로 그 왕임을 보여 주고 있다. 마태는 다른 복음서보다 구약성경을 더 많이 인용했다. 그는 유대인들에게 예수께서 메시아에 대한 구약의 예언들을 성취하셨음을 보여 주고 싶었던 것이다.

주요 인물 예수님, 제자들

주요 내용

□ 예수님의 탄생과 어린 시절 (마태복음 1-2장)
□ 예수님의 교훈과 치유 사역 (마태복음 3-20장)
□ 예수님의 십자가 죽음과 부활 (마태복음 21-28장)

지도

다음 장의 지도는 예수 그리스도가 살았고 사역하셨던 시기의 이스라엘을 보여 준다. 예수님이 다니셨던 지역을 찾아보자. 예수님이 각 지역에서 어떤 일을 하셨고 무슨 말씀을 하셨는지 읽어 보자.

예수님이 태어나신 베들레헴을 찾아보고, 예수님이 백부장의 하인을 고치셨던 가버나움을 찾아보자. 예수님이 제자들에게 "사람들이 나를 누구라고 하느냐?"라고 물어 보셨던 가이사랴 빌립보를 찾아보자.

마태복음 사건은 언제 일어났는가?

핵심 사건 따라가기

구약성경 마태

1-28장 구약성경에서 예언자들은 메시아를 보내시겠다는 하나님의 약속을 이야기했다. 메시아는 모든 사람들을 죄에서 구원할 것이기 때문이다. 마태복음에서 드디어 메시아가 오셨다고 선포했다. 예수 그리스도께서 오신 것이다. 이 책은 예수님의 생애와 활동에 대한 마태의 이야기다.

◆ 예수님의 탄생과 어린 시절

1-2장 마태복음의 처음 두 장은 하나님이 메시아를 보내시겠다는 약속을 어떻게 지키셨는지 말해 준다.

1장 마태는 아브라함과 야곱, 다윗, 솔로몬을 포함한 예수 그리스도의 족보를 이야기한다. 그 혈통에서 수백 년이 지난 후 예수님이 태어나셨다.

2장 한 별의 인도를 받은 박사들이 예수님의 탄생을 알고, 예수님께 경배 드리러 왔다. 헤롯 왕이 어린 예수님을 찾아서 죽이려 했기 때문에 요셉이 예수님과 마리아를 이집트(애굽)로 데리고 갔다.

◆ 예수님의 가르침과 치유 사역

3-20장 어른이 된 예수님은 하나님이 명령하신 일들을 하기 위해 여러 도시를 다녔다. 많은 사람들을 치료하셨고, 하나님에 대해 가르치셨다.

3장 예수님은 요단 강에서 세례 요한에게 세례를 받으셨다.

하나님의 아들이 세례를 받을 때, 하늘로부터 하나님의 음성이 들리면서 성령이 임했다.

4장 예수님은 광야에서 홀로 계실 때 사탄(마귀)의 유혹을 세 번 받으셨지만 사탄에게 굴복하지 않으셨다.

예수님은 광야를 떠나 갈릴리로 가셨고, 그곳에서 백성을 가르치고 병을 치료하기 시작하셨다.

5-7장 예수님이 산에 올라 말씀을 전하셨다. 수많은 무리에게 하나님을 기쁘시게 하는 삶에 대해 가르쳐 주셨다.

예수님은 기도를 가르치셨다. 어떻게 기도해야 하는지 모범을 보여 주셨는데, 그것이 '주기도문'이다.

8-9장 예수님은 많은 기적을 보이셨다. 이 기적들은 그분이 모든 것, 즉 질병, 사탄, 자연, 죽음을 능히 이기실 능력을 가지셨다는 것을 보여 주신 일이었다.

10-12장 예수님은 그분의 제자가 될 열두 사람을 부르셨고, 제자들을 특별히 가르치셨다.

예수님의 제자는 베드로, 안드레, 야고보, 요한, 빌립, 바돌로매, 도마, 마태, 야고보, 다대오, 시몬과 가룟 유다, 이렇게 열두 명이다.

13-14장 예수님은 비유를 통해 믿음을 가르치셨다.

예수님은 떡 다섯 개와 물고기 두 마리로 5,000명이 넘는 사람들을 배불리 먹이는 기적을 베푸셨다.

예수님은 바다 위를 걸으심으로써 자연을 다스리는 능력을 보여 주셨다.

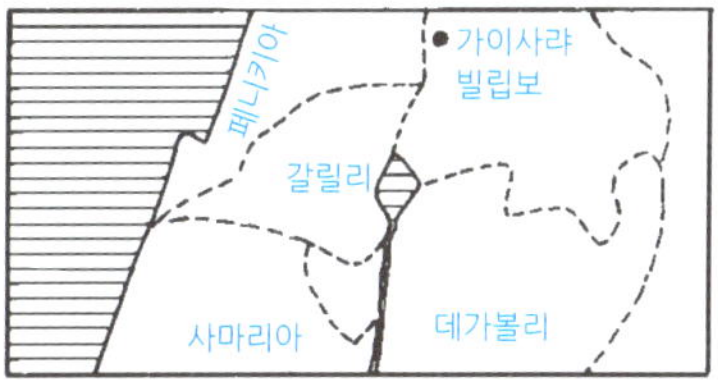

15장 갈릴리를 떠나신 예수님은 페니키아(두로와 시돈 지방)와 데가볼리, 그리고 가이사랴 빌립보 지역을 여행하셨다.

예수님은 가나안 여인의 딸을 치료해 주셨고, 작은 물고기와 빵으로 4,000명을 먹이셨다.

16-18장 예수님이 제자들에게 물으셨다. "사람들이 인자를 누구라고 하느냐?" 베드로는 "주는 그리스도시요 살아계신 하나님의 아들이십니다"라고 대답했다.

예수님과 제자들은 갈릴리로 돌아갔고, 예수님은 제자들에게 자신이 죽었다가 다시 살아날 것이라고 말씀하셨다. 그들은 예수께서 곧 죽는다는 사실에 매우 슬퍼했다.

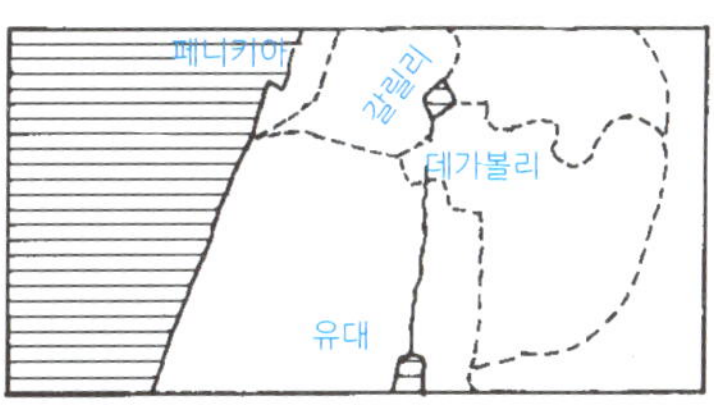

19-20장 그 뒤에 예수님과 제자들은 유대 지방으로 갔다. 예수님은 자신이 배신을 당해 십자

가에서 죽게 될 것이며, 사흘 뒤 다시 살아날 것이라고 말씀하셨다.

◆ 예수님의 십자가 죽음과 부활

21-28장 인류를 구원할 메시아를 보내겠다는 하나님의 계획에는 아무 죄가 없으신 예수님이 우리 죄를 위해 죽으셔야 한다는 뜻이 담겨 있었다. 예수님을 다시 살리신 것도, 예수님을 그리스도로 믿는 모든 사람들을 하나님의 자녀로 삼으시는 것도 모두 하나님의 계획이었다.

21-23장 백성은 예루살렘으로 들어오시는 예수님을 환영했다.

유대 지도자들은 예수님과 논쟁했다. 예수님은 가장 큰 계명이 '하나님을 사랑하는 것'이라고 말씀하셨다.

24장 예수님은 곧 제자들을 떠나실 것이기에 그들에게 장차 일어날 일들을 알려주셨다. 제자들은 항상 예수님의 다시 오심을 대비해서 준비하며 깨어 있어야 한다.

25장 예수님은 열 처녀 비유를 통해 주인의 다시 오심을 기다리는 동안 선을 행하고 하나님의 사랑을 다른 사람들에게 전해야 한다고 말씀하셨다.

26장 예수님은 제자들과 함께 유월절 음식을 드시며, 그들에게 앞으로 일어날 일들을 준비시키려 하셨다.

유월절 음식은 하나님께서 이스라엘 백성을 이집트의 노예 생활에서 어떻게 구해 내셨는지를 기억하게 한다.

예수님은 유월절 음식 중에서 '빵과 포도주'에 대한 새로운 의미를 가르쳐 주셨다. 우리는 성찬

식을 통해 예수님이 우리 죄를 위해 죽고 다시 살아나셨다는 사실을 기억해야 한다.

가룟 유다는 유대의 공회 지도자들에게 예수님을 넘겨주었다. 베드로는 두려움에 휩싸여 예수님을 모른다고 부인했다.

27장 예수님은 총독 빌라도 앞에서 채찍에 맞으셨다. 사람들은 예수님을 십자가에 못 박으라고 외쳤고, 그분은 끝내 십자가에 달리셨다. 그리고 무덤에 장사되셨다.

28장 예수님이 돌아가신 지 사흘째 되는 날, 여인들이 그분의 무덤을 찾아왔다. 무덤은 비어 있었고, 한 천사가 나타나 예수님이 다시 살아나셨다고 말해 주었다.

여인들이 제자들에게 이 소식을 전하러 달려가고 있을 때, 길에서 부활하신 예수님을 만났다. 예수님은 갈릴리에서 제자들을 만나셨다.

예수님은 제자들에게 세계 각 지역으로 가서 모든 사람들에게 하나님의 사랑과 복음을 가르치라고 명령하셨다.

예수님이 하늘에 계신 아버지께로 가셔야 할 때가 되었다. 그러나 예수님은 항상 그들과 함께 있을 것이라고 말씀하셨다.

마태복음 속 실제 흔적들

당시 이스라엘 땅은 헤롯 왕가의 지배를 받고 있었다. 많은 이들은 예수님이 '본디오 빌라도'라는 로마 총독에게 고난을 받으셨다는 것을 믿지 않았다. 가이사랴의 오래 된 극장을 발굴하던 고고학자들은 그 폐허 속에서 '본디오 빌라도'라는 이름의 기록을 발견했고, 거기에는 빌라도를 이스라엘의 총독으로 보낸 디베리우스 황제의 이름도 함께 적혀 있었다.

총독 유대 땅을 헤롯의 세 아들이 분할하여 통치하였으나, 유대 지방을 다스린 헤롯 아켈라오는 실정하여 폭동이 일어나기 직전이었다. 이에 로마는 아켈라오를 추방하고 총독을 보내 직접 통치했다. 예수님이 십자가 형을 받으실 때는 빌라도가 유대 지방의 총독이었다.

마태복음에서 만나는 예수님

하나님은 아브라함을 통해 땅의 모든 백성이 복을 받을 것이라고 약속하셨다. 예수 그리스도는 '아브라함의 자손'이며 '다윗의 자손'으로 불리셨다. 마태복음은 유대인의 왕이신 예수님을 강조했다. 유대인들이 믿고 있는 구약성경의 메시아 예언을 연결시켜 하나님이 약속하신 메시아가 예수님임을 이야기했다.

마태복음에서 예수님은 '능력의 왕'이셨다. 죄를 용서해 주셨으며, 사람들의 병을 고치셨다. 또한 귀신을 쫓아내셨으며 죽은 사람을 살리셨다. 죽음보다 더 큰 능력을 가진 분이셨다.

예수 그리스도께서 우리를 위해 하신 일을 기억하자. 그분은 우리를 위해 죽으셨고 십자가를 지셨다!

2. 마가복음 고난의 종

저자 마가

개요 마가는 바나바의 친척이다. 바울과 바나바가 함께 여행했으며 베드로와도 가까운 사이였다. 베드로는 예수님의 사역에 관한 많은 정보들을 마가에게 이야기해 주었다. 마가복음 14:51-52에 나오는 '한 청년'은 아마도 마가일 것이다.

마가는 로마인들을 위해 이 책을 썼다. 로마인은 예언의 성취보다는 예수님이 하신 일에 더 관심이 많았다. 그래서 마가복음은 예수님의 사역이 나타내는 많은 의미를 보여 주는 책이다. 복음서 중에서 가장 빠르게 사건들이 전개되며, '종'이 되신 예수님의 모습을 잘 보여 준다.

주요 인물 예수님, 제자들

주요 내용

□ 예수님, 종-사람들을 섬김 (마가복음 1-10장)
□ 예수님, 종-다른 사람을 구하기 위해 자신의 생명을 주심 (마가복음 11-16장)

마가복음 사건은 언제 일어났는가?

핵심 사건 따라가기

◆ 섬기러 오신 예수님

1-10장 마가복음의 핵심 구절은 "인자가 온 것은 섬김을 받으려 함이 아니라 도리어 섬기려 하고 자기 목숨을 많은 사람의 대속물로 주려 함이니라"(막 10:45)이다. 1-10장은 예수께서 끊임없이 다른 사람들을 섬기는 모습을 보여 준다.

1장 예수님이 요단 강에서 세례 요한에게 세례를 받으셨다. 또한 예수님은 광야로 가셔서 사탄(마귀)의 유혹을 받으셨지만, 예수님은 굴복하지 않으셨다.

2-3장 예수님이 사역을 시작하셨다. 예수님은 병든 사람을 많이 고치셨다. 그분은 열두 명의 제자를 부르시고 함께 다니시면서 예수님의 모습을 배우도록 하셨다.

4-5장 예수님은 비유를 통해서 믿음을 가르치셨다. 그분은 아픈 사람들을 치료해 주셨고, 죽은 소녀를 살리셨다.

6장 세례 요한은 헤롯 왕에게 죽임을 당했다. 예수님은 물고기 두 마리와 빵 다섯 조각으로 5,000명이 넘는 사람들을 배불리 먹이셨나. 그리고 제자들은 예수님이 물 위로 걸어오시는 모습을 보았다.

7-8장 예수님은 유대 지도자들에게 그들의 전통을 지키는 것보다 '사랑하라'는 율법에 마음을 쏟으라고 말씀하셨다. 그분은 또 다른 많은 무리를 먹이셨다.

9-10장 제자 중 세 명은 예수님이 산에서 엘리야, 모세와 함께 계신 것을 보았다. 하늘로부터 "이는 내 사랑하는 아들이요"라는 하나님의 음성이 들렸다.

이는 내 사랑하는 아들이요

예수님은 다른 사람을 섬기는 자가 참으로 위대한 사람이라고 가르치셨다. 또한 예수님은 어린 아이들을 귀히 여기시며 그들에 대한 사랑을 보여 주셨다.

◆ 그의 생명을 주러 오신 예수님

11-16장 예수님은 섬기러 오셨을 뿐 아니라 '영원한 생명을 주기 위해' 이 세상에 오셨다. 예수님은 우리가 그분과 영원히 함께 살 수 있도록 자기 생명을 주셨다. 예수님은 제자들에게 자신이 예루살렘에 갔을 때 어떤 일이 일어날 것이며, 훗날 세상에는 어떤 일이 일어날지 말씀해 주셨다.

11-12장 백성은 예루살렘으로 들어오시는 예수님을 환영했다. 예수님은 백성에게 그가 약속된 메시아임을 보여 주셨다.

13장 제자들이 예수님께 장차 앞으로 있을 일에 대해 물어 보자, 예수님은 자신이 언젠가 반드시 다시 올 것이라고 말씀하셨다.

14장 예수님은 제자들과 함께 잡수시고, 그분이 유대 지도자들에게 체포되었던 그 마당에서 기도하셨다. 유대 지도자들은 예수님이 죽어야 한다고 말했다.

15장 로마 총독은 예수님을 심문한 후, 그분에게 아무런 죄가 없음을 알았다. 그러나 백성은 예수님을 죽이라고 소리쳤고 결국 예수님은 십자가에서 죽으신 후 장사되었다.

16장 예수님의 무덤을 찾아갔던 여인들은 무덤이 비어 있는 것을 보고 놀랐다. 한 천사가 여인들에게 와서 예수께서 살아나셨다고 말해 주었다. 그리고 예수님은 제자들에게 나타나셔서 "너희는 온 천하에 다니며 만민에게 복음을 전파하라"고 명령하셨다(막 16:15).

마가복음 속 실제 흔적들

복음서에 자주 등장하며 많은 사건들의 배경이 되는 '예루살렘'은 오늘날에도 여전히 존재하는 도시다. 예루살렘에는 이제 새로운 건물들이 많이 들어서 있다.

예수님의 생애를 통해서는 예루살렘 속 중요한 장소의 위치를 정확하게 알기는 어렵다. 예를 들어, 예수님의 무덤이 있던 정확한 자리를 알 수 없다. 성경에서 말하는 예수님의 무덤은 당시에 가장 흔한 종류였기 때문이다. 예루살렘에는 굴릴 수 있는 둥근 돌로 입구를 막아 놓은 많은 무덤들이 있다. 이 돌들은 아주 크고 무거웠다. 그러니 여인들이 이 돌을 옮기는 데 누군가의 도움이 필요했던 것은 너무나 당연한 일이다.

마가복음에서 만나는 예수님

마가복음에서 예수 그리스도는 '종'으로 그려진다. 예수님은 종처럼 바쁘게 다니며 섬기셨다. 그분은 우리가 죄와 사망에서 벗어나도록 자신의 생명을 주셨다. 예수님은 행하신 모든 일 속에서 하나님 아버지께 순종하셨다.

3. 누가복음 참 인간이신 예수

저자 누가

개요 누가는 '데오빌로'라는 사람과 그리스 문화에 젖은 사람들을 대상으로 이 책을 기록했다. 그는 의사라는 직업을 가진 사람답게 예수께서 하신 일을 상세하고 밀도 있게 다루었다. 누가는 예수님을 '인자'라고 불렀으며, 누가복음과 사도행전을 기록했다.

주요 인물 예수님, 제자들

주요 내용

□ 인자이신 예수님, 소개 (누가복음 1-4:13)
□ 인자이신 예수님, 모든 것 위에 뛰어나신 능력 (누가복음 4:14-9:50)
□ 인자이신 예수님, 제자들을 가르침 (누가복음 9:51-19:27)
□ 인자이신 예수님, 고난과 죽음 (누가복음 19:28-23:56)
□ 인자이신 예수님, 영원히 다시 사심 (누가복음 24장)

누가복음 사건은 언제 일어났는가?

핵심 사건 따라가기

1-24장 의사였던 누가는 예수님의 생애에 대해 다양하고 많은 부분을 보여 준다. 우리는 누가복음을 통해 예수님의 탄생과 어린 시절에 대해 자세히 알 수 있다. 다른 복음서의 저자들과 마찬가지로 누가 역시 예수님의 사역과 죽음, 부활을 이야기한다.

1-4장 하나님은 사람들이 예수님을 맞이하도록 준비시키기 위해 미리 세례 요한을 보내셨다. 예수님은 베들레헴에서 나시고 나사렛에서 성장하셨다. 그리고 본격적인 사역을 시작하기 전에, 세례를 받으러 요한에게 가셨다. 하나님은 예수님께 "너는 내 사랑하는 아들이라 내가 너를 기뻐하노라"(눅 3:22)고 말씀하셨다.

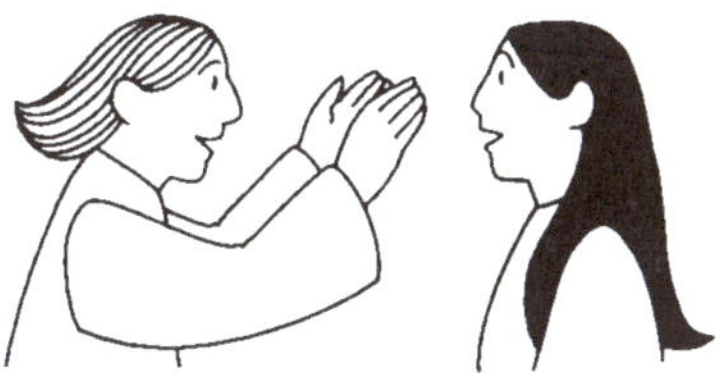

1장 한 천사가 예수님의 사촌인 요한의 탄생을 예언했다. 얼마 후 한 천사가 나타나 마리아에게 그녀의 몸을 통해 예수님이 태어나실 것이라고 알려 주었다.

2장 예수님은 베들레헴에서 태어나셨다. 소년 시절에는 성전에서 랍비(당시의 교사, 스승)들과 대화를 나누었는데, 그들은 모두 예수님의 지혜와 통찰력에 놀랐다.

3장 요한은 사람들에게 세례를 베풀며 회개하라고 외쳤다. 예수님은 사역을 시작하기 전에 요한에게 가서 세례를 받으셨다.

4장 1-3절은 예수님이 광야에서 마귀의 유혹을 받으셨던 이야기이다. 예수님은 유혹에 넘어지지 않으셨으며, 마귀가 원하는 일을 하지 않으셨다.

◆ 모든 것 위에 뛰어나신 능력의 예수님

4-9장 예수님은 광야에서 지내신 후에, 사람들을 가르치고 병 고치는 일을 시작하셨다. 그리고 열두 제자를 모으셨다. 계속해서 예수님은 귀신을 쫓아내고, 죽은 자를 살리시며, 자연을 다스리고 이기는 능력을 보여 주셨다.

4-6장 예수님은 사람들에게 자신이 누구인지 말씀하시고, 제자들을 모으기 시작하셨다. 그분은 귀신과 질병을 이기는 능력을 갖고 계셨다.

예수님은 사람들에게 '기뻐해야 하는 이유'들과 사랑 안에서 어떻게 살고 행해야 하는지를 가르쳐 주셨다.

7-9장 예수님은 많은 것을 가르치시고 병든 자들을 고치셨다.

예수님은 죄를 지은 사람에게도 사랑을 보여 주시며, 자신이 누구인지, 지금 무엇을 하려는지 말씀하셨다.

◆ 제자들을 가르치시는 예수님

10-19장 예수님은 제자들에게 하나님의 사랑을 가르치셨고, 그 사랑을 다른 사람들에게 어떻게 나누어야 하는지를 알려주셨다.

예수님은 사람들에게 여러 가지 비유를 들어 하나님의 사랑을 가르치셨다. 그러나 여러 종교 지도자들은 예수님이 하나님의 아들임을 믿지 않았다.

예수님은 사람들이 하나님을 기쁘시게 해 드리는 삶을 살아가도록 말씀을 가르치셨다. 예수님은 그들의 죄를 용서하시고 구원을 주고 싶어 하시는 하나님의 마음을 계속해서 전하셨다.

◆ 예수님의 죽음과 부활

19-24장 공회의 지도자들은 예수님을 죽이고 싶어 했다. 예수님은 제자들과 작별 인사를 하신 후 체포되셨고, 공회에서 고난 받으셨다. 공회 지도자들은 예수님을 십자가에 못 박으라고 총독에게 요구했고, 결국 예수님은 십자가에서 죽으셨다. 그리고 사흘 뒤 다시 살아나셨다. (공회: 산헤드린 공의회. 유대인 최고의 자치 기관으로 서기관, 바리새파 사람 등 유대 지도자 70명으로 구성되었다. 백성의 종교생활과 일상생활을 재판했으나 사형은 집행할 수 없었다.)

19-22장 사람들은 예루살렘으로 들어오시는 예수님을 환영했다.

예수님은 제자들과 최후의 만찬을 함께하셨다.

예수님과 제자들이 기도하러 겟세마네 언덕에 올라갔다. 유대 지도자들이 예수님을 잡으러 찾아왔다.

23장 예수님은 아무런 죄가 없으셨지만, 군중은 그분의 죽음을 원했다. 예수님은 십자가에서 죽으시고 무덤에 장사되었다.

24장 예수님과 가까이 지냈던 사람들은 그분의 무덤이 빈 것을 발견했다. 천사들은 예수님이 살아나셨다고 말해 주었다. 그러자 그들은 예수님이 미리 자신의 죽음에 대해 말씀하셨던 것을 기억해 냈다.

예수님은 빈 무덤을 발견한 두 사람에게 자신이 죽으셨던 이유를 말씀하셨다. 그리고 승천하시기 전에 제자들에게 특별한 사명을 맡기셨다.

누가복음 속 실제 흔적들

요셉과 마리아는 나사렛에서 살았다. 갈릴리 지방에서 살던 이들이 왜 유대 지방의 베들레헴까지 와서 호적정리를 했을까?

고고학자들은 로마인들이 당시 로마 제국에 살고 있는 사람들의 수를 조사했다는 기록을 발견했다. 로마인들은 인구수를 정확하게 세기 위해 각자 태어난 곳으로 돌려보냈던 것이다. 요셉의 가족은 베들레헴이 고향이었기에 예수님이 태어날 무렵 나사렛에서 베들레헴으로 떠났다. 구약성경이 예언한 대로 예수님이 베들레헴에서 태어나셨다.

누가복음에서 만나는 예수님

누가는 예수 그리스도를 '인자(사람의 아들)'로 그리고 있다. 누가의 기록들은 예수님이 하나님인 동시에 사람이었음을 보여 준다. 그분은 우리와 똑같이 태어나셨고 성장하셨으며 죽으셨다. 예수님은 우리와 마찬가지로 엄청난 유혹과 고통으로 괴로움을 당하셨다. 그래서 예수님은 인간이 어떤 존재인지를 잘 아신다. 그런 예수님이야말로 모든 고난과 고통 앞에서 우리를 도울 수 있는 유일한 분이시다.

어떤 사람들은
이곳이 성경에서 '골고다' 또는 '갈보리'라고 부르는 곳으로 생각한다.
갈보리는 예수님이 십자가에 못 박히셨던 언덕이다.

이 빈 무덤은 언덕을 잘라낸 곳이다.
이 무덤은 위의 사진에 보이는 장소 근처 동산에 있다.

이것은 신약시대 예루살렘에 있었던 성전의 모델이다.

예루살렘을 발굴하는 고고학자들은
성경 시대 예루살렘의 모습을 찾아내는 데 실마리가 될 만한 많은 증거들을 발견하고 있다.

오늘날 갈릴리 바다의 어부들은 성경 시대에서처럼
여전히 그물로 물고기를 잡는다.

요단 강은 이스라엘에서 가장 길고 중요한 강이다.
이곳은 갈릴리 바다에서 요단 강이 시작되는 곳이다.

여리고는 오아시스, 즉 사막 가운데 푸른 지역으로서
샘물이 땅에서 솟아나온다. 마가복음 10:46-52을 읽어 보자.

이곳은 예수님이 잡히시기 바로 직전에 기도하셨던 겟세마네 동산이다.
마가복음 14:32-50을 읽어 보자.

무덤

당시에는 무덤을 막아 놓기 위해 입구에 커다란 돌을 세웠다. 사진에서 둥근 돌을 굴리기 위한 통로를 찾아보자.

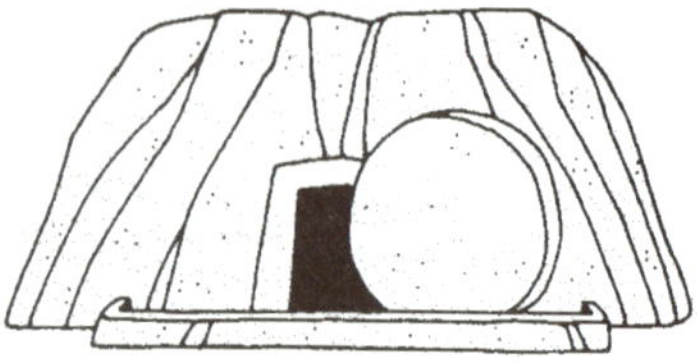

우리는 예수님이 묻히셨던 무덤을 알 수 없다. 비슷한 무덤이 많기 때문이다. 그러나 우리는 예수님이 더 이상 무덤에 계시지 않는다는 사실을 확실히 안다. 그분은 부활하셨다! 요한복음 20:1-16, 고린도전서 15:3-5을 읽어 보자.

헤롯 성전

① 이방인의 뜰
② 여인들의 뜰
③ 아름다운 문
④ 솔로몬 행각
⑤ 안토니오 요새

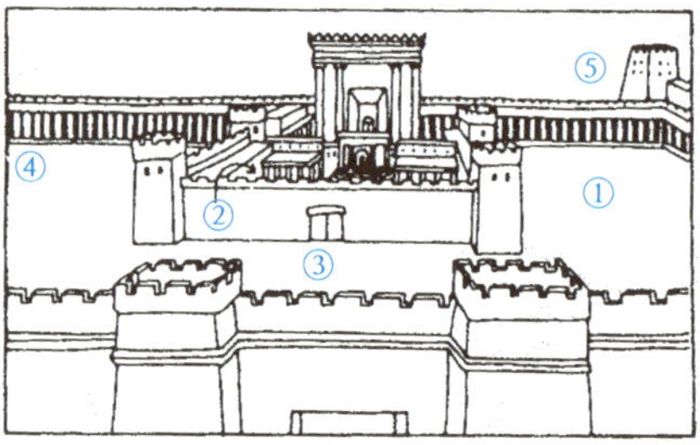

오늘날의 예루살렘

Ⓐ 성경 시대에 성전이 있던 곳 (오늘날에 이곳은 무슬림의 예배 장소가 되었다)
Ⓑ 황금문: 묻혀 버린 문으로, 예수님이 나귀를 타고 지나가셨던 문
Ⓒ 기드론 골짜기
Ⓓ 감람산
Ⓔ 겟세마네 동산
Ⓕ 골고다일 가능성이 있는 두 곳
Ⓖ 실로암
Ⓗ 고고학자들이 발굴하고 있는 지역

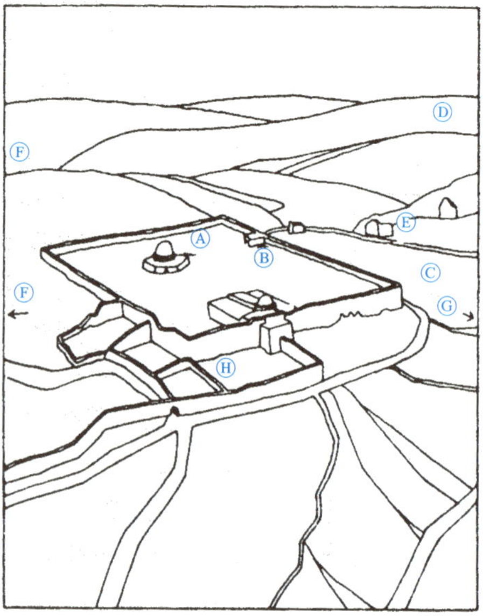

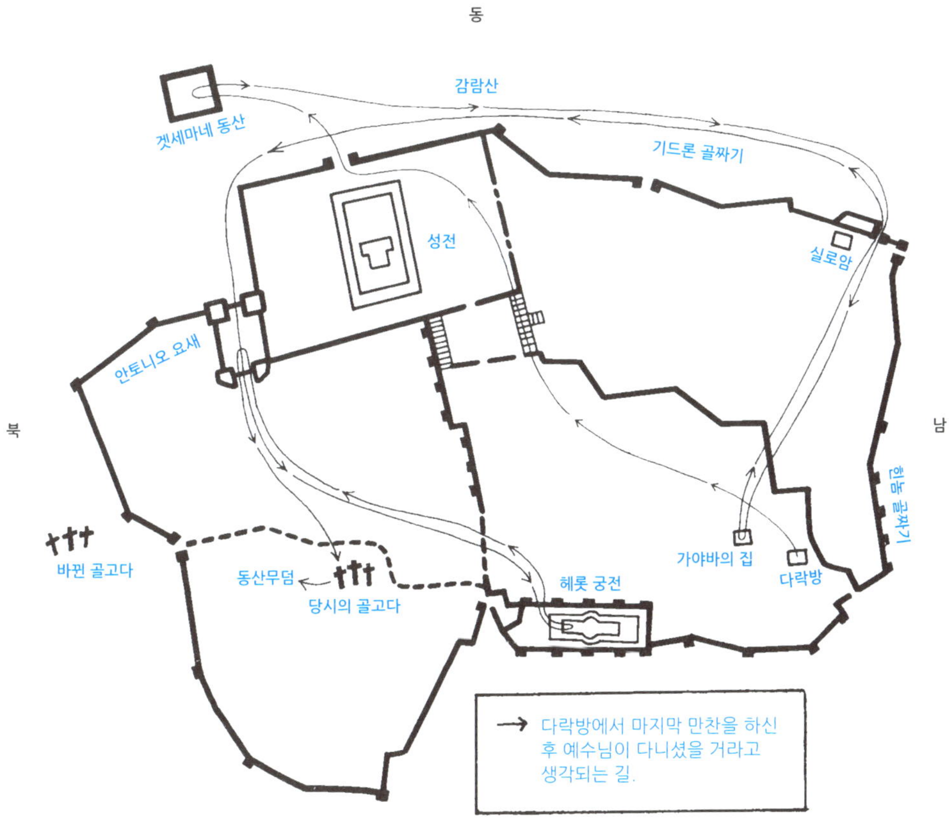

신약시대의 예루살렘

마지막으로, 이 사건들이 일어난 장소들을 찾아보자.

1. 사람들은 예수님을 환영했다. 마태복음 21:9-11
2. 예수께서 가르치셨다. 마가복음 11:17-19
3. 베드로와 요한이 유월절을 준비했다. 누가복음 22:8-13
4. 예수께서 기도하셨다. 마태복음 26:36
5. 예수께서 체포되셨다. 마태복음 26:36, 47-50
6. 예수께서 대제사장에게로 보내졌다. 마태복음 26:57, 58
7. 예수께서 처형당하셨다. 요한복음 19:17, 18
8. 예수께서 장사되셨다. 요한복음 19:40-42
9. 예수께서 다시 살아나셨다. 마가복음 16:5-8

4. 요한복음 참 하나님이신 예수

저자 요한

개요 열두 제자 중 한 사람으로서 '예수께서 사랑하신 제자'(요 21:20)라고 불렸다. 그는 예수님이 하신 일들을 보았고, 아주 잘 알고 있었다(요 21:24). 요한복음은 예수님이 유대 지방에서 행하신 일들을 많이 기록했다. 요한은 하나님의 아들이신 예수님을 강조했기에 기적을 많이 기록했다.
"오직 이것을 기록함은 너희로 예수께서 하나님의 아들 그리스도이심을 믿게 하려 함이요 또 너희로 믿고 그 이름을 힘입어 생명을 얻게 하려 함이니라"(요 20:31).

주요 인물 예수님, 제자들

주요 내용

☐ 하나님의 아들 예수님의 병 고침과 가르치는 사역 (요한복음 1:1-12)

☐ 하나님의 아들 예수님의 죽음과 부활 (요한복음 13-21장)

요한복음 사건은 언제 일어났는가?

핵심 사건 따라가기

◆ 세상에 오신 하나님의 아들

1장 요한은 복음서를 시작하며 예수 그리스도가 태초부터 계신 분이었음을 밝힌다. 예수님은 모든 것의 창조자이시고 영원하시며, 시작도 없고 끝도 없는 분이시다. 성자 하나님은 성부 하나님 그리고 성령 하나님과 함께 처음부터 계셨다. 하나님은 세 가지 특별한 방법으로 존재하는, 즉 성부 하나님, 성자 하나님(예수님) 그리고 성령 하나님으로 계시는 '한 분'이시다. 예수님은 하나님이 인간의 몸을 입고 태어나신 분이지만, 그분은 여전히 하나님이시다.

요한은 마태와 누가처럼 예수님의 탄생을 자세히 다루지 않았다. 요한은 하나님의 아들인 예수님이 인간의 몸을 입고 이 세상에 오셨다는 사실을 분명히 하며 강조했다. 더불어 예수님이 사역을 시작하셨을 때(약 30세쯤)의 사람들의 반응을 보여 주고 있다. 예수님이 세상에 오셨을 때, 어떤 사람들은 그를 믿었고 또 어떤 사람들은 믿지 않았다. "영접하는 자 곧 그 이름을 믿는 자들에게는 하나님의 자녀가 되는 권세를 주셨으니"(요 1:12). 요한은 사람들이 예수님을 믿을 수 있게 도우려고 복음서를 썼다.

세례 요한은 예수님의 길을 준비했다. 그는 사람들에게 죄를 회개하라고 외쳤다.

세례 요한이 설교를 시작하자 어떤 사람들은 그가 약속한 메시아라고 말했다. 그러나 요한은 "아니오. 나는 그리스도(메시아)가 아닙니다!"라고 말했다.

세례 요한은 예수님이 약속된 메시아라고 생각했다. 그는 "보라 세상 죄를 지고 가는 하나님의 어린양이로다"(요 1:29)라고 말했다.

어린 양이 죄사함을 위한 희생 제물로 사용되었던 것처럼, 예수님은 인간의 죄를 대신하여 '완전하고 흠없는 희생 제물'이 되기 위해 이 땅에 오셨다.

수백 년 전 이사야는 예수님을 하나님의 어린양으로 설명했다(이사야 53장을 보자).

세례 요한은 이사야가 말했던 것처럼 예수님을 하나님의 어린양으로 소개했다. 예수님은 세례 요한에게 찾아가 세례를 베풀어 달라고 부탁하셨다.

성령 하나님이 비둘기처럼 내려와 예수님께 머물렀다. 그제야 비로소 세례 요한은 예수님이 누구인지를 알게 되었다.

"내가 보고 그가 하나님의 아들이심을 증언하였노라"(요 1:34).

이 복음서의 저자인 요한은 세례 요한의 제자였다. 그는 아마 요한복음 1:35에서 이야기하고 있는 두 제자 중 한 사람일 것이다.

요한은 자신과 또 다른 몇 명의 사람들이 어떻게 예수님을 믿고 따르게 되었는지를 말하고 있다.

◆ 예수님의 병 고침과 가르침의 사역

2-12장 예수님은 자신이 하나님의 아들임을 증명하는 많은 것을 보여주시고 또 행하셨다. 그러나 어떤 사람들은 예수님을 믿었고 어떤 사람들은 믿지 않았다.

2장 예수님은 많은 기적을 행하셨다. 예수님은 오직 하나님만이 하실 수 있는 일을 하셨다. 그분은 또한 성전을 예배하는 곳이라 말씀하시며 장사하며 더럽히는 사람들을 쫓아내셨다.

3장 바리새인 니고데모가 예수님과 이야기를 하려고 찾아오사, 예수님은 사람의 거듭남에 대하여 강조하셨다.

예수님이 니고데모에게 자신을 믿어야만 영생을 얻을 거라고 말씀하실 때, 모세가 장대에 놋뱀을 매달았던 그 사건을 인용하셨다. 놋뱀을 바

라보았던 사람들은 뱀에게 물린 상처가 다 나았다(민수기 21:9을 보자).

자기를 위해 예수님이 죽으셨다는 것을 믿는 사람들을 구원하시려고 예수님은 세상에 오셨다. 예수님을 믿는 사람은 영생을 얻는다(요 3:16).

4장 예수님은 죄인으로 멸시당하는 한 여인과 이야기하시며, 하나님의 사랑이 모든 사람들을 위한 것임을 보여 주셨다. 그 여인은 예수님이 메시아임을 깨달았다.

한 사람이 예수님께 집에 와서 아들을 고쳐 달라고 청하자, 예수님은 그 집에 가지도 않고 그를 고치셨다.

5장 예수님은 38년 동안 앉은뱅이였던 한 병자를 고치셨다. 유대 지도자들은 예수님이 안식일에 사역하신 것을 비난했다.

6-10장 예수님의 가르침을 듣고 병 고침을 받기 위해 5,000명이 넘는 사람들이 모여 들었다. 예수님은 한 소년의 도시락인 물고기 두 마리와 떡 다섯 개로 모인 사람들을 배불리 먹이셨다.

어느 날 밤, 예수님의 제자들은 갈릴리 바다에서 풍랑을 만나 겁에 질렸다. 그때 예수님은 물 위로 걸어오셨고 예수님이 명하시자 풍랑은 잔잔해졌다.

예수님은 자신이 누구이며, 누가 보내셨는지를 사람들에게 가르치셨다. 이에 많은 종교 지도자들이 화가 났고, 예수님은 눈엣가시가 되었다. 그들은 예수님이 하나님의 아들이며 메시아라는 것을 믿지 않았다.

11-12장 예수님은 죽은 나사로를 살리셨다. 그리고 자기를 믿는 사람들은 영원히 살게 될 것이라고 말씀하셨다.

◆ 예수님의 죽음과 부활

13-21장 예수님은 자기의 죽음이 사람들의 죄를 사하기 위해 하나님이 허락하시고 계획하신 일임을 알고 계셨다. 그래서 기꺼이 고난과 수치를 당하시고, 십자가에서 돌아가셨다. 예수님은 부활하신 후에 제자들에게 그리스도를 구주로 영접하고 구원을 얻으라는 복된 소식을 온 세상에 전파하라고 말씀하셨다.

13-16장 예수님은 제자들에게 서로 사랑하며 섬기라고 가르치셨다. 그분은 "너희가 나를 사랑하면 나의 계명을 지키리라"(요 14:15)고 말씀하셨다.

예수님은 제자들에게 자신이 죽게 될 것과 다시 살아날 것을 말씀하셨다. 그리고 제자들과 함께 최후의 만찬을 드셨다.

17장 예수님은 하나님 아버지께 자신의 백성을 지켜 달라고 기도하셨다.

18-19장 예수님은 체포되어 빌라도 총독에게 고난당하셨다. 빌라도는 예수님이 아무 죄가 없다는 것을 알았지만, 백성의 요구에 결국 예수님을 십자가형에 처했다.

20장 예수님을 끝까지 따랐던 사람들은 예수님의 무덤이 비어 있는 것을 보고 깜짝 놀랐다. 예수님은 다시 살아나셨다는 것을 보여 주기 위해 친히 그 사람들 앞에 나타나셨다.

21장 예수님의 제자들은 바닷가에서 고기를 잡다가 다시 살아나신 예수님을 만났다. 예수님은 베드로에게 복음을 전하라고 말씀하셨다.

요한복음에서 만나는 예수님

요한은 예수님을 '하나님의 아들'로 그리고 있다. 예수님은 사람이면서 동시에 하나님이셨다. 요한복음에서는 7명이 예수님을 하나님 또는 하나님의 아들이라고 이야기하고 있다.

- 세례 요한: 이분이 하나님의 아들이다(요한복음 1:34).
- 나다나엘: (예수님께) 당신은 하나님의 아들이십니다(요한복음 1:49).
- 베드로: (예수님께) 주님은 하나님의 거룩한 아들이십니다(요한복음 6:69).
- 마르다: (예수님께) 주는 그리스도시며 하나님의 아들이십니다(요한복음 11:27).
- 도마: (예수님께) 나의 주님이시며 나의 하나님이십니다(요한복음 20:28).
- 사도 요한: 예수님은 하나님의 아들 그리스도입니다(요한복음 20:31).
- 예수님 자신: 나는 하나님의 아들이다(요한복음 10:36).

5. 사도행전 성령과 더불어

저자 누가

개요 이 책을 행전 또는 사도행전이라고 부르는데, 그것은 이 책이 사도들을 통해 이루어지는 성령님의 사역을 보여 주기 때문이다. 사도행전은 성령께서 오셨을 때부터 바울이 로마 감옥에 갇힐 때까지를 다루고 있다. 누가는 바울과 함께 있었음을 보여 주기 위해 '우리가' 혹은 '우리에게'라는 단어를 사용하고 있다. 그가 누가복음을 통해 그리스도께서 이 땅에서 시작하신 일을 보여 주었다면, 사도행전에서는 그리스도께서 성령을 통해 하신 일들을 보여 준다.

주요 인물

☐ 1-12장: 베드로, 스데반, 빌립, 바나바, 야고보

☐ 13-28장: 바울, 바나바, 실라

핵심 구절 오직 성령이 너희에게 임하시면 너희가 권능을 받고 예루살렘과 온 유대와 사마리아와 땅 끝까지 이르러 내 증인이 되리라 하시니라(사도행전 1:8).

주요 내용 복음 전파

☐ 예루살렘에서 (사도행전 1-7장)

☐ 유대와 사마리아에서 (사도행전 8-12장)

☐ 온 세상에서 (사도행전 13-28장)

지도

누가는 바울과 함께 다니던 로마에서 사도행전을 기록했다. 바울의 세 차례에 걸친 선교 여행과 로마 여행을 기록한 것이다. 다음 장의 지도에서 로마를 찾아보자. 바울이 네 번의 여행을 하며 지나간 도시들을 짚어보면서, 이곳에서 어떤 일들을 했고 어떤 말을 전했는지도 살펴보자.

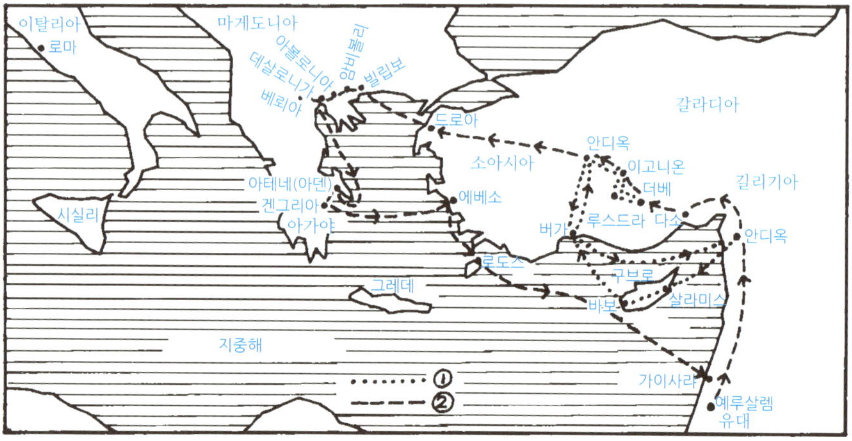

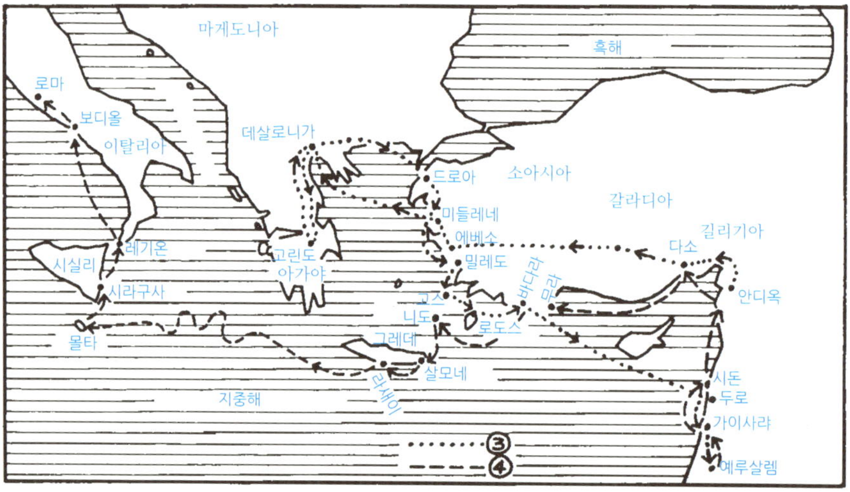

① 바울의 제1차 선교 여행: 사도행전 13:1-14:28

② 바울의 제2차 선교 여행: 사도행전 15:36-18:22

③ 바울의 제3차 선교 여행: 사도행전 18:23-21:26

④ 바울의 로마 여행: 사도행전 21:27-28:31

사도행전 사건은 언제 일어났는가?

핵심 사건 따라가기

1-28장 이 책의 저자인 누가는 그의 첫 번째 책인 누가복음이 끝난 부분부터 사도행전을 시작한다. 누가복음은 예수께서 부활하신 후에 하늘로 올라가신 것으로 끝이 났다. 이것이 사도행전의 첫 장면이다(누가복음 24:49-51, 사도행전 1:10-11을 보자).

이 책은 전체적으로 예수께서 사도행전 1:8에서 말씀하신 것을 따르고 있다. 사도행전은 세 부분으로 나뉜다. (1) 교회가 예루살렘에서 시작되었다. (2) 그 활동이 유대와 사마리아로 전해졌다. (3) 이것이 전 세계로 퍼졌다.

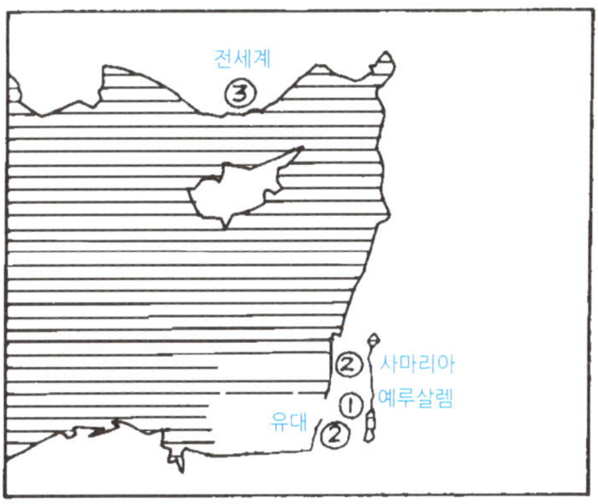

◆ 예루살렘에 전파되는 복음

1-7장 예수께서 승천하신 후, 약속대로 성령이 오셨다. 예수님은 제자들에게 복음을 전할 능력을 주셨다. 예수님의 제자들은 먼저 예루살렘에서 복음을 전파했다.

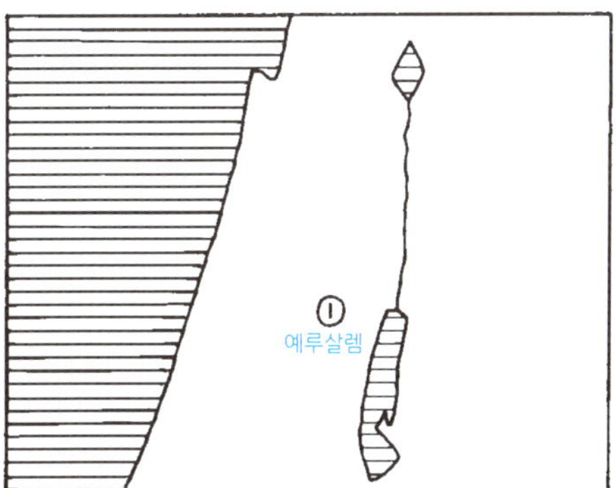

1장 예수님이 부활하신 지 40일이 지났고, 이제 하나님 아버지께로 돌아가셔야 할 때가 되었다.

예수님은 제자들에게 예루살렘에서 약속된 성령을 기다리라고 말씀하셨다.

예수님은 제자들에게 복음을 전파하기 위해 성령의 능력을 받게 될 것이라고 말씀하셨다.

그리고 예수님은 승천하셨다. 두 천사가 제자들에게 나타나 예수님이 어느 날엔가, 승천하실 때 모습 그대로 세상에 다시 오실 것이라고 말했다.

예수님을 끝까지 따랐던 사람들과 제자들은 예루살렘에 모여서 함께 기도했다. 그들은 가룟 유다의 자리를 채울 한 명의 제자를 뽑았다.

2장 오순절에, 성령이 예루살렘에 모여 있던 제자들을 찾아 오셨다.

성령께서는 성도들이 서로 다른 여러 나라 말, 즉 방언을 하게 하셨다.

여러 다양한 지역에서 온 사람들이 하나님의 말씀을 각기 자기 나라 말로 들을 수 있어서 무척 놀랐다.

훗날 베드로는 수천 명의 사람들에게 "예수님은 메시아시다. 회개하라. 죄에서 돌이키라. 예수의 이름으로 세례를 받으라"고 설교했다.

3,000명이 예수님을 약속된 메시아로 믿었다. 성도들은 함께 모여 음식을 먹고 교제하며 기도하고 하나님의 말씀을 들었다.

3-5장 베드로는 예수 그리스도의 이름으로 앉은뱅이를 고쳤다. 그리고 많은 사람들에게 복음을 전파했고, 이를 통해 예수님을 믿는 사람들이 약 5,000명이나 되었다.

유대 공회의 사람들은 베드로와 요한에게 복음을 전하지 말라고 명령했지만, 그들은 포기하지 않고 설교했다.

공회는 베드로와 요한을 옥에 가두었는데, 하나님의 천사가 나타나 그들을 감옥에서 풀어 주었다. 그들은 계속해서 성령의 능력으로 복음을 전파했다.

6-7장 가난한 사람들을 돌보기 위해 7명의 집사가 뽑혔다. 그중 스데반 집사는 많은 기적을 행하며 예수 그리스도와 복음을 전파했다.

스데반의 원수들은 그를 유대 공회 앞으로 끌고 갔고 거기에 모인 거짓 증인들이 그에 대해 거짓 증언을 했다.

스데반은 유대 공회에서도 예수님을 전파했고, 화가 난 사람들은 스데반을 돌로 쳐 죽였다.

◆ 유대와 사마리아에 전파되는 복음

8-12장 사도행전 1:8에서 예수님은 예루살렘을 넘어 유대와 사마리아와 땅 끝까지 복음을 전파하라고 말씀하셨다. 믿는 자들은 박해를 받아 다른 지역으로 쫓겨날 때까지 예루살렘에서 계속 전도했다. 8-12장은 유대와 사마리아에서 어떻게 복음을 전파했는지 이야기한다.

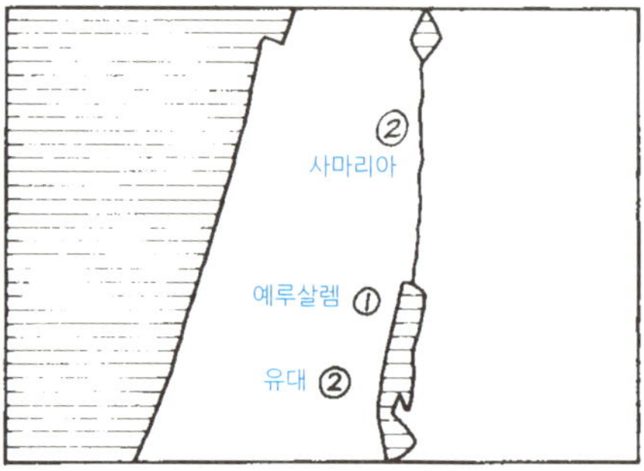

8장 유대 종교 지도자였던 사울은 스데반이 죽는 것을 지켜보며, 예수님을 따르는 자들을 모두 죽이기로 마음먹었다.

사울은 예수님을 믿는 사람들을 잡아 옥에 가두었다. 많은 성도들이 예루살렘을 떠나 다른 지방으로 도망갔다.

사마리아에서 한 마술사가 사도들의 능력을 사려고 했으나, 베드로는 그에게 죄를 회개하고 하나님의 용서를 구해야 한다고 말했다.

빌립은 에티오피아 내시가 예수님을 믿도록 구약성경의 이사야서를 설명해 주었다.

9장 사울이 다메섹으로 가고 있을 때 예수님이 그의 눈을 멀게 하셨다. 예수님은 사울에게 말씀하시고, 그가 할 일을 이야기해 주셨다.

아나니아는 사울에게 안수하여 눈을 뜨게 했고, 사울에게 예수님에 대해 가르쳐 주었다. 사울은 예수님을 따르는 자가 되었다.

사울은 다메섹에 있는 유내인 회당(예배를 드리는 곳)에서 '예수님은 하나님의 아들'임을 강조하며 설교했고, 사울의 설교를 들은 백성은 무척 놀랐다.

유대인 지도자들이 사울을 죽일 음모를 꾸미자, 성도들은 사울이 다메섹 성벽을 넘어 도망갈 수 있도록 도와주었다. 그들은 사울을 바구니에 담아 성벽 밖으로 내려주었다.

사울이 예루살렘에 가서 제자들과 사귀고자 하나 그들은 사울을 무척 두려워했다. 그러자 바나바가 사울이 다메섹으로 가다가 예수님을 만나고 영접한 일을 이야기해 주었다.

사울은 예루살렘에서 예수님을 담대히 전파했다. 사울의 원수들은 그를 죽이려고 계획했지만 예루살렘에 있는 성도들이 그가 다소로 도망가도록 도와주었다.

하나님은 베드로를 룻다로 보내 그곳에서 예수님을 전하도록 하셨다. 베드로가 예수님의 이름으로 중풍병자를 고치는 기적을 행하자, 많은 사람들이 예수님을 믿었다.

욥바에 노인과 과부를 위해 옷을 지어주고, 선행을 많이 베푼 다비다라는 여인이 있었다. 그녀가 죽자 베드로는 기도하여 다비다를 살렸고, 이를 통해 욥바의 많은 사람들이 예수님을 믿게 되었다.

10장 하나님은 베드로에게 복음은 모든 사람, 즉 유대인이나 이방인 모두를 위한 것이라는 환상을 보여 주셨다.

다음 날 베드로는 로마 군인과 그 집에 있는 사람들에게 예수님을 전했고, 이들은 모두 예수님을 믿었다.

11장 바나바는 안디옥에 있는 새로운 교회를 인도하기 위해 파송되었고 교회는 점차 성장했다. 안디옥 사람들은 유대에 있는 가난한 그리스도인들을 돕기 위해 헌금을 보냈다.

12장 헤롯 왕이 야고보를 죽이고 베드로를 옥에 가두자, 성도들은 베드로를 위해 간절히 기도했다.

하나님이 보내신 한 천사가 나타나 베드로를 감옥에서 풀어 주었다.

감옥에서 나온 베드로는 성도들이 기도하는 곳에 찾아갔고, 그들은 하나님께서 기도에 어떻게 응답하셨는지를 직접 보고 매우 놀랐다.

◆ 온 세상에 전파되는 복음

13-28장 복음은 아주 짧은 기간 동안에 유대 민족의 중심지인 예루살렘에서 세계 제국의 중심지인 로마까지 확산되었다.

예루살렘에는 베드로를 지도자로 한 첫 교회가 세워졌다(행 12장). 바울(사울)은 안디옥 교회를 세웠다(행 13-28장). 바울은 세 차례에 걸쳐 선교 여행을 다녔는데 그 시작점이 안디옥이다.

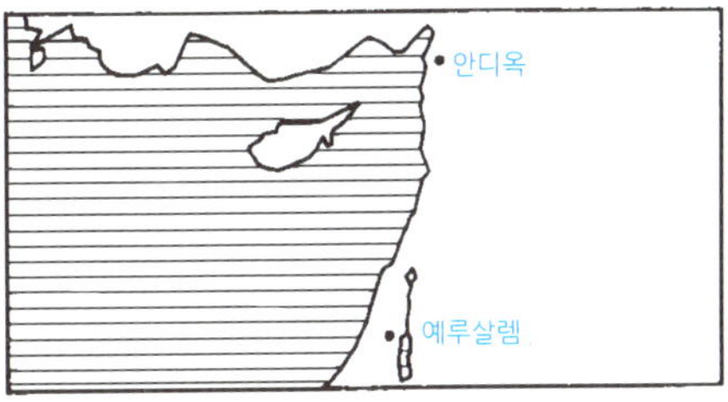

13-14장 바울의 제1차 신교 여행 - 안디옥 교회에서 기도회를 하던 중, 성령께서 성도들에게 특별한 말씀을 주셨다. 성령께서는 그들에게 바울과 바나바를 보내어 다른 여러 나라에 복음을 전파하라고 말씀하셨다. 안디옥 교회는 성령의 말씀에 순종했고 그대로 행했다.

바울과 바나바는 많은 도시들을 다니며 사람들이 예수님을 믿고 또 사랑할 수 있도록 도와주었다.

루스드라에서 바울이 한 앉은뱅이를 고쳐 주자, 사람들은 바울과 바나바가 신이라고 생각했다. 유대인들은 바울이 거짓말을 가르친다고 생각해 그를 죽이려 했다.

바울과 바나바는 복음을 전하기 위해 다른 도시들을 찾아갔다. 그리고 다시 안디옥으로 돌아와 성도들에게 하나님께서 하신 모든 일을 간증했다.

그들은 여러 나라의 이방인들이 어떻게 예수님을 영접했는지 말했다.

15장 사도들은 그리스도인이 되기 위해서 유대인의 모든 율법을 지켜야 하는 것은 아니라고 이야기했다.

15:36-18:22 바울의 제2차 선교 여행 - 바울은 1차 선교 여행을 통해 만나게 된 성도들을 방문하고 싶어 했다. 2차 선교 여행에서는 실라가 바울과 함께 갔다.

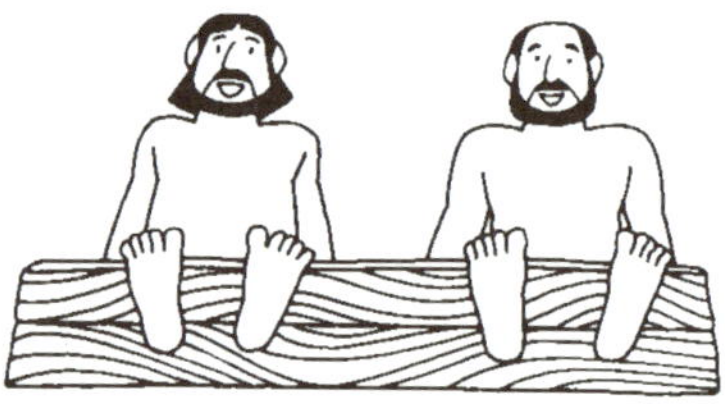

바울과 실라는 마게도냐(마케도니아)에서 매를 맞고 옥에 갇혔다. 그러나 그들은 낙담하지 않고 감옥에서도 끊임없이 기도했고 하나님을 찬양했다.

그때 지진이 일어나서 감옥 문이 열리게 되었는데, 바울과 실라가 도망가지 않자 간수가 감동하여 예수님을 믿게 되었다.

데살로니가에서 바울의 설교를 들은 많은 사람들이 예수님을 믿었다. 그러나 시기심 많은 유대인들이 성난 군중을 자극했다.

바울과 실라는 베뢰아에서 하나님의 말씀을 날마다 공부하는, 뜨겁고 열심인 사람들을 가르쳤다.

아테네(아덴)에서 바울은 그의 말에 관심을 가지는 사람들과 이야기를 나누었는데, 어떤 이들은 예수님을 믿었고 또 어떤 이들은 믿지 않았다. 유대인들이 예수님을 믿으려고 하지 않자 바울

은 유대인들에게 복음 전하기를 멈추고, 이방인들에게 복음을 전하려 했다. 그러나 하나님은 바울에게 복음은 모든 사람을 위한 것이라고 말씀하셨다.

바울이 용기를 잃고 있을 때 하나님은 그에게 새 동역자를 보내 주시고, 해야 할 사역들을 알려 주셨다. 그리고 바울을 돌보아 주겠다고 약속하셨다.

18:23-20:38 바울의 제3차 선교 여행 - 바울은 이전에 복음을 전했던 도시의 성도들을 다시 만나기로 결심했다.

바울은 많은 도시에서 성도들을 다시 만나 격려했다.

바울이 에베소에서 전도할 때, 은으로 신상을 만드는 사람과 갈등이 생겼다. 문제가 해결되자 바울은 다른 도시로 떠났다.

돌아오는 길에 바울은 에베소 지도자들에게 자신을 만나라고 말했다.

바울은 그들에게 작별 인사를 하고 충고를 남기고 떠났다. 바울은 그들을 다시 볼 수 있을지 알 수 없었다.

21장 바울은 예루살렘으로 돌아왔고, 그곳의 유대인들은 바울이 거짓 교사라고 생각해 그를 죽이고 싶어 했다.

22장 바울은 자기의 신앙, 즉 예수 그리스도에 대한 자신의 믿음을 설명했는데 그 말이 군중을 화나게 하고 말았다. 그래서 군인들은 그를 감옥에 가두어 버렸다.

23장 하나님은 바울에게 그가 로마에서 전도하게 될 것이라고 말씀하셨다. 군인들은 바울이 성난 폭도들에게 죽임을 당하게 될까 봐 그를 가이사랴로 보냈다.

24장 바울은 총독 벨릭스 앞에서 자신을 변호했다. 그러나 벨릭스는 2년 동안 판결을 내리지 않고 바울을 감옥에 가두어 놓았다.

25장 벨릭스의 자리에 새로운 총독 베스도가 임명되었다. 베스도가 다시 재판을 열자, 바울은 로마 황제인 가이사를 만나게 해 달라고 요청했다.

26장 바울은 베스도를 방문한 아그립바 왕에게 자신을 변호했다. 바울의 이야기를 들은 사람들은 그에게 아무 죄가 없다는 것을 알았지만 그를 로마로 보내야만 했다.

27장 바울이 탄 로마로 가는 배가 유라굴로라는 큰 풍랑을 만나게 되고 결국 부서졌다. 다행히 모든 사람들이 안전하게 멜리데 섬의 해변까지 밀려왔다.

28장 바울은 이 섬에서 독사에게 물렸으나, 하나님은 그가 조금도 상하지 않게 하셨다. 바울은 많은 병든 사람들을 치료했다.

그 후에 바울은 로마로 호송되었고, 로마에서 2년 동안 빌린 집에서 미결수로 갇혀 있었다.

비록 죄수의 몸이었지만, 그는 할 수 있는 모든 상황과 기회를 사용해 복음을 전했고, 많은 사람들이 예수님을 믿게 되었다.

◆ 감옥에서 쓴 바울의 편지

바울은 죄수로 감옥에 있는 동안 빌레몬서, 골로새서, 에베소서, 빌립보서 등 많은 편지를 썼다. 바울이 디모데후서를 쓸 때는 로마의 한 토굴에서 죽음을 기다릴 때였다.

◆ 사도행전 이후 성령의 역사

성령님의 활동은 오늘날에도 여전히 계속되고 있다. 그리스도인이라면 누구나 예수님의 증인이 되라는 명령을 받았다(행 1:8). 우리는 성령님의 능력을 힘입어 모든 사람들에게 예수님에 대한 복된 소식을 전하도록 부르심을 받았다. 당신은 예수님에 대해 무슨 말을, 어떻게 할 것인가?

사도행전 속 실제 흔적들

사도행전 18:12은 갈리오가 아가야(로마의 지배를 받던 그리스의 한 지역)의 총독으로 있을 때 일어난 일이다. 델피(그리스의 도시)에서 발견된 어느 기록에는 갈리오가 AD 51년(예수님이 태어나셨을 때로부터 약 50년 후)에 아가야의 총독이었다고 적혀 있었다.

사도시대의 많은 도시들은 현대에 들어와서 대도시로 성장했다. 사도행전에 나오는 어떤 도시들은 황폐해지거나 없어지기도 했는데, 고고학자들이 이런 도시들을 발견하고 있다.

에베소 시 고고학자들은 에베소 유적지를 찾기 위해 6년이 넘도록 발굴했다. 그들은 약 6미터 깊이에서 우상 중의 하나였던 아데미 여신 신전의 하얀 대리석 마루를 찾아냈고, 그 아래에 묻혀 있던 많은 보물도 찾아냈다. 또한 고고학자들은 극장과 은 세공인의 가게도 발견했다(사도행전 19장을 참조하자).

아테네 시 고고학자들은 바울이 아테네(아덴) 사람들에게 이야기했던(행 17:19) 언덕이 아레오바고 광장이라고 보고 있다. 바울은 우상 숭배의 대상으로 세워진 제단들을 보면서 이야기했다. 그리스인들은 많은 돌 우상(신, 여신)들을 숭배했는데, 오늘날 이들은 그리스의 박물관을 채우고 있다.

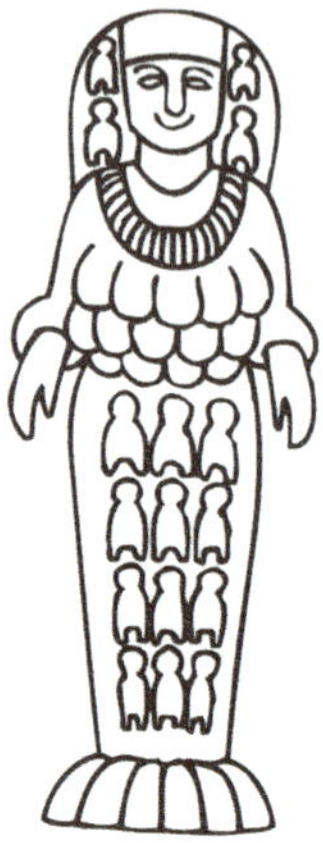

아데미 여신상

로마 시 하나님은 바울을 로마로 보내셨다(행 28장). 로마는 당시 가장 큰 도시였고, 대 로마 제국의 중심지였다. 수백만 명의 사람들이 살았던 로마는 오늘날에는 현대적인 도시로 바뀌었지만, 아직도 고대 로마 제국의 위대함을 보여 주고 있다.

사도행전에서 만나는 예수님

사도들은 기회가 될 때마다 예수님의 생애와 죽음 그리고 부활에 대해 가르쳤다. 그리고 말씀을 듣는 자들에게 예수님이 오실 것을 예언한 예언자들의 말씀을 기억하게 했다. 1장에서 예수님은 제자들에게 자신이 말하고 행한 모든 일의 증인이 되라고 부탁하시고는 하늘로 올라가셨다. 그리고 성령님이 오셔서 제자들에게 복음을 전할 능력을 주셨다. 9장에서 예수님은 다메섹으로 가던 사울에게 나타나셨고, 그 후 바울(사울)은 예수님을 믿게 되었다. 그때 아나니아는 바울에게 "우리 조상들의 하나님이 너를 택하여 너로 하여금 자기 뜻을 알게 하시며 그 의인을 보게 하시고 그 입에서 나오는 음성을 듣게 하셨으니 네가 그를 위하여 모든 사람 앞에서 네가 보고 들은 것에 증인이 되리라"(행 22:14-15)고 말했다. 이후 바울은 온 생을 바쳐 세계 각지를 다니며 예수 그리스도를 전했다.

서신서의 포인트

사도행전 뒤에는 예수님의 초기 제자들에게 편지로 쓴 21권의 책이 등장한다. 이 중 13권은 사도 바울이 기록했고, 나머지 8권은 여러 다른 사람들이 기록했다. 먼저 바울이 쓴 13권의 편지를 보자.

바울의 편지들

바울 서신서의 처음 9권은 교회의 성도들에게 보낸 편지였고, 나머지 4권은 디모데와 디도와 빌레몬에게 보내는 편지다.

바울의 편지는 어디로 보내졌을까?

지도에서 이 책들의 이름을 찾아 보자. 예를 들면 로마서는 로마에 살고 있는 사람들을 위해 쓴 책이므로 '로마서'라고 부르고, '에베소서'는 에베소 교회에 보내는 편지이기에 '에베소서'라고 부른다.

지도

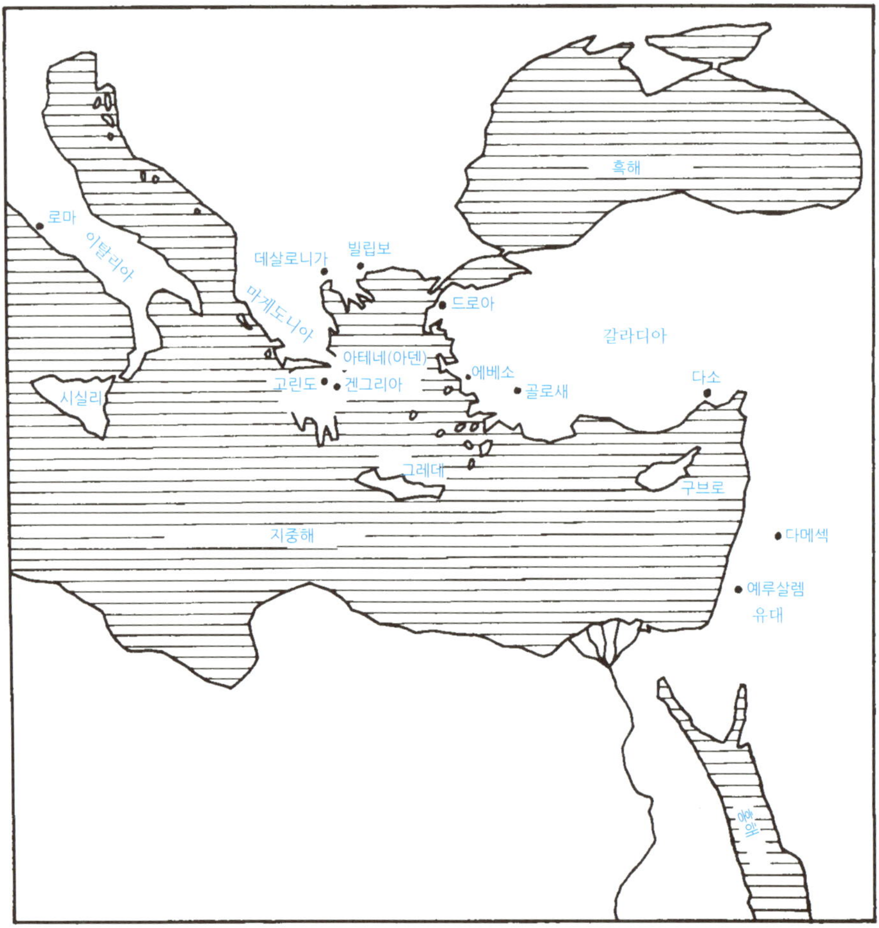

바울은 이 편지들을 언제 썼을까?

1. 바울이 선교 여행을 하는 중에 쓴 편지

- 로마서
- 고린도전서
- 고린도후서
- 갈라디아서
- 데살로니가전서
- 데살로니가후서

2. 바울이 로마 감옥에 죄수로 갇혀 있을 때 쓴 편지(행 28장)

- 에베소서
- 빌립보서
- 골로새서
- 빌레몬서

3. 바울이 감옥에서 풀려난 후에 쓴 편지(행 28장)

- 디모데전서
- 디모데후서
- 디도서

※ 그는 후에 다시 옥에 갇혔고 예수님을 전파했다는 이유로 죽임을 당했다.
디모데후서는 바울이 옥중 생활 끝 무렵에 쓴 편지다.

다른 저자들이 쓴 편지

6. 로마서 믿음과 구원

저자 바울

개요 로마에 있는 교회의 성도들에게 보내는 편지다. 로마 교회의 창립자는 알려지지 않았다. 예수님 부활 후 로마에서 온 누군가(유월절을 보내기 위해 예루살렘에 있다가 오순절에 회심한)가 복음의 소식을 갖고 로마로 돌아가서 교회를 세웠을 것이다(행 2장). 바울은 로마 교회를 방문하고 싶어 했다. 그래서 부유한 고린도 교회의 교인 가이오의 집에서 이 편지를 보냈다(롬 16:23). 고린도전서 1:14을 통해 바울이 제3차 선교 여행 중에(로마가 네로 황제의 통치 아래 있을 때) 이 편지를 썼을 것으로 추정할 수 있다.

핵심 구절 따라가기

☐ 모든 사람은 죄인이며 하나님의 구원이 필요한 존재다. 하나님은 예수님을 구원자로 보내셔서 우리를 죄에서 구하셨다. 예수를 그리스도로 믿고 영접하는 사람은 죄를 사함 받고, 하나님과 함께 영생을 누리게 된다.

☐ 이스라엘은 하나님이 보내신 메시아 예수님을 인정하지도 믿지도 않았다. 결국 그분을 외면하고 십자가에 못 박았다. 그러나 하나님은 여전히 이스라엘 민족에게 신실하신 분이며, 장차 이스라엘을 회복시키실 것이다.

☐ 우리가 하나님의 자녀가 되면 반드시 하나님이 기뻐하시는 삶을 살아야 한다. 하나님을 사랑한다면 순종하는 삶을 살아야 한다.

마음에 새겨야 할 성경 구절

로마서 1:16, 3:23, 24, 5:1, 2, 6:23, 8:28, 8:38, 39, 10:13, 12:4, 5, 9-21

로마서를 언제 썼는가?

로마서에서 만나는 예수님

로마서에서 예수 그리스도는 두 번째 아담으로 여겨진다. 첫 번째 아담은 이 세상에 죄를 들여온 근원이 되었다. 하지만 예수 그리스도는 모든 사람의 죄를 용서하시려고 이 세상에 오셨기 때문에, 그분을 믿는 사람은 누구나 하나님의 용서와 영생의 선물을 받게 된다. 예수 그리스도께서 죽었다가 다시 살아나셨기 때문에 우리도 그분과 함께 영원히 살 수 있다.

7. 고린도전서 사랑이 답이다

저자 바울

개요 고린도에 있는 교회의 성도들에게 보내는 편지다. 고린도는 그리스에서 아주 중요한 도시였다. 수많은 여행자와 상인들이 지나는 교차로였기 때문이다. 고린도는 우상 숭배가 극심했고, 부와 쾌락을 좇으며 많은 죄를 짓던 도시였다. 고린도에 있는 그리스도인들 역시 많은 문제를 갖고 있었다. 바울은 그런 고린도 교회에게 교회의 분열, 결혼한 사람들, 음식, 예배 그리고 예수 그리스도의 부활을 믿는 것 등에 대해 조언하고 가르치기 위해 이 편지를 썼다. 아마 에베소에서 3년 동안 머물던 막바지에 이 편지를 썼을 것이다.

핵심 구절 따라가기

- ☐ 고린도 교회 성도들은 무리를 나누어, 어떤 이들은 바울을 좋아하며 따랐고, 어떤 이들은 다른 지도자를 좋아하며 따랐다. 이런 사람들에게 바울은 예수님에 대해 가르치며 지도자들보다 본질이신 예수 그리스도께 관심을 쏟아야 한다고 말했다.
- ☐ 바울은 결혼의 중요성을 강조하며 부부가 어떻게 살아야 하는지를 가르쳤다.
- ☐ 바울은 사람들에게 자기가 하는 일이 다른 사람들에게 해가 되는지를 신중히 생각해 보라고 말했다.
- ☐ 예수 그리스도를 믿는 사람은 성령을 받으며 각각의 은사들을 받는다. 가르치는 은사, 설교하는 은사, 구제하는 은사 등이다. 무엇보다 가장 중요한 것은 모든 일을 사랑 안에서 하는 것이다.
- ☐ 예수 그리스도는 그분이 말씀하신 대로 죽음에서 살아나셨다. 부활을 믿는 것은 매우 중요한 믿음의 증거이다. 우리는 죽음을 두려워할 필요가 없다. 우리가 예수님을 믿는다면 영원히 살 것이기 때문이다.

마음에 새겨야 할 성경구절

고린도전서 12:27, 13:4-7, 15:3, 4, 15:58, 16:13, 14

고린도전서를 언제 썼는가?

고린도전서 속 실제 흔적들

고린도에는 유대인의 회당이 있었는데 고고학자들은 기록이 새겨져 있는 회당의 한 부분을 발견했다. 그 건축물은 고린도 시의 박물관에 있다.

고린도의 극장 한 부분에 남겨진 어떤 기록에서는 에라스도(에라스투스)의 이름이 발견되었다. 그는 바울이 로마서 16:23에 기록해 놓은 친구로 추정된다.

고린도전서에서 만나는 예수님

"내가 받은 것을 먼저 너희에게 전하였노니 이는 성경대로 그리스도께서 우리 죄를 위하여 죽으시고 장사 지낸 바 되셨다가 성경대로 사흘 만에 다시 살아나사"(고전 15:3-4).

8. 고린도후서 사도 바울의 변론

저자 바울

개요 고린도 교회에 보내는 두 번째 편지다. 바울은 봄에 첫 번째 편지를 썼고, 같은 해 겨울에 두 번째 편지를 쓴 듯하다. 바울이 고린도전서를 쓴 후, 교회는 잘못된 가르침에 물들고, 거짓 선생들이 성도들을 바울에게서 멀어지게 만들었다. 바울은 고린도 사람들에게 자신의 사역을 설명하고, 여러 부분에 대해 충고했다. 이 편지는 마케도니아에서 쓴 것으로 추정되고, 아가야 지방에 있는 로마의 다른 성도들도 함께 읽었다(고후 1:1).

핵심 구절 따라가기

□ 바울은 하나님이 고린도 교회에게 맡기신 일이 '예수님과 복음을 전파하는 일'임을 확신시켰다. 또한 그는 하나님께 모든 영광을 돌리며 성도들이 자기에게는 관심을 갖지 않게 했다.

□ 바울은 자기의 소유를 기쁜 마음으로 나누어 가난한 사람들을 돕도록 권면했고, 너그럽게 베푼 사람이 더 큰 보상을 받을 것이라고 말했다.

□ 바울은 예수님으로부터 멀어지게 하는 거짓 교사들에 대해 경고했다.

마음에 새겨야 할 성경구절

고린도후서 1:3, 4, 3:18, 5:7, 10, 17, 9:6, 7

고린도후서에서 만나는 예수님

예수님은 바울을 사역자로 부르시고 그를 지켜보셨다. 예수님은 바울에게 주님으로(고후 4:5), 그리스도인의 위로자(고후 1:5)로 나타나셨다. 예수님은 언제나 그리스도인들에게 능력을 주신다(고후 12:9).

9. 갈라디아서 믿음 안에 누리는 자유

저자 바울

개요 갈라디아 지역에 있는 교회 성도들에게 보내는 편지다. 바울은 제2차 선교 여행 중 병이 나 갈라디아에 머물게 되었다(갈 4:13). 그는 비록 아픈 몸이었지만 복음을 전하는 일을 쉬지 않았고, 이 기간 동안 갈라디아에는 몇몇 교회가 세워졌다. 갈라디아서는 바울이 여러 교회들에게 보낸 단 하나의 편지다.

핵심 구절 따라가기

□ 바울은 우리가 하나님의 율법에 순종한다고 해서 죄를 사함받거나 구원받을 수는 없다고 말했다. 우리는 오직 예수가 그리스도임을 믿어야만 구원을 얻을 수 있다.

□ 그리스도인이 예수 그리스도를 믿음으로 구원을 얻게 되면, 성령님이 그 안에 사시고, 그가 죄를 멀리하며 미워하도록 도우신다.

□ 그리스도인이 죄를 짓는 대신 선한 일을 행하면 다른 사람들은 그를 통해 하나님의 사랑을 볼 것이다.

□ 그리스도인은 하나님께서 기뻐하시는 일을 하도록 서로 도와야 한다.

마음에 새겨야 할 성경구절

갈라디아서 3:26, 5:13, 6:2, 9, 10

갈라디아서를 언제 썼는가?

예수 그리스도는 사람들이 하나님과 바른 관계를 맺도록 우리를 도우시는 분이다. 오직 그분만이 우리를 세상의 악으로부터 구해 내시기 위해 자신을 기꺼이 주실 수 있었다. 예수님이 우리를 구원하시기 위해 행하신 일을 믿어야 한다. 우리는 결코 완전할 수도 없고, 아무리 선한 일을 많이 하더라도 죄나 흠이 있게 마련이다.

그리스도인들을 포함해 대부분의 사람들은 죄라는 것을 알면서도 저지르고 싶어 한다. 이것을 유혹이라고 한다. 그러나 예수님은 그리스도인들에게 특별한 힘을 주셨다. 그리스도인들은 유혹을 받을 때마다 이 힘을 사용해 죄에 빠지지 않을 수 있다.

10. 에베소서 그리스도 안에서 연합

저자 바울

개요 에베소에 있는 교회 성도들에게 보내는 편지다. 에베소는 그 당시 가장 중요한 도시였다. 많은 무역로가 교차되는 곳으로서 아데미 여신을 숭배하는 성전도 있었다. 바울은 약 3년 동안 에베소에서 설교를 했고(행 20:31), 마지막으로 에베소 교회의 지도자들을 만났을 때 매우 특별한 작별 인사를 했다(행 20:17-38). 이 편지는 바울이 감옥에 갇혀 있는 동안 썼는데, 많은 사람들이 읽을 수 있도록 다른 교회에서도 읽었을 것이다.

핵심 구절 따라가기

□ 예수님이 이미 구원을 이루셨기 때문에, 모든 그리스도인은 새로운 생명을 얻었고, 죄를 이길 수 있는 능력을 축복으로 받았다. 모든 그리스도인은 예수의 몸 된 교회를 이루는 각 지체이다.

□ 하나님이 우리를 사랑하시기 때문에 놀라운 일을 행하셨다. 우리는 하나님을 사랑하기 때문에 그분의 말씀에 순종하고, 그분이 기뻐하시는 새 삶을 살아야 한다. 또한 하나님을 찬양하고 그분께 영광 돌려야 한다.

□ 그리스도인은 서로 이기려 할 게 아니라 도와야 한다.

□ 하나님은 우리를 돕고 보호하시겠다고 약속하셨고, 전신갑주를 입혀 주셨다.

에베소서를 언제 썼는가?

마음에 새겨야 할 성경구절

에베소서 1:22-23, 2:8-10, 3:20-21, 4:2, 16, 25, 29-32, 5:15, 19, 20, 6:1, 7, 10-17

에베소서에서 만나는 예수님

성도가 된 우리는 이제 '그리스도 안에'(엡 1:1) 있으며, 그분에게 선택되었고(엡 1:4), 그분에 의해 구원받았으며(엡 1:7) 큰 소망을 얻었다(엡 1:12). 또한 하나님의 자녀로서 그분의 품 안에서 자라고 있다(엡 2:21).

하나님은 우리에게 '예수님을 죽음에서부터 일으킨 것 같은 놀라운 능력'을 주셨다. 이것은 하나님께서 죄에 대해 죽었던 우리에게 참된 생명을 주셨기 때문이다. 예수님을 믿는 모든 사람들은 예수님의 몸 된 교회의 각 지체이다. 예수님은 우리가 하늘 아버지를 기쁘게 해 드리는 삶을 살 수 있도록 도우신다.

11. 빌립보서 그리스도인의 기쁨

저자 바울

개요 빌립보에 있는 교회의 성도에게 보내는 편지다. '빌립보'라는 도시는 알렉산더 대왕의 아버지 필립 2세의 이름을 딴 것이다. 당시 빌립보는 번영하는 로마의 식민지였다. 아마 빌립보에는 유대인들이 많지 않았을 것이다. 그래서 바울은 빌립보에 있는 성도들이 보내준 헌금과 격려에 감사하며 이 편지를 썼다. 바울은 비록 감옥에 갇혀 있는 상황이었지만, 자신을 찾아오는 모든 사람에게 자유롭게 복음을 전했다.

핵심 구절 따라가기

□ 바울은 어떠한 상황 속에서도 기뻐할 수 있다는 것을 배웠다. 자신이 만약 죽임을 당한다 할지라도, 예수님과 함께 있게 될 것을 믿었다. 그 어떤 힘든 상황에도 바울은 계속해서 예수님을 전할 것이다.

□ 바울은 지체들에게 이기적인 모습을 버리라고 조언했다. 예수님처럼 낮아지고 그리스도의 평강을 소유하라고 말했다. 예수님처럼 되는 것이 그 어떤 것보다 중요한 일이다.

□ 바울은 지체들에게 예수님의 진리를 가르치지 않는 거짓 교사들을 조심하라고 경고했다. 그는 빌립보 성도들에게 믿음을 강하게 하고, 모든 일에 선을 행하라고 강조했다.

□ 바울은 빌립보 성도들에게 항상 기뻐하고 쉬지 말고 기도하며 모든 일에 감사하라고 권면했다. 그는 하나님이 기뻐하시는 일이 무엇인지 생각한 후에 행하라고 말했다. 또한 하나님께서 그들에게 평화를 주시고, 그들이 바른 것을 생각하고 행할 수 있도록 도와주시며, 그들의 필요를 채워 주실 것이라고 격려했다.

마음에 새겨야 할 성경구절

빌립보서 1:6, 20, 21, 2:3-8, 14, 4:4-8, 13, 19

빌립보서를 언제 썼는가?

빌립보에서 만나는 예수님

바울은 빌립보 교인들에게 '그리스도를 위해 죽는 것도 유익하다'(빌 1:21)고 말했다. 이 편지에서 바울은 '예수 그리스도'를 우리가 따라야 할 모범으로 소개했으며(빌 2:5), 바울은 그가 할 수 있는 모든 일을 오로지 예수님의 공로로 돌렸다(빌 4:13).

12. 골로새서 교회의 머리이신 예수

저자 바울

개요 골로새 교회의 성도들에게 보내는 편지다. 바울이 활동하기 수백 년 전에, '골로새'는 현재 터키 지역의 중요한 도시 중 하나였다. 활발한 무역로에 자리 잡고 있었지만 평범한 상업 지역으로 전락해 버렸고, 결국 라오디게아 같은 이웃 도시들이 골로새보다 더 중요한 지역이 되었다.

이 지역은 바울이 에베소에서 3년 간 전도하는 동안 에바브라가 회심하여 복음을 전한 곳이다(행 19:10). 골로새는 에베소에서 약 160Km 떨어져 있었다. 골로새 교회는 이방인들의 교회였고 빌레몬은 이 교회의 성도였다.

언제부터인가 거짓 교사들이 골로새에 들어와 사람들에게 천사를 숭배하고 유대인의 관습을 따라야 한다는 등의 거짓된 가르침을 일삼았다. 에바브라는 골로새에서 일어나고 있는 일들을 바울에게 전하기 위해 로마로 왔다. 바울은 로마에서 빌린 집에 갇혀 있었다. 바울은 골로새 교회에게 편지를 썼고 에바브라 편에 보냈다. 이 편지에서 바울은 예수님이 곧 하나님이시라는 사실을 강조했다. 우리는 그 사실에 주목하여 우리 주 예수님을 섬기고 경배해야 한다.

핵심 구절 따라가기

□ 바울은 골로새 교회 성도들에게 예수님이 누구시며 어떤 능력을 가지셨는지 알아야 한다고 말했다. 예수님은 모든 것의 주인이시다.

□ 우리는 악에서 돌이키고 하나님이 기뻐하시는 거룩한 삶을 살아야 한다. 예수님이 우리 삶의 주인이시기 때문이다.

□ 성도는 모든 일을 주께 하듯 해야 한다.

마음에 새겨야 할 성경구절

골로새서 1:16-20, 2:6, 7, 9, 10, 3:12-14, 16, 17, 20, 23, 24, 4:2

골로새서를 언제 썼는가?

골로새서에서 만나는 예수님

골로새서에서는 '그리스도가 모든 것의 주인'이라고 말한다. 그분은 창조주이시며(골 1:16, 17), 우리가 옳은 일을 하도록 도와주시고(골 1:10), 교회의 머리가 되신다(골 1:18).

13. 데살로니가전서 재림과 소망

저자 바울

개요 데살로니가에 있는 교회에 보내는 편지다. 바울은 고린도에 있을 때 데살로니가로 편지를 두 번 써서 보냈다. 데살로니가는 두 개의 중요한 길이 만나는 곳에 위치한 번창한 해안 도시로, 마케도니아에서 가장 큰 도시였다. 바울은 제2차 선교 여행 중 데살로니가에 몇 주 머물러 있으면서, 데살로니가 교회를 세웠다. 그런데 바울이 머무는 짧은 기간 동안 많은 소란이 일어났다. 그래서 바울을 대적하는 사람들은 '바울이 세상을 온통 소란케 한다'고 비난했다(행 17:6). 바울은 데살로니가에서 베뢰아, 아테네(아덴) 그리고 고린도로 갔다. 아테네에서 바울은 새로운 성도들이 어떻게 지내고 있는지 보기 위해 디모데를 데살로니가로 보냈다. 디모데는 좋은 소식을 가지고 돌아왔으나, 또 한편으로는 그 교회가 그리스도의 재림에 대해 잘못된 생각을 갖고 있다는 소식도 전했다. 그래서 바울은 고린도에 있으면서 데살로니가로 이 편지를 쓴 것이다. 바울은 마지막 부분에서 그리스도의 재림에 특별히 초점을 맞추어 편지를 썼다.

핵심 구절 따라가기

□ 바울은 데살로니가 성도들로 인해 하나님께 감사했다. 그들의 믿음과 섬김과 기쁨 가득한 삶은 다른 그리스도인들에게 모범이 되었다.

□ 바울은 데살로니가인들을 만나러 다시 가고 싶어 했다. 그는 다른 사람에 대한 그들의 사랑이 커가도록 기도했다.

□ 바울은 지체들에게 예수님이 하늘로부터 다시 오실 때, 이미 죽은 그리스도인들은 살아 있는 그리스도인들과 함께 하늘로 들림을 받고, 하나님과 함께 살게 될 것이라고 말했다.

□ 예수님은 도둑같이 재림하실 것이다. 바울은 주님 오실 날이 가까웠으므로 거룩함과 존귀함으로 아내를 대하고 이웃을 사랑하라고 권면했다.

□ 바울은 성도들에게 예수님의 재림을 기다리는 동안, 항상 기뻐하고 쉬지 말고 기도하며 모든 일에 감사해야 한다고 말했다.

데살로니가전서를 언제 썼는가?

마음에 새겨야 할 성경구절

데살로니가전서 3:12, 13, 4:7, 16-18, 5:2, 11, 15-18

데살로니가전서에서 만나는 예수님

바울은 예수 그리스도가 앞으로의 우리 삶의 소망이라고 가르쳤다. 예수 그리스도는 반드시 다시 오실 것이며, 그날은 그분을 믿는 성도들에게 가장 기쁜 날이 될 것이다.

14. 데살로니가후서 굳게 서라

저자 바울

개요 데살로니가에 있는 교회에 보내는 두 번째 편지다. 첫 번째 편지를 쓴 후, 6개월이 지났을 즈음 고린도에서 썼을 것이다. 바울은 교회를 격려하고, 예수님의 재림에 대한 성도들의 관심과 의문에 답을 하기 위해 이 편지를 썼다.

핵심 구절 따라가기

□ 성도들의 믿음 생활을 어렵게 만드는 사람들이 있었다. 바울은 이런 상황과 어려움 속에서도 예수 그리스도 안에서 계속 성장하라고 그들을 격려했다.

□ 몇몇 거짓 교사들은 주님이 이미 다시 오셨다고 말했다. 바울은 적그리스도가 나타나 자기가 하나님이라고 주장하고, 배교의 시대가 먼저 있기 전에는 예수님의 재림이 일어나지 않을 거라고 설명했다.

□ 바울은 사람들에게 자기를 위해서, 그리고 예수님에 대한 진리와 복음이 전파되도록 기도를 부탁했다. 또한 모든 사람들에게 열심히 일하고, 지치지 말고 선한 일을 행하라고 권면했다.

마음에 새겨야 할 성경구절

데살로니가후서 1:6, 2:16, 17, 3:1, 3, 13

데살로니가후서를 언제 썼는가?

데살로니가후서에서 만나는 예수님

바울은 예수 그리스도의 재림을 가르쳤다. 재림을 기다리는 성도들은 어떤 자세로 살아야 할까? 바울의 권면대로 지치지 말고 선한 일을 하며 주님이 언제 오시더라도 깨어 있어 반갑게 맞이할 수 있도록 살아야 한다.

15. 디모데전서 디모데에게 보내는 목회 노트 - 교리편

저자 바울

개요 에베소 교회의 책임을 맡고 있던 청년 디모데에게 보낸 편지다. 디모데의 가족은 '루스드라'에 살고 있었다. 그의 아버지는 그리스인이었고 어머니는 유대 그리스도인이었다. 그는 어린 시절부터 성경을 배웠다. 아마 디모데는 바울이 제1차 선교 여행 중 루스드라에 왔을 때 처음 만났을 것이다. 디모데는 바울이 복음 전파하는 것과 다리 저는 사람을 치료하는 것을 보았던 게 분명하다. 바울은 제2차 선교 여행 중에 루스드라에 다시 왔을 때, 디모데에게 함께 선교 여행을 하자고 말했다. 디모데는 바울이 마케도니아와 아가야에서 복음을 전할 때 그를 도와주었고, 바울이 에베소에서 3년 동안 사역할 때도 함께 있었다. 디모데는 바울과 함께 에베소에서 마케도니아로, 고린도로, 다시 마케도니아로 그리고 소아시아로 여행했다. 그는 바울이 로마에서 처음 갇혔을 때 그와 함께 있었다. 바울이 풀려났을 때 디모데는 다시 그와 함께 여행했다. 그리고 마침내 에베소에 머무르며 그곳의 교회를 돌보았다.

바울은 디모데를 아주 높이고 칭찬했다. 그는 빌립보 교인들에게 이렇게 편지를 썼다. '여러분은 디모데의 훌륭한 인품을 알고 있겠지만, 나와 같은 마음을 가지고 여러분을 진심으로 염려해 줄 사람은 디모데밖에 없습니다'(빌 2:20, 22).

목회서신

바울 서신 중 세 권은 '목회 서신'이라고 불리는데, 디모데와 디도가 목회하는 데 도움을 주기 위해 기록되었기 때문이다.

디모데전서를 언제 썼는가?

핵심 구절 따라가기

- ☐ 바울은 디모데에게 거짓 교사들에 대해 경고했다. 디모데는 목회 사역에 부르심을 받았고, 예수님이 죄인을 구원하시기 위해 세상에 오셨다는 진리를 가르쳤다.
- ☐ 바울은 디모데에게 교회의 예배에 대해 가르쳤다.
- ☐ 바울은 디모데에게 훌륭한 교회 지도자의 조건과 기준을 가르쳤다. 현명하고 자기를 절제할 줄 알며, 존경받을 만한 사람을 뽑아야 한다.
- ☐ 바울은 디모데에게 사람들의 좋은 본보기가 되라고 격려했다.
- ☐ 바울은 디모데에게 교회에서 사람들을 어떻게 대해야 하는지 가르쳤다.
- ☐ 바울은 디모데에게 잘못된 것을 멀리하고 옳은 일을 행하라고 말했다.

마음에 새겨야 할 성경구절

디모데전서 1:15-17, 2:5, 6, 8, 4:12, 6:6-8, 11

디모데전서에서 만나는 예수님

바울은 디모데에게 예수 그리스도는 '하나님과 사람 사이에 한 분뿐인 중재자'(딤전 2:5)라고 말하고 있다. 중재자는 두 사람 사이의 적대 관계를 해소시키고, 싸움을 그치게 하는 사람이다. 예수 그리스도는 하나님과 우리의 관계를 바르고 아름답게 회복시키셨다.

16. 디모데후서 디모데에게 보내는 목회 노트 - 행동편

저자 바울

개요 디모데에게 쓴 두 번째 편지다. 바울은 다시 체포되어 로마로 보내졌다. 이때 바울은 처음에 로마에 갇혀 있을 때처럼 집을 빌릴 수 없었다(행 28장). 그는 추운 토굴로 보내졌고, 자기가 곧 순교하게 될 것을 알게 되었다(딤후 4:6). 바울은 이미 네로 황제 앞에서 복음을 전한 적이 있었기 때문에 다시 한 번 그런 기회가 오기를 바라고 있었다. 그는 하나님께서 함께하시고, 복음을 전하는 데 자기를 사용하신다는 것을 잘 알고 있었다(딤후 4:17, 18).

바울의 친구들은 그를 떠났고, 바울은 너무나 외로웠다. 그때 오직 '누가'만이 그와 함께했다. 디모데후서에서 바울은 디모데에게 마가를 데리고 곧장 오라고 말한다. 또한 그가 두고 온 외투와 책들을 갖다 달라고 부탁한다. 하지만 바울은 죽기 전에 디모데가 로마에 도착할 수 있을지 확신할 수 없었다. 이 편지에는 바울이 디모데에게 남긴 마지막 조언과 격려가 담겨 있다.

핵심 구절 따라가기

□ 진리를 따르라 : 바울은 디모데가 어린 시절에 받았던 가르침들을 생각하도록 독려한다. 그 진리는 예수 그리스도의 복된 소식이다.

□ 좋은 일꾼이 되어라 : 바울은 디모데에게 군사, 운동선수, 농부와 같은 자세를 갖고 다른 사람들에게 진리를 가르치는 일에 최선을 다하라고 말했다.

□ 어려운 시기에 믿음을 지키라 : 말세에는 많은 어려움이 있을 것이고 많은 사람들이 하나님을 떠날 것이다. 그리고 바울이 박해를 받았던 것처럼 예수님을 따르는 모든 사람은 고난을 당할 것이다. 그럼에도 불구하고 성경은 우리가 믿는 진리의 근원이다.

□ 다른 사람을 가르치라 : 바울은 디모데에게 복음을 전하고, 하나님의 진실한 종이 되라고 말했다. 그리고 바울은 자신의 필요와 친구들에 대해 개인적인 내용의 편지를 썼다.

디모데후서를 언제 썼는가?

마음에 새겨야 할 성경구절

디모데후서 1:12, 2:3, 15, 23, 24, 3:14-17, 4:5, 7, 8

디모데후서에서 만나는 예수님

바울은 디모데에게 예수 그리스도는 우리의 구세주이며 주님이라고 말했다. 예수님은 죽음에서 살아나셨고, 우리에게 구원과 영생을 주셨다. 우리는 훗날 다시 오실 그분을 보게 될 것이다.

17. 디도서 상속자의 자세

저자 바울

개요 바울의 사역을 통해 예수 그리스도를 믿게 된 디도에게 보내는 편지다. 디도는 바울, 바나바와 함께 여행을 했다. 그는 아마 바울의 제3차 선교 여행 중에 에베소에서 함께 사역했을 것이다. 바울은 디도를 고린도로 보내 그 곳의 교회를 돕도록 했다. 바울은 로마 감옥에 처음 갇혔다가 풀려난 후에 디도와 함께 그레데(크레타) 섬에서 사역했다. 그 섬의 사람들은 폭력적이고 거짓말을 잘하며 게을렀다(딛 1:12). 바울은 그레데에 디도를 남겨 두어 사역을 완전히 끝내고 교회 지도자들을 세우도록 했다. 바울은 디도에게 사역하면서 해야 할 일들을 편지에 썼다.

바울은 디도에게 그레데에 후임자가 오는 대로 니고볼리(그리스 서쪽 해안)에서 만나자고 말했다. 후에 디도는 달마디아(현재 유고슬라비아)에서 주님을 섬겼다(딤후 4:10).

핵심 구절 따라가기

□ 디도는 옳은 일을 행하고 다른 사람을 도와주는 데에 헌신적인 교회 지도자들을 뽑아야 했다. 또한 지도자는 진리도 잘 가르쳐야 했다.

□ 바울은 디도에게 젊은 남녀와 노인들 모두가 바르게 살 수 있도록 가르치라고 권면했다.

□ 사람들이 하나님의 자비와 사랑을 알게 되면 다른 사람과 다투고 미워하는 것을 그치게 될 것이다.

마음에 새겨야 할 성경구절

디도서 2:11, 3:1, 2

디도서를 언제 썼는가?

디도서에서 만나는 예수님

바울은 디도에게 예수 그리스도는 우리의 구세주이시며 주님이라고 말했다. 그리스도는 우리가 영생을 얻도록 죽으셨기에 우리는 그분을 위해 일하는 것을 감사하며 즐거워해야 한다고 가르쳤다.

18. 빌레몬서 공동체의 역할

저자 바울

개요 골로새에 살고 있던 바울의 친구 빌레몬에게 쓴 짧은 편지로서, 그의 도망간 노예 오네시모에 관해 쓴 글이다. 바울은 로마 감옥에 있을 때(사도행전 28장에서 누가가 이야기한 그 기간) 이 편지를 썼으며, 골로새서와 함께 쓴 것으로 추정한다. 바울은 오네시모와 두기고에게(골 4:7-9) 이 편지들을 들려 골로새에 보냈다.

오네시모는 그의 주인 빌레몬에게서 도망친 노예였다. 그가 도망 다니던 중에 감옥에서 바울을 만난 것이다. 바울의 전도로 오네시모는 그리스도인이 되었고, 바울은 빌레몬에게 편지를 써, 이제 오네시모를 사랑하는 형제이자 동료 그리스도인으로 받아들여 달라고 부탁했다.

핵심 구절 따라가기

□ 바울은 빌레몬에게서 도망갔던 노예 오네시모를 용서해 달라고 부탁한다. 그리고 오네시모를 죄 지은 자가 아니라 그리스도 안에서 한 형제로 받아들여 주기를 청한다. 왜냐하면 오네시모와 빌레몬은 이제 그리스도인이 되었기 때문이다.

□ 바울은 오네시모가 빚진 것과 빌레몬에게서 훔쳐 간 것을 다 갚아 주겠다고 했다.

□ 바울은 빌레몬이 오네시모를 용서하는 것 이상의 일을 해주기 원했다. 바울은 오네시모가 자신의 사역을 돕도록 빌레몬에게 부탁하고 싶었을 것이다.

□ 이 편지에서 우리는 예수 그리스도를 믿고 한 사람이 어떻게 변화되는가를 알 수 있다.

마음에 새겨야 할 성경구절

빌레몬서 1:6

빌레몬서를 언제 썼는가?

빌레몬서에서 만나는 예수님

빌레몬과 바울, 오네시모의 이야기는 하나님께서 어떻게 우리 죄를 용서하실 수 있는가에 대해 생각하게 한다. 노예인 오네시모는 주인에게서 도망치는 죄를 저질렀다. 오네시모는 바울이 자기가 진 빚을 대신 갚아 준다고 했기 때문에 집으로 돌아갈 수 있었다.

죄는 하나님과 우리 사이를 멀어지게 한다. 우리는 예수님이 우리 죄값을 대신 치러 주셨기 때문에 하나님께 돌아갈 수 있는 것이다. 오직 예수님만이 우리 죄값을 대신할 수 있다.

19. 히브리서 새 언약의 우월성

저자 현재까지 히브리서의 저자는 알려진 바가 없다. 수세기 동안 사람들은 이 책의 저자가 바울, 바나바, 아볼로 또는 디모데의 어떤 친구(히 13:23 참조)가 아닐까 생각해 왔다.

개요 예수님을 그리스도로 믿는 유대인(히브리인)에게 보내는 편지다. 많은 유대인 성도들은 심한 고난을 받자 믿음이 흔들렸다. 그들은 용기도 잃었고, 예수님을 그리스도로 받아들였기에 자기들의 삶에 혼란과 혼돈이 생겨났다고 생각했다. 그래서 많은 이들은 다시 유대주의로 돌아갔다. 히브리서는 예수 그리스도를 믿는 것이 유대인의 전통이나 관습보다 훨씬 더 중요하고, 우리와 함께하신 분이 거룩하고 온전한 대제사장 예수 그리스도이시기에 인내하며 더 큰 상을 바라보고 믿음의 경주를 하라고 권고하고 있다.

일반 서신
특별한 개인이나 교회에 보낸 편지가 아니어서 이 교회에서 저 교회로 전해지며 읽었다.

히브리서를 언제 썼는가?

□ 선지자들보다 더 크신 분 : 구약성경에서 하나님은 선지자들을 통해 말씀하셨다. 이제는 그의 아들 예수 그리스도를 통해 세상을 다스리시고 그분을 통해 우리에게 말씀하신다.

□ 천사들보다 더 크신 분 : 천사들은 하나님의 아들 예수님께 경배한다.

□ 모세보다 더 크신 분 : 모세는 하나님의 신실한 종이었고, 예수님은 하나님의 아들이시다.

□ 여호수아보다 더 크신 분 : 여호수아는 이스라엘 백성이 약속의 땅을 정복하도록 한 위대한 지도자였다. 그러나 그는 백성이 쉴 수 있도록 하지 못했다. 오직 예수님만이 참된 쉼을 주신다. 예수님을 그리스도로 믿는 사람들은 더 이상 스스로를 보호하려고 애쓰지 않으며, 모든 것을 하나님의 손에 맡긴다.

□ 그 이전의 대제사장들보다 더 크신 분 : 대제사장은 백성의 죄를 위해 희생 제물로 제사를 드렸다. 그들은 희생 제물을 계속해서 드려야 했지만, 짐승의 희생이 백성의 죄를 다 없앨 수는 없었다. 왜냐하면 그것은 하나님께서 아들 예수 그리스도를 통해 하실 일을 보여주는 모형이었기 때문이다. 예수 그리스도는 결코 죄가 없으신 분이다. 그분은 우리 죄를 사하시려고 완전한 희생 제물이 되어 자신을 하나님께 드렸다. 예수님의 희생으로 우리는 다시는 제물을 바치는 제사를 드릴 필요가 없게 되었다.

예수님은 하나님의 어린양이고 우리의 대제사장이시다. 구약시대에 대제사장은 일 년에 단 한 번, 하나님 앞에 나아갈 수 있었다. 우리의 대제사장 예수님은 지금도 하나님 아버지의 오른편에서 우리를 위해 간구하시기 때문에, 그리스도를 믿는 자들은 언제 어느 때든지 기도를 통해 하나님 앞에 담대히 나아갈 수 있다. 예수님이 이미 십자가에서 승리하셨기 때문에 우리는 그럴 권리와 자격을 얻게 된 것이다.

히브리서는 구약시대의 믿음의 사람들에 대해 이야기한다. 노아, 아브라함, 이삭, 야곱, 요셉, 모세, 라합, 기드온, 다윗과 사무엘은 하나님을 확실히 믿었다. 우리는 하나님의 아들 예수 그리스도에 대해 확실한 믿음을 가져야 한다. 하나님의 능력은 실로 어마어마하고 위대하며, 다른 무엇보다 크시기 때문이다. 우리가 넘어질지라도 다시 일어나는 것은 예수께서 우리가 그분의 자녀로서의 삶을 잘 살아가도록 도와주시기 때문이다. 우리는 예수님께 순종하는 삶을 살아야 한다.

노아

아브라함

이삭

야곱

요셉

모세

라합

기드온

다윗

사무엘

마음에 새겨야 할 성경구절

히브리서 1:1, 2, 4:14-16, 7:27, 10:10, 23, 24, 11:1, 13:1, 6, 16, 17

히브리서에서 만나는 예수님

히브리서는 신약의 레위기라고 할 만큼 제사법에 대한 언급이 많고, 예수께서 대제사장이 되셨음을 말한다. 그리스도인이 된 유대인들에게 쓴 편지이기 때문에 저자는 자연스럽게 구약성경 속의 사람들과 관습에 대해 이야기한다. 유대인 성도들은 제사장들이 백성의 죄를 위해 드렸던 희생 제물과 제사에 친근하고 익숙했기 때문에, 이 편지에서 예수님을 우리의 영원한 대제사장이라고 이야기했다.

그분은 최선의 희생 제물, 즉 완전하고 순결하며 거룩한 자기 자신을 드리셨다. 하나님의 어린양, 예수 그리스도가 우리를 위해 죽으신 것이다. 예수님 때문에 우리는 영생을 얻을 수 있다. 그리고 어느 때든지 기도를 통해 하나님 아버지께 나아갈 수 있다.

20. 야고보서 행함이 있는 믿음

저자 야고보. 사도 야고보가 아닌 예수님의 형제 야고보다. 그는 예수님이 부활하시기 전까지는 예수님을 따르지 않았다. 야고보는 예수님이 죽음에서 살아나신 이후에 예수님을 만났던 사람 중 하나다(고전 15:7). 후에 야고보는 예루살렘 교회의 지도자가 되었고, 바울을 두 번 이상 만났다(갈 1:19, 행 21:18).

개요 여러 나라에 흩어져 있던 유대인 성도들에게 보내는 편지다. 많은 유대인 성도들은 예수님을 믿지 않는 유대인들의 핍박을 받고 있었다. 야고보는 이 편지에서 그들이 고난과 어려움을 이겨내는 방법과 그리스도인으로서 살아가는 방법에 대해 이야기했다.

핵심 구절 따라가기

□ 야고보서는 서신서 중에서 가장 실제적이다. 그중 핵심이 되는 구절은 1장 22절 말씀으로, "너희는 말씀을 행하는 자가 되고 듣기만 하여 자신을 속이는 자가 되지 말라"이다.

□ 야고보는 유대인 성도들에게 믿음을 가르쳤다. 어떤 사람이 믿음의 시험을 당할 때 그는 하나님께 나아갈 수 있다. 하나님은 성도들을 강하게 붙드시고, 그들이 고난과 시련을 잘 이겨내도록 도와주실 것이다.

□ 야고보는 또한 행함이 없는 믿음은 죽은 믿음이라고 가르치며, 살아 있는 믿음은 그리스도인들이 다른 사람들에게 선을 행하도록 만든다고 말한다.

□ 야고보서는 하나님을 기쁘게 해 드리는 삶에 대한 실제적인 교훈을 가르치고 있다. 야고보는 우리에게 혀를 다스리라고 말하며, 다른 사람에 대해 함부로 말하는 대신, 예수님을 이야기하고 하나님을 찬양하라고 한다. 또한 우리에게 분노하지 말고 하나님께 순종하며 도움이 필요한 사람들을 돌보라고 가르친다. 우리가 어떤 사람을 다른 사람보다 더 대우하지 않아야 한다고 가르치고 있다.

□ 우리는 고난과 시련의 때에 더욱 인내하며 그분을 바라보아야 한다. 우리에게 어떤 일이 일어나고 어떤 상황이 펼쳐진다 해도 하나님을 신뢰할 수 있고, 예수님이 다시 오시면 우리의 믿음이 보상받게 되리라는 것을 확신해야 한다.

야고보서를 언제 썼는가?

마음에 새겨야 할 성경 구절

야고보서 1:2-8, 12, 22-25, 2:8, 3:17, 5:8, 9, 16

야고보서에서 만나는 예수님

야고보는 예수님을 아주 잘 아는 사람이었다. 예수님의 삶을 바탕으로 그는 우리에게 그리스도인의 믿음과 삶 그리고 생활을 가르치고 있다. 야고보는 우리가 주님의 명령에 순종하며 그분의 뜻대로 해야 한다고 말한다.

21. 베드로전서 환난 중에 소망

저자 베드로. 그는 열두 제자 중 한 명으로서, 사도행전의 처음 12장은 베드로와 그의 사역이 중심 내용이다. 성령 강림절 이전과 이후의 베드로는 큰 차이가 있다. 성령 강림 이전의 베드로는 때때로 두려워하고 믿음직스럽지 못한 연약한 사람이었다. 하지만 이 편지를 쓸 무렵의 그는 담대하고 용기가 있으며 예수 그리스도에 대한 믿음이 확고했다. 이런 모습은 성령께서 믿는 자들의 삶에 역사하시며 함께하신 아주 좋은 예이다.

개요 예수님을 믿는다는 이유로 핍박을 받아 온 그리스도인들에게 보내는 편지다. 그들은 베드로의 편지를 받고 용기를 얻을 수 있었다. 왜냐하면 베드로 역시 같은 고통을 겪었기 때문이다. 베드로는 이 편지를 그의 말년에 썼다. 많은 성도들이 예수 그리스도를 믿는다는 이유로 고통당하고 있었다. 그들은 우상을 숭배하거나 악을 행치 않았기 때문에 미움을 받았던 것이다. 로마의 네로 황제 당시의 박해는 더욱 심해서 많은 그리스도인들이 죽고 고난을 당했다. 그런 그리스도인들에게 베드로는 용기를 주고, 예수님이 언젠가 다시 오실 것이므로 소망이 있다고 말했다. 베드로는 '소망의 사도'라고 불렸다.

핵심 구절 따라가기

- □ 성도들은 새 생명을 얻었다 : 그리스도인은 예수 그리스도께서 십자가에서 돌아가심으로 새로운 생명을 얻었다. 그리스도인들은 비록 고난이 있다고 해도 주님께서 주시는 근본적인 복을 누릴 수 있다. 그러므로 모든 그리스도인은 항상 다시 오실 예수 그리스도를 바라보며 살아야 한다.
- □ 성도들은 거룩해져야 한다 : 언제 어느 곳에서나 그리스도인들은 삶을 통해 그들이 하나님의 자녀임을 보여 주어야 한다. 그리스도인은 거룩한 삶을 살아야 하는 것이다.
- □ 성도들은 순종해야 한다 : 그리스도인들은 세상 속의 나그네와 같다. 세상과 악에 속하지 않고 하나님께 속한 사람인 것이다. 그리스도인은 어떠한 핍박을 받는다 할지라도 권위에 순종한다. 이것이 예수님의 삶을 따라가는 한 가지 길이다.

베드로전서를 언제 썼는가?

□ 성도들은 비기독교인의 세계에 살고 있다 : 베드로는 로마 정부가 그리스도인들을 처형할 것이라는 사실을 알았다. 많은 그리스도인들은 고난과 시련이 점점 심해질수록 그들이 왜 그리스도인이 되었고, 또 왜 그렇게 살아가는지를 삶으로 보여 줘야 했다. 베드로는 편지를 읽는 성도들에게 예수님을 향한 믿음과 성도 간의 사랑 안에서 더욱 강해지라고 권면한다. 그는 고난이 그들을 더 강한 믿음의 성도로 성장시켜 줄 것임을 잘 알고 있었다.

마음에 새겨야 할 성경 구절

베드로전서 1:3, 6-9, 2:1, 2, 9, 17, 24, 3:15, 4:19

베드로전서에서 만나는 예수님

베드로는 예수님이 그리스도인의 모범이라고 이야기한다. 삶이 형통하고 행복할 때나 그렇지 않을 때나 우리를 도우시는 예수 그리스도를 바라보아야 한다. 우리는 고통과 고난의 순간에도 예수님 안에서 참된 기쁨을 얻을 수 있고 참된 평안을 누릴 수 있다. 그리스도인들이 가진 한 가지 놀라운 소망은, 어느 날엔가 예수님이 우리에게 말씀하신 그대로 다시 오신다는 사실이다.

22. 베드로후서 거짓 가르침에 대항하라

저자 베드로

개요 베드로는 로마에서 죽기 직전에 이 편지를 썼다. 도미티아누스 황제는 네로 황제 못지않게 기독교인을 박해했다. 베드로는 이들에게 핍박을 이기면 그리스도의 영광에 동참하게 될 것임을 강조했다. 베드로는 베드로전서에서 교회 외부에서의 박해를 어떻게 이기고 견뎌내야 하는지를 가르쳐 주었고, 베드로후서에서는 교회 안에서 예수님과 그분의 재림에 대해 잘못 가르치는 거짓 교사들에 대해 경고하며 성도들에게 주의를 당부했다.

핵심 구절 따라가기

□ 하나님의 백성으로 자라가라 : 그리스도인은 예수 그리스도를 위해 사는 데 필요한 모든 것을 받았다. 하나님의 능력과 선하심을 입은 그리스도인은 사랑과 착한 행실을 통해 참된 믿음을 보여 주어야 한다.

□ 거짓 교사를 경계하라 : 베드로는 교회 안의 거짓 교사를 조심하라고 경고한다. 그들은 처음 예수님을 믿게 된 성도들이 진리를 떠나게 만드는 악한 자들이다. 베드로는 예수님이 재림하시면 그들은 심판당하고 멸망하게 될 것이라고 말한다.

□ 예수님의 재림을 기다리라 : 베드로는 예수님의 재림을 강조한다. 그리스도인들은 예수님이 바로 지금, 오늘 오실 것처럼 살아가야 한다. 또한 다른 사람에게 모범이 되어야 한다.

마음에 새겨야 할 성경 구절

베드로후서 1:3-7, 3:9, 18

베드로후서를 언제 썼는가?

베드로후서에서 만나는 예수님

베드로는 핍박 받는 성도들에게 예수 그리스도의 재림을 이야기했다. 그때는 모든 사람들이 영광과 능력 가운데 오시는 예수님을 보게 될 것이다. 베드로는 재림을 소망함으로써 현재의 고난을 이기라고 권면했다.

23. 요한1서 진정한 사귐

저자 사도 요한

개요 모든 그리스도인들에게 보내는 편지다. 노인이 된 요한은 에베소에서 소아시아 전 지역에 흩어져 있는 그리스도인들에게 이 편지를 썼다.
예수님이 요한을 제자로 부르셨을 당시 그는 어부였다. 그는 예수님의 사촌쯤 되었던 것 같고, 그의 어머니 살로메는 예수님의 어머니 마리아와 자매였을 것이다. 그는 이 편지를 읽는 사람들이 모두 성인임에도 불구하고, '자녀들아'라고 부르고 있다. 이는 이 편지를 읽는 그리스도인들이 예수님을 믿은 지 얼마 안 되었기 때문이다. 요한은 성도들이 (1) 그리스도 안에서 영생을 가졌음을 알고, (2) 그리스도의 명령대로 사는 것을 돕기 위해 이 편지를 썼다. 이 편지는 소아시아에 있는 여러 교회들이 돌려 보며 읽었을 것이다.

핵심 구절 따라가기

□ 하나님과의 교제 : 하나님은 거룩하신 분이며 거룩 그 자체이시기 때문에 죄인과 친구가 될 수 없다. 그리스도인들은 죄를 용서받고 깨끗하게 되었기 때문에 하나님과 사귈 수 있게 되었다. 하나님과 교제한다는 것은 하나님의 자녀가 되었음을 의미한다.

□ 다른 사람들과의 교제 : 하나님이 우리를 사랑하시기 때문에 우리도 서로 사랑해야 한다. 사랑을 실천하는 한 가지 방법은 서로를 위해 기도하는 것이다.

마음에 새겨야 할 성경 구절

요한1서 1:3, 9, 3:1-2, 16-18, 23-24, 4:7-15, 18-21, 5:3, 11-15

요한1서를 언제 썼는가?

요한1서에서 만나는 예수님

예수 그리스도는 하나님의 아들이자 동시에 사람의 아들이다. 그분은 하나님이며 동시에 사람이다. 이에 대해 거짓 교사들이 불가능하다고 말하자, 요한은 이 사실을 강조하며 편지를 썼다. "또 아는 것은 하나님의 아들이 이르러 우리에게 지각을 주사 우리로 참된 자를 알게 하신 것과 또한 우리가 참된 자 곧 그의 아들 예수 그리스도 안에 있는 것이니 그는 참 하나님이시요 영생이시라"(요일 5:20).

24. 요한2서 거짓 교사를 분별하라

저자 사도 요한

개요 특정한 사람일 수도 있고 하나의 교회일 수도 있는 '택하심을 입은 부녀와 그의 자녀'에게 썼다. 요한이 에베소에서 이 편지를 썼을 당시에는 예수님과 함께 다니며 말씀을 들었던 교사들이 거의 죽고 남아 있지 않았다. 소수의 교사들은 많은 교회를 돌보아야 했기 때문에 새로 세운 교회에는 교사가 없는 경우도 생겼다. 그 틈을 타 거짓 교사들이 교회에 들어와 잘못된 교리를 가르쳤는데, 예수님을 믿은 지 얼마 되지 않았던 성도들은 진리를 가르치는 교사와 거짓 교사를 구별하지 못했다. 그래서 요한은 성도들이 진리를 바로 알 수 있도록 돕기 위해 이 편지를 썼다.

성도들은 보통 여행을 다니며 설교하는 설교자들을 집으로 데려와 음식을 대접하고 숙소를 마련해 주었다. 거짓 교사들의 위험성을 알게 된 요한은 성도들에게 오직 예수님에 대한 진리를 가르치는 설교자들만 받아들이라고 권면했다.

핵심 구절 따라가기

☐ 하나님의 명령을 따르라 : 요한은 성도들이 하나님의 명령을 따르고 있다는 소식을 듣고 자신이 얼마나 기뻐하는지를 고백했다. 그는 하나님을 사랑하는 것은 곧 다른 사람을 사랑하는 것이라고 말했다.

☐ 거짓 교사들의 말을 듣지 말라 : 요한은 잘못된 교리를 가르치는 거짓 교사들을 조심하라고 경고하며, 거짓 교사들에게 음식과 숙소를 제공하거나 그들을 격려해서는 안 된다고 일렀다.

요한2서를 언제 썼는가?

25. 요한3서 진리에 헌신하라

저자 사도 요한

개요 요한의 절친한 벗 가이오에게 보낸 편지로, 에베소에서 썼다. 요한이 점점 나이가 들어가자, 가르쳐야 할 교회들을 일일이 방문할 수 없게 되었다. 그래서 그는 여러 교회들을 다니면서 진리를 가르치고 동역할 사람들을 뽑았다. 요한의 친구 가이오는 전도자들을 자기 집에 머물게 하며, 필요한 것들을 제공했다.

핵심 구절 따라가기

□ 요한은 가이오가 예수님을 잘 섬기며 주님의 말씀에 순종한다는 소식을 들어 매우 기쁘다고 말한다. 또한 자신이 보낸 교사들에게 친절을 베풀어 준 것에 대해 감사를 표하며, 계속해서 그들을 도와달라고 부탁한다.

□ 요한은 가이오에게 디오드레베같이 이기적인 사람을 본받지 말고, 오직 선을 행하는 사람만 본받으라고 말한다. 디오드레베는 교회에서 으뜸이 되고 싶어 했기 때문에 전도자들이 사역을 하지 못하게 방해했다. 반면 데메드리오는 모든 사람에게 칭찬을 받는 사람으로서 전도자들을 잘 섬겼다.

요한3서를 언제 썼는가?

26. 유다서 믿음의 선한 싸움

저자 유다. 그는 야고보와 예수님의 형제였다.

개요 예수님을 믿는 그리스도인들에게 보내는 편지로서 여러 교회들이 돌려 보았을 것이다. 유다서는 베드로후서가 기록되기 조금 전에 쓰인 것으로, 기록된 장소는 알 수 없다. 유다는 거짓 교사들을 경고하고자 이 편지를 썼다. 모든 성도들은 예수님에 대한 올바른 진리만을 믿어야 한다.

핵심 구절 따라가기

- □ 유다는 예수님에 대해 거짓을 말하는 거짓 교사들에게는 무서운 형벌이 주어질 것이라고 말했다.
- □ 유다는 성도들에게 예수님에 대한 올바른 진리만 믿으라고 말했다. 그리고 거짓 교사들 때문에 혼란을 느끼는 사람들을 서로 도와주고, 거짓말을 일삼는 사람들은 배척해야 한다고 말했다.

27. 요한계시록 새 하늘과 새 땅

저자 사도 요한

개요 일곱 교회, 즉 에베소, 서머나, 버가모, 두아디라, 사데, 빌라델비아, 라오디게아의 일곱 교회에 보내는 편지다. '요한계시록'은 예수님에 대해서, 그리고 마지막 심판의 때에 승리하실 예수님의 모습에 대해서 기록된 예언의 책이다.

로마인들은 사람들에게 로마 황제를 숭배하라고 강요했다. 이런 상황에서 그리스도인들은 황제를 숭배하지 않고 하나님만 경배했기 때문에 로마인들에게 핍박을 받았다. 요한도 밧모라고 불리는 작은 섬에 잡혀 있었다. 그리스도인들은 미래에 소망이 있다는 것을 알아야 했다. 하나님은 소망을 주기 위해 요한에게 미래의 모습을 많이 보여 주셨다.

성경은 세상의 시작을 보여 주는 창세기에서 시작한다. 요한계시록에서는 세상의 끝을 본다. 우리는 그리스도께서 사탄을 완전히, 그리고 영원히 이기시는 것을 본다.

창세기

- 하나님은 하늘과 땅을 창조하셨다.
- 사탄은 아담과 하와를 유혹했고, 그들은 죄를 지었다.
- 하나님과 교제가 끊어졌다.
- 하나님은 메시아를 약속하셨다.

요한계시록

- 사탄은 패배한다.
- 예수 그리스도께서 승리하신다.
- 하나님은 새 하늘과 새 땅을 만드신다.
- 하나님은 그분의 백성과 교제하신다.

요한계시록을 언제 썼는가?

창세기에서 사탄은 사람이 하나님과 교제하지 못하게 하려고 무척 애를 썼다. 그래서 사탄은 아담과 하와가 죄를 지어 하나님과 끊어지도록 그들을 유혹했다. 하나님은 그들을 지은 죄로부터 구원할 자를 보내실 것을 약속하셨다. 하나님은 구약성경에서 이 약속을 여러 번 반복해서 말씀하셨는데, 복음서에서 본 대로 예수님이 약속된 메시아로 오셔서 우리 죄를 위해 형벌을 받으시고 우리를 구원하셨다. 예수님은 우리가 그분을 메시아로 믿음으로써 하나님과 다시 교제하게 만들어 주신 것이다. 사도행전과 신약성경의 서신서에서 볼 수 있듯이, 복음은 세계 곳곳으로 전파되어 갔고, 오늘날도 여전히 전파되고 있다.

요한계시록에서 우리는 하나님이 말씀하신 모든 약속이 이루어지는 것을 보게 된다. 예수 그리스도는 승리하셨고, 사탄은 패배했다. 우리는 하나님이 만드신 새 하늘과 새 땅에서 그분과 함께 교제하며 영원히 살 것이다.

핵심 구절 따라가기

☐ 말씀을 받음 : 요한은 이 책에 기록된 말씀들을 예수님이 어떻게 주셨는지 설명한다. 예수님은 자신의 말을 요한에게 기록하라고 하셨다.

☐ 교회들에게 보내는 편지: 일곱 교회 각각에 특별한 말씀을 주신다. 끝까지 믿음을 지키는 자에게는 생명의 면류관이 약속되어 있음을 알려주신다.

☐ 왕의 재림: 하나님은 요한에게 미래 모습들을 많이 보여 주셨다. 이 장면들의 의미를 모두 이해하기는 어렵지만, 분명한 사실은 예수님이 재림하셔서 사탄의 세력을 이기시고 위대한 마지막 승리를 이루실 것이다.

- 1-3장: 예수님은 일곱 교회에 말씀을 주셨다.
- 4장: 요한은 하늘의 모습과 하나님의 왕좌를 보았다.
- 5-7장: 예수님은 모든 일을 이루셨기 때문에 심판책을 열어 보실 수 있는 유일한 분이시다. 심판책은 일곱 인(도장)으로 봉해져 있는데, 그것들이 열리면서 다가올 죽음과 재앙의 모습을 보여 준다. 그러나 하나님은 그분의 백성을 보호하신다.
- 8-15장: 일곱 인이 떼어졌을 때, 일곱 천사가 나팔을 불며 사탄이 세상을 정복하려고 한다는 사실을 알렸다. 또한 하나님은 환난 중에 일어날 일을 경고할 전달자를 보내실 것이다. 그들은 하나님의 대적들에게 죽임을 당하지만 다시 살아날 것이다.
- 16-18장: 요한은 일곱 천사가 사탄에게 하나님의 능력을 보여 주는 일곱 대접을 쏟는 모습을 보았다. 사탄과 그를 따르는 세력들이 직접 싸우러 온다. 아직 살아 있는 많은 사람들은 사탄에게 미혹되어 그를 경배한다. 세상의 모든 나라는 파괴되고 멸망당한다.
- 19-20장: 하늘의 모든 것이 재림하신 왕을 찬양한다. 요한은 하늘의 군대를 이끌고 백마 타고 오신 분을 보았다. 그분의 옷에는 '왕들의 왕', '주들의 주'라고 쓰여 있다. 그분은 사탄의 권세를 쫓아내고 이 세상에 다시 오실 예수 그리스도이시다. 예수님은 천년 동안 이 땅을 다스리실 것인데, 악한 세력들이 한 번 더 권세를 잡으려 애쓰자 예수님은 그들을 멸망시키신다.
- 21-22장: 우리가 알고 있는 이 땅, 즉 이 세상은 끝이 나고 새 하늘과 새 땅이 만들어진다. 예수님은 모든 사람을 심판하시고 그를 믿는 모든 사람들에게 상을 주신다. 예수님은 새 예루살렘 왕좌에 앉으시고 "보라 내가 만물을 새롭게 하노라"(계 21:5)고 말씀하신다. 21장과 22장은 새 하늘과 새 땅을 그리고 있다.

요한계시록에서 만나는 예수님

예수님은 요한계시록 전체에 등장한다. 이 책은 예수님이 다시 오실 때 일어날 일들을 예언한 책이기 때문이다. 여기서 예수님은 승리하시는 왕으로 나타나고 있으며 동시에 우리의 죄를 위해 형벌을 받으신 어린 양으로 묘사되고 있다.

하나님의 말씀으로 기록된 모든 것, 즉 성경 속의 모든 말씀은 반드시 이루어진다. 예수님은 자신을 "처음과 나중"(계 21:6)이라고 말씀한다. 창세기에서 모든 것이 시작될 때, 그분은 거기 계셨다. 요한계시록에서도 이 세상이 끝날 때 예수님은 거기 계시며, 그 이후에도 거기 계실 것이다.

예수님은 자신이 속히, 아주 빨리 올 것이라고 말씀하신다(계 22:20). 우리는 그 일이 얼마나 빨리 찾아올지, 언제 오실지 알 수 없다. 그러나 모든 그리스도인들은 예수님이 오실 때 참된 행복과 기쁨과 승리를 누리게 될 것이다.

Dictionary

핵심 성경 낱말 사전

가이사(Caesar, 시저) 원래 '율리우스 카이사르'를 말하지만 아우구스투스 황제 때부터 로마 황제의 칭호가 되었다.

가이사에게 호소함(appeal to Caesar) 당시 로마에는 고소를 당한 로마 시민이 재판이나 변호가 불공평하다고 느껴지면 황제(가이사)에게 그 진상을 들어 달라고 요청할 수 있었다. 바울은 로마 시민이었고, 황제에게 한 번 호소한 적이 있다.

간음(adultery) 배우자가 아닌 다른 사람과 성적인 관계를 맺는 것.

갈릴리(Galilee) 이스라엘 북부 지방. 예수님은 갈릴리에서 자라셨고, 말씀을 전파하셨으며, 대부분의 기적을 이곳에서 행하셨다. 또한 갈릴리는 이 지역에 있는 큰 호수 이름이기도 하다.

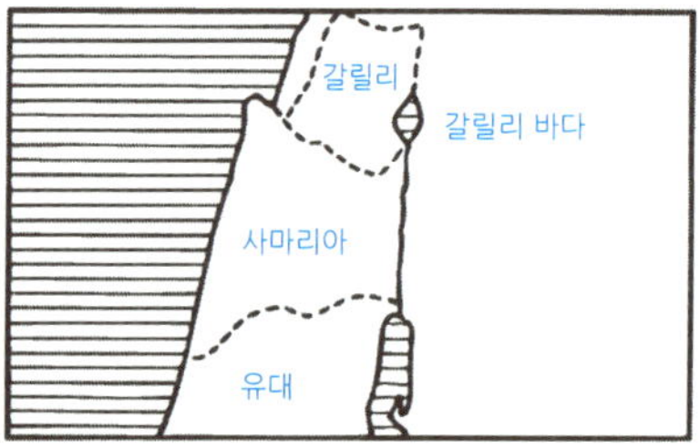

갑옷 시종(armor-bearer) 왕이나 장군의 방패와 필요한 무기를 들고 다니던 사람.

거룩하게 하다(sanctify) 하나님이 쓰시도록 구별하다. 그리스도인의 성화(거룩해짐)는 평생 계속되는 과정이다. 한 사람이 그리스도를 영접할 때 그는 거룩해지는데, 성령님은 그가 점점 예수님을 닮아 가도록 도우신다. 이것이 성화의 과정이다.

거룩한(holy) '선택된, 순수한, 구별된'을 의미한다. 하나님은 거룩하시며 완전하시다. 예수님 역시 거룩하신 분이다. 거룩은 하나님께만 있는 성품이다. 예수님이 죄의 형벌을 받으시고 부활하셨기 때문에 그분을 믿는 사람들 역시 거룩해질 수 있다.

겨(chaff) 곡식에서 나오는 쓸모없는 껍질. 성경 시대의 농부들은 바람이 부는 날 곡식을 떨어서 겨를 날려 버렸다. 가벼운 겨는 바람에 날아갔고 곡식은 바닥에 떨어져 남았다. 성경에 나오는 겨는 나쁘고 가치 없는 것을 의미한다.

경외(reverence) 오늘날 '경외'는 어떤 사물이나 사람에 대해 갖는 두려움을 의미한다. 그러나 성경에서 말하는 '경외'는 하나님의 크심과 사랑 때문에 우리가 마땅히 가져야 하는 존경과 떨림을 의미한다.

계명(commandment) 사람들이 지켜야 할 교훈이나 규율. 구약성경에서는 율법과 십계명을 말하고, 신약성경에서는 '사랑하라'는 예수님의 명령을 말할 때 주로 사용되었다. 그리스도인은 하나님을 사랑하고 순종해야 하므로 성경이 우리에게 주는 계명을 잘 지켜야 한다.

계시(revelation) 감추어졌거나 알려지지 않은 어떤 것을 알게 하는 것. 구약시대에 하나님은 놀라운 일이나 말씀을 통해, 혹은 아브라함, 모세, 다윗 같은 하나님의 사람들에게 자신을 계시하셨다. 신약성경에서 하나님은 예수 그리스도를 보내심으로써 자신을 알리셨다. 예수님은 이 땅에 사시면서 하나님의 사랑과 그분의 거룩하심과 능력을 계시하셨다. 예수님은 우리가 하나님이 어떤 분이신지 알도록 도와주신다. 하나님은 성경을 통해 그분 자신을 우리에게 계시하신다. 성경의 마지막 책인 요한계시록은 예수님이 어떻게 악을 이기실지 보여 주기 때문에 예수 그리스도의 계시라 부른다.

고자(eunuch, 환관) 1. 거세된 남자를 가리키며, 군주의 측근에서 중요한 영향력을 행사했다. 2. 생식기에 상처를 입어서 아이를 낳을 수 없는 남자.

골고다(Golgotha) 예수님이 십자가에 달리셨던 예루살렘 밖의 장소. 아람어로 '해골의 골짜기'라는 뜻.

공물(tribute) 성경에서 공물은 약한 나라가 강한 나라에 바쳤던 돈이나 봉사를 의미한다.

광야(wilderness) 사람이 거의 살지 않는 드넓은 벌판. 내리는 비의 양에 따라서 그 땅은 마른 사막이기도 했고, 잡초나 양과 짐승들이 먹을 풀들이 자라는 곳이기도 했다.

교제(fellowship) 같은 관심사를 가진 사람들이 모여 이야기를 나누고 기쁨을 누리는 것. 성경에서 교제는 그리스도인이 하나님 안에서 함께 성장할 수 있도록 돕는 모임과 만남을 의미한다. 이는 모두가 하나님과 예수님을 사랑하기 때문에 가능하다.

구속하다(redeem) 다시 사서 소유하다. 성경 시대에는 노예를 해방시키려면 그 노예의 가치에 해당하는 값을 주인에게 지불하고서야 가능했다. 이때 노예를 위해 주인에게 돈을 지불한 사람이 그 노예를 구속했다고 말한다.

구원(salvation) 구원은 악에서 건져내는 것을 의미한다. 어떤 때에는 위험이나 죽음에서 지키는 것을 뜻하기도 한다. 신약성경에서 구원은 보통 죄의 형벌이나 권세에서 구하는 것을 의미하는데, 예수님은 죽음과 부활을 통해 믿는 사람들을 구원하신다.

구원자(saviour) '구원하시는 분'이라는 의미의 단어. 구약성경에서는 대부분 하나님을 구원자라고 이야기한다. 때로 하나님은 백성을 돕기 위해 사람을 보내셨는데 그 사람도 구원자라고 불렸다. 신약성경에서 말하는 구원자는 예수님이다. 그분은 우리를 죄에서 구하시고 죽으신 후에 부활하셨다.

구유(manger) 소나 나귀 또는 다른 짐승들의 먹이를 담아 놓는 통. 예수님이 탄생하신 후 첫 침대가 구유였다.

귀신(demon) 사탄(마귀)을 위해 일하는 악한 영. 귀신들린 사람은 악령의 통제를 받는다. 예수님은 많은 악령에게 "그 사람 밖으로 나오라!"고 명하셨다.

규례(precepts) 법이나 명령. 성경에서 규례는 보통 하나님의 율법을 말한다.

그리스도(Christ) 그리스어로 '하나님이 택하신 사람'을 의미한다. 메시아는 같은 뜻의 히브리 단어다. 예수님은 그리스도시다.

그리스도인(Christian) 성경에서 '그리스도의 사람' 또는 '작은 그리스도'를 의미한다. 오늘날에는 예수 그리스도가 하나님의 아들이심을 믿으며, 그분의 말씀에 순종하고 따르는 사람을 칭한다.

기근(famine) 사람과 동물이 살아가기에 충분한 식량이 없는 시기. 가뭄이나 전쟁, 곡식을 먹어 버리는 곤충, 폭풍 등이 기근의 원인이 될 수 있다.

기름(oil) 성경에 나오는 기름은 거의 올리브 기름이다. 올리브 나무에서 기름을 짜서 음식을 만들고 등불의 연료로 사용했으며, 상처에 바르거나 머리와 피부를 부드럽게 하는 데에도 썼다. 이것은 또한 성막(성전)에서 종교적인 의식을 거행하는 데도 사용되었다.

기름 붓다(anoint) 사람이나 어떤 물건에 기름을 붓는 것. 하나님은 특별한 일을 맡기려고 누군가를 선택하실 때 그에게 기름을 부으셨다. 사무엘은 하나님이 다윗을 왕으로 택하셨음을 보여 주기 위해 다윗에게 기름을 부었다.

나드(nard) 감송나무 뿌리나 줄기로 만든, 좋은 냄새가 나는 기름. 이 나무는 인도에서 자라는데, 인도에서 이스라엘까지 가져와야 했기 때문에 매우 비쌌다. 마리아가 예수님의 발에 부은 기름이 나드다.

나병(leprosy, 한센병) 살이 매우 심하게 썩어 들어가는 치명적인 피부병. 유대 율법에서 나병환자는 정상인들과 떨어져 살아야 한다고 규정했다. 나병환자들은 병이 나을 때까지 섬이나 마을 밖에서 혼자 살거나 다른 나병환자들과 함께 모여 살았다.

나사렛 사람(Nazarene) 나사렛 마을에 살던 사람. 예수님은 거의 30년 동안 나사렛에서 사셨기 때문에 때때로 나사렛 사람이라고 불렸다. 후에 예수님을 따르는 그리스도인들을 나사렛 사람들이라고 부르기도 했다.

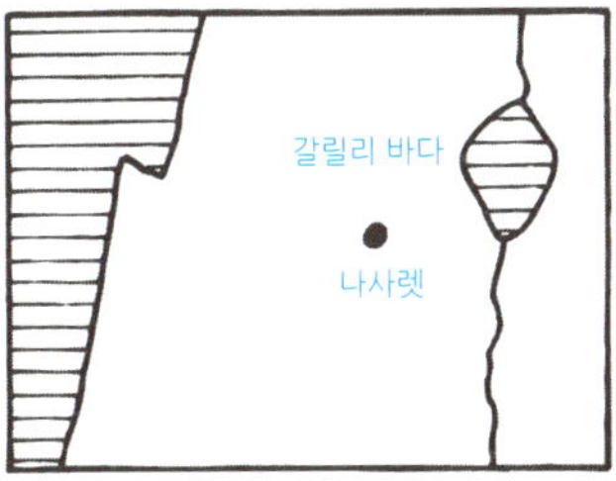

나실인(Nazirite) 일정 기간 동안 특별한 방법으로 하나님을 섬기기로 약속한 히브리인. 그 기간은 30일부터 일생이 될 수도 있었다. 나실인은 하나님께 드려졌다는 증표로, 포도로 만든 것은 먹거나 마시지 않았고 머리를 자르지도 않았다. 이 기간이 끝나면 나실인은 다른 사람들처럼 살았다. 사무엘과 삼손은 자신의 일생을 드린 나실인이었다. 어떤 학자들은 세례 요한도 그러했다고 말한다.

남은 자(remnant) 구약성경에서 남은 자란, 바벨론의 포로가 된 이후에 하나님을 신실하게 예배하는 자로 산 극히 소수의 이스라엘 백성을 말한다.

낫(sickle) 짧은 손잡이에 휘어진 날카로운 칼날이 달린 농기구. 키가 작은 곡식을 베는 데 사용했다.

노예(slave) 주인에게 속한 사람으로, 물건이나 재산처럼 팔거나 살 수 있는 종. 당시에는 전쟁에서 적에게 패하거나 빚을 갚지 못했을 경우에 노예가 되었다. 노예는 주인이 명하는 것은 무엇이든 해야

만 했다.

다윗 성(city of David) 다윗 성에는 세 가지 뜻이 있다. 1. 다윗이 태어난 베들레헴의 다른 이름 2. 예루살렘 성의 일부가 다윗 성으로 알려짐 3. 전 예루살렘 성이 때때로 다윗 성으로 불림.

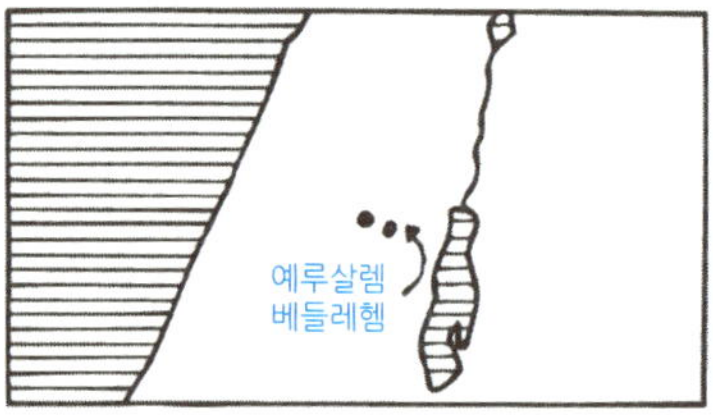

단(sheaf) 곡식 줄기를 베어서 묶어 놓은 것.

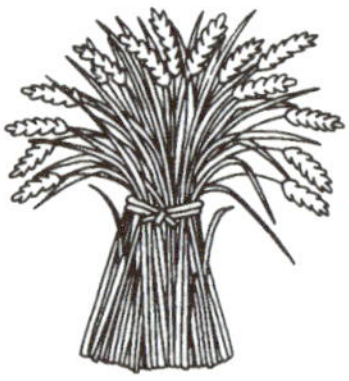

달란트(talent) 저울로 무게를 다는 최대의 단위. 구약시대에는 많은 양의 금과 은의 무게를 재는 데 사용했다. 한 달란트는 한 노동자가 거의 10년 동안 일해서 버는 큰돈이었다.

담즙(gall) 독을 지닌 아주 쓴맛의 식물. 이 식물의 즙을 고통을 더는 데 사용했다. 예수님은 십자가에서 돌아가실 때 담즙을 탄 포도주를 마시지 않고 거부하셨다.

대변자(advocate) 다른 사람을 지원해 주고 위로하며 도움을 주는 사람. 또 그를 위해 이야기해 주는 사람. 예수님과 성령님은 하나님의 사람들을 대변하신다.

대적(adversary) 반대되는 사람이나 적군.

대제사장(high priest) 성막(성전)에서 하나님을 섬기던 제사장들 중 가장 으뜸인 제사장. 구약성경에서 그는 특별한 옷을 입고 백성을 위해서 희생 제물을 하나님께 드리는 역할을 했다. 신약시대에는 강력한 정치적 지도자로서 산헤드린 공의회의 우두머리였고, 작은 군대를 거느리기도 했다. 아론이 첫 번째 대제사장이었으며, 그의 후손이 대제사장직을 계승했다. 그러나 신약시대에는 헤롯과 로마 정부에서 임의로 임명했다.

더럽히다(violare) 1. 율법을 깨뜨리다. 2. 잘못된 성적 관계를 맺다. 3. 어떤 것을 거룩하지 않게 만들다.

데나리온(denarius) 로마의 화폐. 1데나리온은 작은 은전으로 한 사람의 하루 품삯 정도였다.

도피성(city of refuge) 실수로 사람을 죽인 자가 공정한 재판을 받을 때까지 숨어서 머물도록 모세가 정해 놓은 여섯 개의 성읍. 도피성에 있을 동안에 그는 자기를 해치려 하는 죽은 자의 친구나 가족에게서 안전하게 보호되었다.

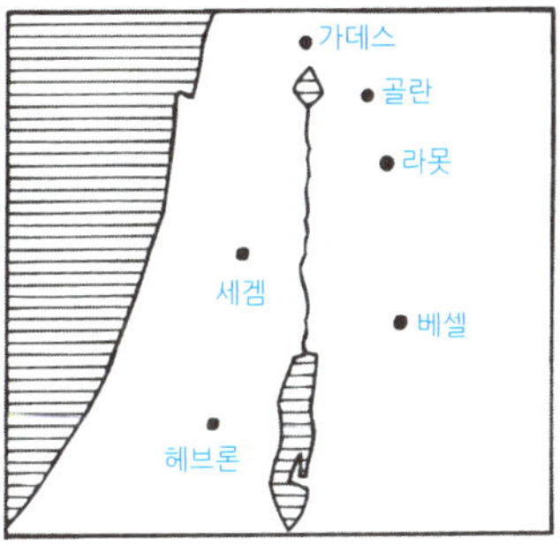

돌로 치다(stone) 유대 율법을 어긴 자에게는 큰 돌이나 바위를 던져 맞아 죽게 하는 형벌이 있었다. 스데반은 '예수님이 하나님의 아들'이라고 가르치며 선포하다가 돌에 맞아 죽었다.

동방박사(Magi) 아라비아와 페르시아에서 별을 연구하던 학자들. 사람들은 이들이 꿈을 해석하는 능력을 가졌다고 생각했다. 이들은 별을 따라 베들레헴으로 와서 아기로 태어나신 예수님께 귀한 선물을 드렸고, 새로 태어나신 왕께 경배했다.

동정녀(virgin) 남자와 성적인 관계를 맺어 본 적이 없는 여자.

두루마리(scroll) 글을 쓰기 위해 파피루스와 양피지로 길게 만들어 놓은 뭉치. 읽고 보관하고 옮기기 좋도록 양 끝에 막대기를 붙여 말아 두었다.

랍비(rabbi) 아람어로 '교사'를 의미한다.

레위인(Levites) 야곱과 레아의 아들 중 하나인 레위의 후손들. 레위인은 성막(성전)에서 봉사하는 일을 했는데, 일부는 제사장으로 섬겼다.

로마인(Roman) 1. 로마 시에서 사는 사람. 2. 로마 제국의 시민권을 가진 사람. 로마 시민은 특별한 권리와 보호를 받았다. 그들은 공정한 재판 없이는 벌을 받지 않았고, 십자가에 처형당하지 않았다.

만나(manna) 이스라엘 백성이 출애굽 후 40년 간 광야 생활을 할 때 하나님이 내리신 특별한 음식. 성경은 만나가 하얀 씨같이 생겼으며 달콤한 맛이 난다고 설명한다.

맹세(oath) 어떤 말을 한 것이 '진실'이라는 신중한 약속. 성경시대에 사람들은 종종 '하나님이 나의 증인이시다'고 말하며 맹세했다. 그 맹세가 거짓일 때 하나님께 벌을 받기도 했다. 맹세가 종종 다른 사람을 속이는 데 악용되는 경우가 많았기 때문에 예수님은 '함부로 맹세하지 말라'고 말씀하셨다.

머릿돌(capstone) 벽을 쌓을 때 양 벽을 하나로 지탱하도록 맨 마지막에 끼우는 중요한 돌. 성경에서 예수님을 머릿돌로 비유하는 이유는 그분이 교회의 머리로서 모든 그리스도인을 하나로 화합시키기 때문이다.

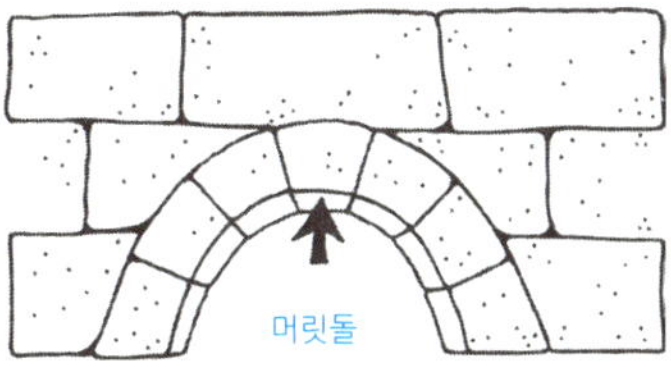

멍에(yoke) 1. 두 마리의 짐승, 보통은 두 마리 소의 목에 걸고 가는 나무로 만든 판. 멍에는 짐마차나 쟁기와 같은 것을 끌 때 짐승들을 함께 가게 하려고 사용했다.

2. 때때로 어떤 책임이나 요구를 나타내는 말로 사용되기도 한다. 노예 생활, 투옥, 세금이나 부당한 법들을 멍에라고도 한다.

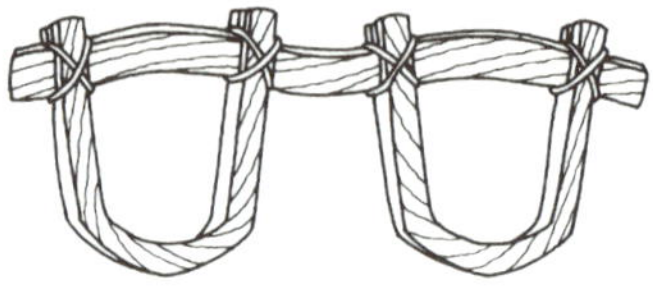

메시아(Messiah) 하나님이 보내기로 약속하신 구세주. 예수님이 메시아다. 히브리어로 메시아는 '기름 부음을 받은 사람'을 뜻하고, 그리스어로 '기름 부음을 받은 자'는 '크리스토스'다. '그리스도'는 예수님이 구세주임을 보여 주기 위해 신약성경에서 사용된 이름이다.

모사(counselor) 충고나 도움을 주는 사람. 때때로 성경은 '모사'를 예수님의 다른 이름으로 사용했다. 신약성경에서는 성령님도 그리스도인들의 모사로 불린다.

모압 사람(Moabite) 염해(사해) 바로 동쪽에 위치한 모압 나라 사람. 모압은 이스라엘과 자주 전쟁을 했고, 한때는 이스라엘의 지배를 받았다.

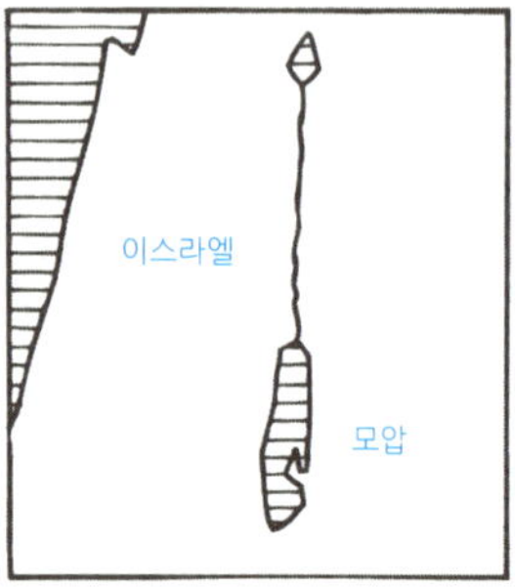

모태(womb) 아이가 태어나기까지 자라나는 어머니 몸속의 한 부분.

모퉁잇돌(cornerstone) 두 개의 벽이 직각으로 마주치는 곳에 놓여 그 벽을 지탱해 주는 역할을 하는 큰 돌. 모퉁잇돌은 건물을 짓기 시작했을 때 가장 먼저 놓는 중요한 돌이다. 예수님은 우리 신앙의 모퉁잇돌이시다. 그분은 우리가 하나님이 누구신지를 아는 데 가장 중요한 분이시기 때문이다.

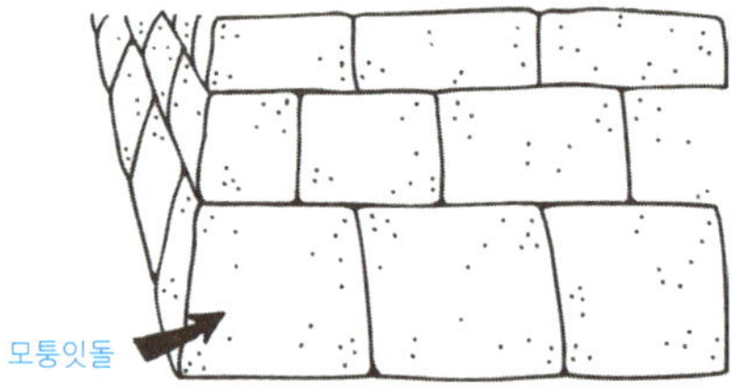

목이 곧은(stiff-necked) 고집이 세고 반항적이며 배우기를 싫어하는 모습을 비유한 것이다.

목자(shepherd) 양을 돌보는 사람. 목자는 양을 위해 풀과 물을 찾고 나쁜 날씨나 들짐승들로부터 양을 보호했다. 밤에는 우리에 있는 양들을 안전하게 지키며 병들거나 상처 난 양을 돌보았다.

몰약(myrrh) 몰약 나무의 수액. 좋은 냄새가 나는 기름을 만드는 재료였다. 또 향수와 마취제로 사용했으며, 장사를 지낼 때 방부제로도 사용했다. 동방박사들은 아기 예수님께 몰약을 선물로 드렸다.

무교병(unleavened bread) 누룩을 넣지 않고 만든 빵. 무교병은 팬케이크나 크래커처럼 납작한 모양이다.

무당(soothsayer, fortuneteller, 복술자, 점쟁이) 미래에 어떤 일이 일어날 것을 예언하거나 점지하는 사람. 성경은 무당이 하는 일은 바르지 못하다고 말했다.

무덤(tomb) 죽은 사람이 묻힌 장소. 성경 시대의 무덤은 보통 저절로 생긴 동굴이나 절벽을 파서 만든 동굴이었다.

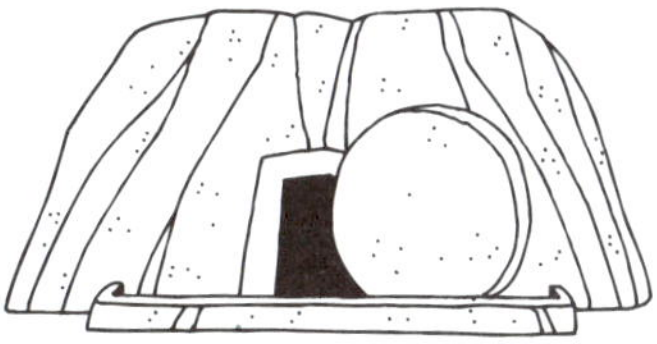

무화과(fig) 배처럼 생긴 갈색 열매. 무화과는 이스라엘 지방의 식물로, 날것으로도 먹고 구워서도 먹을 수 있으며 달콤한 맛이다.

믿다(believe) 어떤 것이 진실이라 생각하고 따르는 것. 성경은 우리가 예수 그리스도가 하나님의 아들이심과 우리 죄를 용서하신다는 약속을 지키신 분임을 믿어야 한다고 이야기한다.

믿음(faith) 성경에서 믿음은 두 가지 의미를 갖는다. 1. 우리가 볼 수 없는 어떤 것을 확신하거나 믿는 것. 2. 예수 그리스도에 대한 모든 말씀, 즉 그분이 하나님의 아들이며, 예수님이 우리 죄를 위해 형벌을 받으심으로 우리가 하나님의 자녀가 되었다는 것을 믿는 것을 의미한다.

믿음의 조상(patriarch, 족장) 족장은 보통 아브라함, 이삭, 야곱 같은 히브리 민족의 창시자들을 뜻한다. 다윗 또한 믿음의 조상이라고 불렸다.

바로(Pharaoh) 대통령, 왕, 수상 등이 오늘날 각 나라의 최고 지도자의 명칭인 것처럼, 바로는 고대 이집트 왕의 명칭이다.

바리새인(pharisee) 예수님 당시에 유대 율법을 모두 지키면서 살려고 노력했던 유대인. 많은 바리새인들이 하나님을 기쁘게 해드리고 거룩하게 살려고 노력했는데, 어떤 바리새인들은 사람을 돌보는 것보다는 아주 작은 규율까지 철저히 지키는 것에 힘을 쏟았다. 예수님은 종종 바리새인들이 겉으로는 아주 거룩하게 보이지만 안으로는 거짓과 미움으로 가득 찼다면서 그들을 꾸짖으셨다(마 23장). 다소 사람 사울(바울)도 바리새인이었다.

바알(Baal) 가나안과 시리아에서 섬겼던 남성 신으로 '주' 또는 '소유자'라는 뜻이다. 가나안 사람들은 바알 신이 그 땅과 곡식과 짐승을 다스린다고 가르쳤다. 이스라엘 백성들이 약속의 땅 가나안에 왔을 때 각 지역에는 바알 신들이 있었다. 바알 신의 이름은 지역에 따라 불리었는데 예를 들어 헤르몬이 바알에게 속해 있다는 것을 보여주기 위해서 '바알-헤르몬'이라는 식으로 불렀다. 그들은 바알이 해와 비를 가져오고 곡식을 자라게 한다고 믿었으며 이스라엘 백성들도 종종 우상에 미혹되어 바알을 섬겼다.

바알세붑(Beelzebub) 블레셋의 에글론 사람들이 섬기던 우상으로 '파리들의 주'라는 뜻이다. 이스라엘 사람들도 그 우상을 숭배했었다. 신약성경에서 바알세붑(바알세불)은 마귀의 왕인 사탄의 또 다른 이름이다.

박해하다(persecute) 아무 잘못이 없는 사람을 잔인하고 불공정하게 대우하는 것. 초대 그리스도인들은 예수님이 하나님의 아들이라고 전했다는 이유로 박해를 받았다.

백부장(centurion) 100명의 부하를 거느린 로마 군대의 장군.

번제(burnt offering) 이스라엘의 5대 제사 중 하나로 제물을 완전히 태워 드리는 제사다. 번제는 죄를 대속하고 깨끗하게 하기 위해 드리는 제사로 예배자의 죄가 동물에게 전이됨을 뜻했다. 번제물로 드릴 수 있는 동물은 흠 없는 수소, 수양, 숫염소였으며 가난한 자들은 산비둘기나 집비둘기를 제물로 드렸다.

베옷(sackcloth) 염소 털로 짠 거칠고 시커먼 옷. 죽은 사람의 친구들과 가족은 슬픔을 나타내기 위해 베로 만든 옷을 입었다. 또 죄를 회개할 때도 베옷을 입었다.

복음(gospel) 하나님이 인간의 구원을 위해 예수 그리스도를 보내주신 복된 소식이다. 누구든지 죄를 회개하고 예수 그리스도를 믿으면 구원을 주신다는 것이 우리에게 기쁜 소식, 즉 복음이다.

봉헌하다(dedicate) 특별한 목적을 위해 구별하는 것. 성경에서는 사람이나 물건을 하나님을 섬기기 위해 특별한 방법으로 드리는 것을 의미한다.

부대(wineskin) 짐승 가죽으로 만든 가방. 보통 포도주나 우유, 물 또는 포도즙을 저장했다.

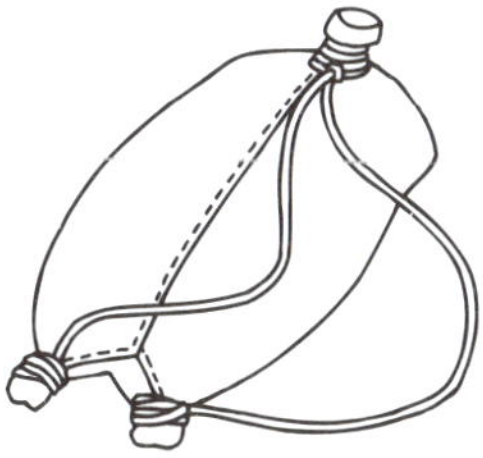

부림절(Purim) 유대인을 말살하려는 하만의 계략에서 벗어난 것을 기념하여 지키는 유대인의 절기. 유대력으로 아달 월 14일이 부림절이다.

부정한(unclean) 부정하다는 것은 결코 더럽다는 뜻이 아니다. 부정하다는 것은 하나님이 기뻐하지 않으시는 어떤 행동, 생각, 음식, 사람이나 장소 등을 총칭해서 일컫는 말이다. 하나님이 먹지 말라고 하신 음식을 먹었을 때, 또 죽은 사람의 몸이나 나병환자를 만질 때 부정해진다. 그러나 부정한 일을 행했을 때 정해진 의식을 통해서 다시 깨끗해질 수 있었다.

부활(resurrection) 죽었다가 다시 사는 것. 예수님은 죽으셨고 장사되었다가 사흘 후에 다시 살아나셨다. 이 사건을 부활이라고 한다. 이것은 죄와 죽음을 이기시는 예수님의 능력을 보여 준다. 예수님은 "나는 부활이요 생명이니 나를 믿는 자는 죽어도 살겠고 무릇 살아서 나를 믿는 자는 영원히 죽지 아니하리니"(요 11:25-26)라고 하셨다. 예수님을 믿는 사람은 부활하여 하나님과 함께 영원히 살 것이다.

분봉왕(tetrarch) 로마 제국의 지방을 여러 구역으로 나눴을 때 각 지역의 우두머리를 분봉왕이라고 불렀다. 분배받은 영토를 다스리도록 통치권을 위임받았다. 신약성경에 나오는 분봉왕은 헤롯 안티파스, 헤롯 빌립 2세 등이 있다.

불경(blaspheme) 하나님에 대해 나쁜 말을 하거나 하나님을 무시하는 행동을 하는 것. 성경은 불경이 죄라고 말한다. 당시 불경한 자는 돌에 맞아 죽었다.

비난하다(rebuke) 남의 허물을 드러내거나 나쁘게 말하는 것.

비유(parable) 어떤 특별한 교훈이나 진리를 가르치기 위해 빗대어 하는 이야기.

예수님은 중요한 교훈을 가르치기 위해 비유를 자주 사용하셨다.

비통(woe) 슬픔이나 큰 고통.

비파(lyre) 3개에서 12개의 현을 가진 작은 하프. 비파는 무릎에 올려 놓고 연주했다.

사도(apostle) 복음을 전하는 자로 택함을 받고 보냄을 받은 사람. 신약성경에서 사도는 보통 예수님이 특별한 제자로 뽑으신 열두 명을 말한다. 바울과 초대교회 몇몇 다른 지도자들도 사도로 불렸다.

사두개인(Sadducees) 신약시대 유대인 종교 지도자들. 그들은 모세오경만을 인정하고 다른 율법은 받아들이지 않았다. 또 내세와 부활, 영적 세계, 천사와 영을 믿지 않았다. 신약성경에 나오는 '대제사장'은 사두개인을 가리킨다.

사마리아인(Samaritan) 사마리아 지역에 살고 있거나 그곳 출신의 사람. 유대인과 사마리아는 사이가 좋지 않았다. BC 722년에 북이스라엘이 멸망하고 이방인과 유대인이 섞이면서 혼혈인(사마리아인)이 생겼는데, 유대인은 이들을 배척했다. 예수님은 사마리아를 여행하시고 그들에게 하나님에 대해 가르치시며, 하나님이 다른 사람들처럼 사마리아인들을 사랑하심을 보여 주셨다. 예수님은 선한 사마리아인의 이야기를 하시기도 했다.

대부분의 유대인들은 사마리아를 거치지 않고 빙빙 돌아서 여행했다.

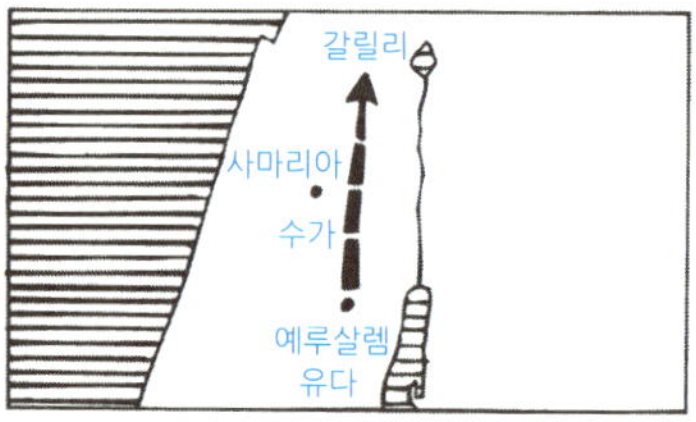

그러나 예수님은 사마리아를 통과하셨다.

사사(judge) 여호수아가 죽은 후에 하나님이 이스라엘 백성을 다스리도록 세우신 지도자. 사사들은 평상시에는 재판을 하며 백성을 정치적으로 다스렸고, 전쟁시에는 군사적인 지도자로 활동했다. 사사는 이스라엘 전체를 다스리기보다 지역적으로 다스렸으며 세습되지 않았다.

사탄(Satan) 하나님과 모든 사람들의 가장 강력한 원수이자 악의 근원. 사탄의 다른 이름은 마귀, 악한 자, 이 세상 임금, 거짓의 아비 등이다. 사탄은 귀신들로 이루어진 왕국의 지배자다. 그는 하나님을 미워하고 하나님의 일을 무너뜨리려고 노력한다.

산당(high place) 언덕이나 산꼭대기에 세워진 제단이나 예배 장소. 때때로 하나님께 드리는 제단은 높은 곳에 세워졌다. 하지만 대부분의 산당은 우상을 숭배하는 곳이었다.

산헤드린(Sanhedrin) 유대 최고의 정치, 종교적인 법정. 신약시대에 산헤드린은 유대 율법을 잘 아는 71명으로 이루어졌다. 산헤드린은 대제사장, 부유하거나 유명한 유대인 가문의 사람, 바리새인과 사두개인 등 종교 집단의 사람들을 포함했다.

상고(caravan, 대상) 강도와 들짐승으로부터 보호하기 위해 함께 여행하던 사람들과 소유물의 무리. 가족이 이동할 때 그들은 종종 대상으로 여행했다. 무역하는 사람들 역시 대상으로 여행했다.

상속자(heir) 어떤 사람이 죽은 뒤에 그 사람의 재산이나 위치를 물려받을 권리가 있는 사람. 성경시대의 상속자는 주로 혈육의 친아들이었다. 성경은 누구든지 하나님의 가족이면 그의 상속자라고 말한다. 하나님은 절대로 죽지 않으시지만 우리가 그분의 자녀이기 때문에 하나님은 우리에게 끊임없이 사랑과 보호와 친절을 베푸신다.

서기관(scribe) 1. 유대인의 율법을 체계적이고 전문적으로 이해하고 가르쳤던 지식인. 그들은 백성에게 하나님의 율법을 가르쳤다. 신약시대에는 서기관들이 율법 전문가였기 때문에 유대인 법정에서 재판관으로 일하기도 했다. 2. 필기자, 또는 다른 사람을 위해 편지나 글을 써 주고 돈을 버는 서기.

서원(vow) 하나님께 하는 약속.

석류(pomegranate) 사과 크기 정도 되는 빨간색의 과일. 석류 열매는 단단하고 빨간 껍질로 싸여 있는데, 즙이 많고 먹을 수 있는 작은 씨들로 가득 차 있다.

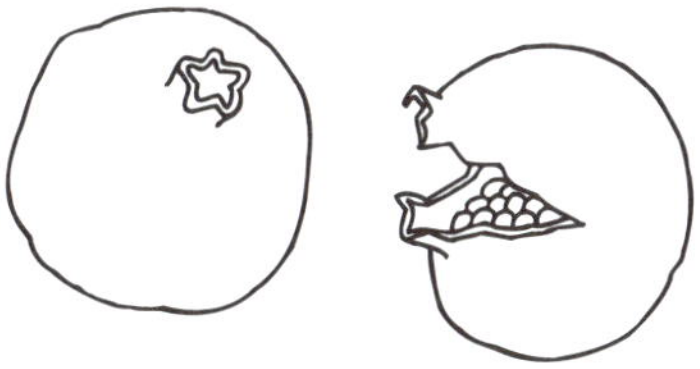

선지자(prophets) 예언자

성결케 하다(consecrate) 어떤 사람이나 사물을 하나님을 섬기기 위해 특별한 방법으로 구별하는 것.

성도(saints) '하나님의 백성'을 의미한다. 신약성경은 모든 그리스도인을 성도라고 말한다. 바울은 그의 서신서에서 편지 받을 사람들을 '성도들'이라고 불렀다.

성령(Holy Spirit) 헬라어로 '프뉴마'로서 인격체이지만 보이지 않는 능력이다. 그리고 세상 중에 계시는 하나님의 존재이다. 사도행전은 예수님이 승천하신 이후에 성령이 특별한 방법으로 제자들에게 오셨다고 이야기한다. 성령은 죄 사함을 받은 모든 사람 속에 거하신다. 예수님은 성령이 우리를 돕는 분이며 위로자라고 말씀한다. 성령은 우리에게 하나님의 진리를 가르치시고, 우리가 성경 말씀을 이해하도록 도우시며 올바로 기도하게 하시는 분이다. 그분은 우리에게 예수님이 원하시는 일을 할 능력과 힘을 주신다.

성막(Tabernacle) 이스라엘 백성이 하나님을 예배했던 이동식 천막. 그들은 이집트를 떠난 후에 광야를 돌아다니던 때와 약속의 땅에 들어간 뒤에도 수년 동안 성막을 사용했다. 모세와 백성은 하나님이 가르치신 대로 성막을 지었다. 성막은 성전이라는 영구적인 예배 장소로 바뀔 때까지 사용되었다. 성막은 출애굽기 26장에 자세히 설명되어 있다.

성소(sanctuary) 거룩한 장소, 하나님이 예배 받으시던 곳. 성경에서 성소는 보통 성막이나 성전을 말한다.

성막

솔로몬의 성전

신약시대의 성전

성전(Temple) 유대인들이 하나님을 경배했던 예루살렘에 있는 영구한 장소. 첫째 성전은 하나님이 다윗 왕에게 지시하신 대로 그 아들 솔로몬과 백성이 지었다. 성전은 아주 아름다웠지만 그곳은 파괴되었고(솔로몬 성전) 두 번 재건되었다(스룹바벨 성전, 헤롯 성전). 그 후로는 다시 지어지지 않았다.

세겔(shekel) 돈으로 사용되었던 가벼운 은이나 금 동전.

세대(generation) 같은 시대에 태어난 모든 사람. 할아버지, 아버지, 자녀들은 각기 다른 3세대다.

세례(baptize) 구약성경에서 세례는 물로 씻는 것을 의미했다. 그러나 신약성경에서 세례 요한은 죄를 진심으로 회개하고 하나님의 용서를 구하는 사람에게 물로 세례를 주었다. 오늘날은 예수님을 구주로 고백하는 사람들이 예수 그리스도의 새 생명으로 다시 태어나서 그리스도와

연합함을 상징하는 의식을 말한다.

세마(flax, 아마) 이스라엘에서 생산되는 유용한 식물. 이 식물의 씨는 기름을 만드는 데 사용되었고, 그 줄기로는 베를 짰다.

세상(world) 1. 지구. 2. 사탄을 따르는 사람들. 3. 하나님과 함께하는 영생 대신 세상 생활에 속한 어떤 것들.

세상적인(worldly) 하나님과 함께하는 영생 대신 이 땅에서의 생활에 속한 것. 성경은 하나님의 것을 사랑하기보다 세상 것을 더 사랑하는 것에 대해 경고한다.

속박(bondage) 누군가의 소유나 노예로 있는 것. 구약시대에 이스라엘 백성은 수년 동안 이집트에 속박되어 있었다. 신약성경에서의 속박은 죄의 노예를 의미한다. 예수님은 사람들을 죄에서 해방시키기 위해서 죽었다가 다시 살아나셨다. 그리스도인들은 더 이상 죄의 노예가 아니며 하나님과 그의 아들 예수 그리스도를 사랑하고 순종할 자유가 있다.

속전(ransom) 포로나 노예를 풀어 주기 위해 지불했던 값. 신약성경은 모든 사람이 죄와 죽음의 포로라고 이야기한다. 예수께서 십자가에서 죽으셨을 때, 그분은 우리를 죄와 죽음의 권세에서 구원하시기 위한 속전(값)을 치르셨다.

속죄(atonement) 잘못된 것을 해결하고 다시 친밀한 교제를 갖는 것. 성경이 말하는 속죄는 죄로 인해 하나님과 멀어졌다가 다시 친구가 되는 것을 의미한다. 구약시대에 이스라엘 백성은 그들의 죄를 씻기 위해서 희생 제물을 드렸다. 신약성경은 예수께서 십자가에서 죽으셨을 때 우리의 죄를 속하셨다고 가르친다. 예수께서 우리의 죄를 '해결'하셨기 때문에 우리는 하나님과 화평할 수 있다.

수금(lute) 배처럼 생긴 몸통과 목 부분이 있고, 줄을 뜯어서 연주하는 현악기.

수확하다(reap) 익은 곡식이나 열매를 모아들이다. 성경은 수확이라는 단어를 사람들이 그들의 행동에 대한 보상이나 형벌 받는 것을 말할 때 사용하기도 한다(갈 6:7).

순종(submission) 깊은 생각과 예의바름으로 다른 사람을 위해 일하거나 복종하기로 선택하는 것. 성경에서는 하나님의 말씀을 듣고 따르는 의미로 많이 쓰였다. 그리스도인들은 예수께서 세상에 오셨을 때 하나님께 순종했던 것처럼 서로 순종해야 한다.

숫양(rams) 성숙한 수컷 양. 숫양은 희생 제물과 음식으로 사용되었다. 털은 따뜻한 옷으로, 뿔은 나팔을 만드는 데 사용되었다.

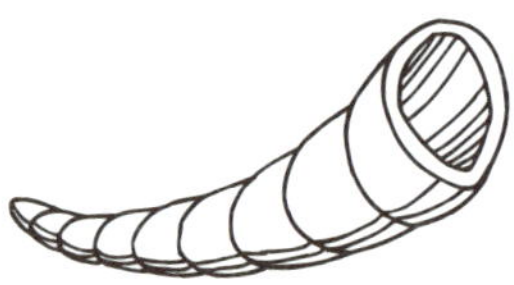

숭배(worship) 깊은 사랑과 존경의 마음으로 우러러 받드는 것. 하나님만을 숭배해야 하는 이유는, 그분만이 전능하시고 유일하신 분이기 때문이다.

승천(ascend) 하늘로 올라감. 예수님은 하나님 아버지께로 돌아가시기 위해 승천하셨다.

시기(envy) 다른 사람이 잘하는 것이나 그가 가지고 있는 것 때문에 생기는 강한 질투의 감정. 시기는 마음의 평화와 대조되는 것으로 시기하는 마음에는 쉼이 없다. 성경은 시기하는 것은 죄라고 말한다.

시온(Zion) 시온은 몇 가지 의미를 갖고 있다. 1. 예루살렘 도시가 세워졌던 언덕들 중의 하나를 시온 산이라고 불렀다.

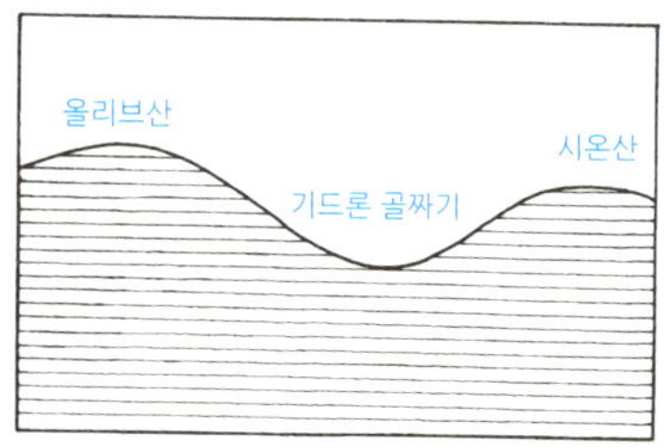

2. 예루살렘 전 도시를 때로 시온이라고 불렀다.

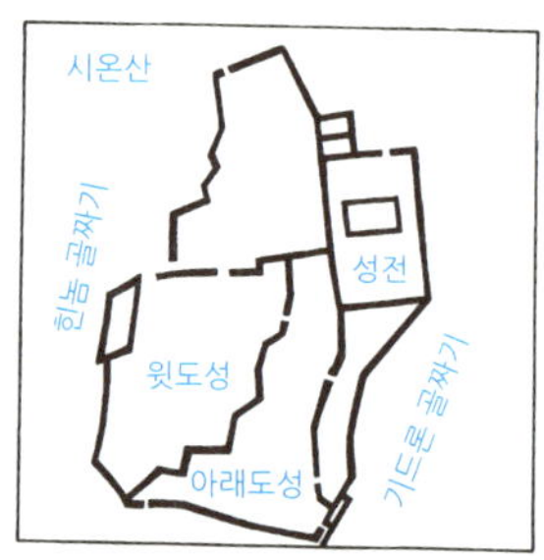

3. 시온은 이스라엘 민족의 다른 이름이다.

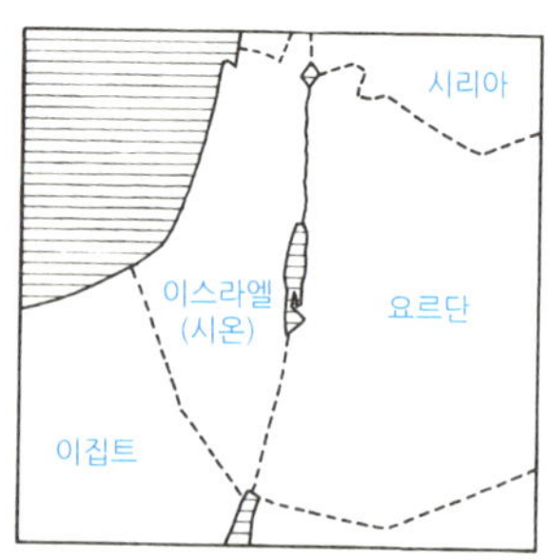

4. 시온은 천국의 다른 이름이다.

시편(psalm) 히브리 노래나 시. 보통 시편은 하나님을 찬양하거나 하나님 백성들의 깊은 감동을 이야기한다. 시편의 저자는 다윗을 비롯해 솔로몬, 고라 자손, 아삽 등 여러 명이다.

신실한(faithful) 항상 충성되고 신뢰할 가치가 있다는 뜻. 하나님은 신실하신 분이다. 우리는 언제나 하나님이 약속을 지키고 이루시는 분임을 신뢰할 수 있다. 우리는 하나님을 닮아 선하고 옳은 일을 하는데 신실해야 한다.

심판(judgment) 1. 구약성경에서 심판은 하나님의 율법이다. 2. 심판은 하나님께 불순종한 사람이나 민족에 대한 하나님의 형벌이다. 3. 신약성경에서 심판은 어떤 사람을 비판하거나 옳지 않다고 보는 것을 의미한다. 성경은 그리스도인에게 서로 비판하지 말라고 말한다. 4. 심판은 하나님이 죄를 판단하시고, 그분을 위해서 살아온 사람들에게 상을 주시는 세상의 마지막을 의미한다.

십일조(tithe) 소득의 십분의 일을 하나님께 드리는 것. 예를 들어 천 원을 벌었다면 십일조로 백 원을 하나님께 드리는 것이다. 돈을 벌거나, 자기의 모든 소유의 주인이 하나님이시며, 하나님이 모든 경제적이고 물질적인 것을 허락하셨음에 감사하다는 믿음의 표현이다.

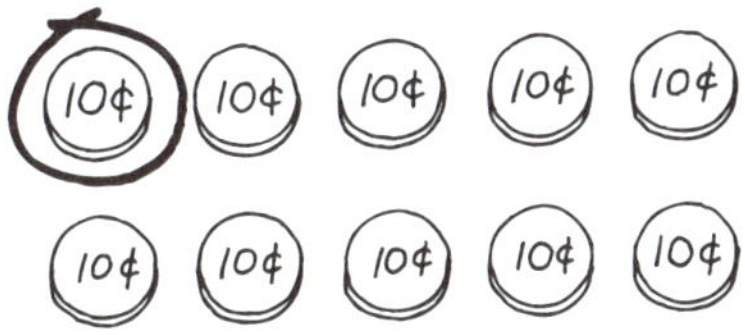

십자가에 못박다(crucify) 사람의 목숨이 끊어질 때까지 십자가에 못 박거나 묶어서 매달아 놓는 형벌. 십자가 처형은 로마인이 원수나 극악한 죄인들에게 내렸던, 죽기까지 오랜 시간이 걸리는 가장 고통스러운 형벌이었다.

쓴 나물(bitter herbs) 이스라엘 백성이 이집트에서 노예로 고통당했던 슬픔과 고통, 쓰라린 어려움을 기억하기 위해 유월절에 먹었던 쓴맛 나는 풀.

아데미(Artemis) 로마 이름으로 '다이아나'인 그리스 여신. 그녀의 신전은 에베소에 세워졌다.

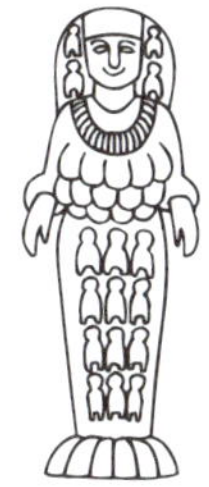

아람어(Aramaic) 아람인들이 사용하던 언어로 셈어에 속한다. 고대 근동에서 국제적인 언어로 사용했으며 신약시대에 예수님과 초대교회가 사용한 언어이기도 하다.

아멘(amen) '그렇게 되기를' 또는 '진실로 그렇습니다'는 뜻. 아멘은 사람들이 이야기한 것에 동의하거나 그 일이 일어날 것을 믿는다는 뜻으로 기도 마지막에 선포한다.

아바(Abba) '아빠'라는 뜻의 아람어.

악질(plague, 역병) 1. 한 지역 사람들에게 빠르게 퍼져 가는 아주 지독한 질병. 악질은 죽음의 원인이 될 때가 많았다. 2. 커다란 피해나 고통을 가져오는 것. 예를 들면, 때때로 곡식들은 황충의 재앙으로 못 쓰게 되었다. 3. 하나님이 이스라엘 백성을 건져내시기 위해 이집트에 보내신 열 가지 큰 재앙(출 4-12장).

안식일(sabbath) 매주 일요일(주일), 즉 휴일이며 모든 사람이 하나님을 예배하기 위해 구별한 날. 구약성경에서는 안식일이 그 주의 일곱째 날(토요일)이었다. 유대인들은 금요일 해질 때부터 토요일 해질 때까지를 안식일로 지킨다. 그러나 그리스도인들은 예수께서 일요일에 죽음에서 부활하셨기 때문에 일요일을 안식과 예배의 날로 지킨다(행 20:7).

야훼(Yahweh) 하나님의 또 다른 이름. '여호와'라고도 한다.

양심(conscience) 어떤 것의 옳고 그름을 느끼는 마음. 어떤 것이 좋고 어떤 것이 나쁜지 아는 것.

언약(covenant) 약속. 성경에서 말하는 언약은 보통 하나님과 사람 사이의 약속을 뜻한다. 하나님과 사람 사이의 언약에서 주로 하나님은 어떤 일을 결정하거나 하겠다고 결정하시고, 사람은 그 언약에 따라 살기로 동의한다.

여종(concubine) 종 노릇하는 여자. 자신을 겸손하게 낮춰서 부르는 말이기도 하다. 주인의 아내가 아이를 낳지 못할 때 대신 아이를 낳아 주는 역할도 했다.

여호와(Jehovah) 하나님의 히브리 이름. 더 정확한 이름은 '야훼'다. 이 이름은 매우 거룩하다.

연자 맷돌(millstone) 곡식을 가는 데 사용한 커다란 두 짝의 돌덩이.

열심당원(Zealot) 예수님 당시 이스라엘에서 로마 지배자들에게 무력으로 대항하고 싸우기를 원했던 유대인 집단. 예수님의 제자인 시몬(베드로 아닌)도 열심당원이었다.

영(spirit) 생각하고 느끼고 행동하는 것을 조절하는, 사람의 보이지 않는 한 부분. '하나님은 영이시다'라는 성경 말씀은 하나님이 육체를 가지고 있지 않다는 것을 보여 준다.

영광(glory) 보거나 느낄 수 있는 웅장한 아름다움, 광채, 명예 등을 총칭하는 단어. 이스라엘 백성은 성막을 가득 채운 구름

속에서 주님의 영광을 보았고, 천사들이 목자들에게 예수님이 태어나신 것을 알려 주었을 때도 그들은 주님의 영광을 보았다. 영광은 또 찬양하다, 자부심을 갖다, 행복하다, 자랑하다의 뜻도 있다.

영원(eternal) 언제까지나 계속됨, 끝이 없음. 하나님은 영원하시며, 하나님의 백성은 영원한 생명을 선물로 받는다.

예루살렘(Jerusalem) 성경 시대의 가장 중요한 도시. 이곳은 통일 이스라엘 그리고 남유다의 수도였다. 성전이 예루살렘에 세워졌기 때문에 많은 사람들이 하나님께 예배하기 위해서 이 도시로 왔다. BC 586년에 예루살렘은 바벨론에게 점령되어 거의 파괴되었다. 이후 유대인들이 바벨론에서 70년 동안 포로로 지낸 후, 예루살렘으로 돌아와 성전을 재건했다. 예수님은 예루살렘에서 가르치셨고, 성 밖 십자가에 달려 돌아가셨으며, 성 가까이에 장사되셨다가 다시 살아나셨다. 성령께서 예루살렘의 성도들에게 오신 이후에 예루살렘에서 첫 교회가 시작되었다.

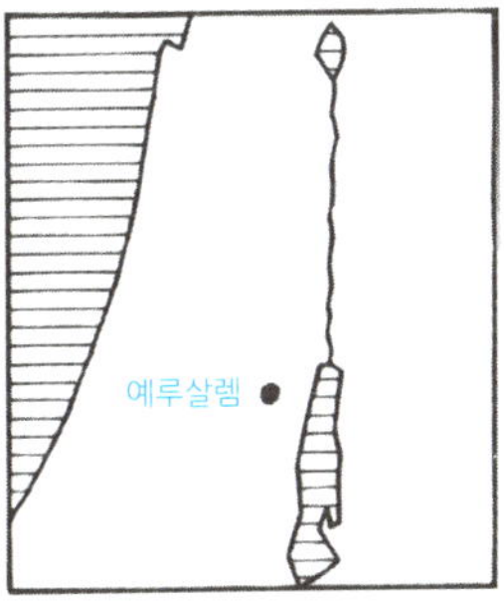

예비하다(ordain) '예비하다'는 성경에서 몇 가지 의미를 가진다. 1. 어떤 일이 일어나도록 준비한다. 시편 65:9에서는 하나님이 사람들에게 물을 공급해 주시려고 강물이 가득하게 예비해 놓으셨다고 말한다. 2. 어떤 사람이 특별한 일을 하도록 지명하거나 구별하는 것. 바울은 이방인의 사도가 되도록 하나님이 예비한 사람이다.

예언(prophecy) 예언자들이 하나님께 받아 백성에게 말하거나 기록한 소식. 어떤 예언은 하나님이 미래에 하실 일에 대해 이야기했다.

예언자(prophets) 구약과 신약에서 하나님의 말씀을 백성에게 전하기 위해 하나님이 택하신 사람.

예정된(predestined) 이전에 이미 결정되었거나 선택된 것. 성경에서는 하나님이 선택하신 사람이나 일들을 이야기할 때 이 단어를 사용한다.

옛적부터 계신 분(Ancient of Days) 처음부터 항상 계신 분. 하늘과 땅을 다스리시는 영원한 통치자 하나님(God)을 설명하는 이름.

오순절(pentecost, 성령 강림절) 유월절이 지나고 50일 후에 오는 유대인의 절기. 예수님이 부활 이후 첫 오순절에 성령을 보내시겠다고 제자들에게 약속하셨다. 이로 인해 오늘날에는 그날을 성령 강림절로 지킨다.

외식하는 자(hypocrite) 실제 자기 모습을 다른 것들로 포장하고 가장하는 사람. 구약성경에서 '외식하는 자'는 하나님이 없다고 하는 사람을 의미하고, 신약성경에서는 겉과 속이 다른 사람을 의미한다. 예수님은 바리새인들이 매우 경건하고 종교적인 사람처럼 보이려고 위선적인 많은 일을 했기 때문에 그들을 '외식하는 자'라고 말씀하셨다.

요술하는 자(sorcerer) 악령이 자신을 위해 일하게 할 수 있다고 주장했던 사람. 성경은 마술과 요술 등을 죄라고 이야기한다.

용서하다(forgive) 어떤 사람의 행동이 잘못이라고 화를 내거나 비난하는 일을 멈추는 것. 하나님은 예수께서 내 죄를 위해 죽으셨다는 것을 믿는 모든 사람들을 용서하신다. 또 한 번 용서하신 죄는 영원히 기억하지 않으신다. 하나님께서 우리를 용서하시는 것처럼, 그리스도인들은 서로를 용서해야 한다.

우상(idol) 사람들이 직접 만들어 마치 하나님의 능력을 가지고 있는 것처럼 숭배했던 신상이나 다른 상징물. 우상은 주로 나무나 돌, 철, 금 등으로 만들었다. 오늘날에는 우리 삶에서 하나님의 위치를 차지하고 있는 것을 우상이라고 생각하면 된다. 하나님은 우상숭배는 죄악이며 오직 하나님만을 예배하라고 말씀하신다.

유다(Judah) 1. 야곱과 레아의 아들 중 하나. 2. 유다의 후손인 유다 지파. 3. 솔로몬이 죽은 후 이스라엘이 둘로 나눠졌을 때 남쪽 왕국(북쪽 왕국은 이스라엘).

야곱의 아들

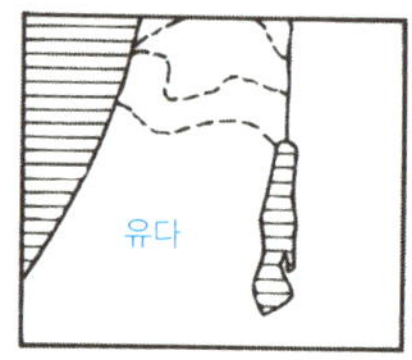

유다 지파

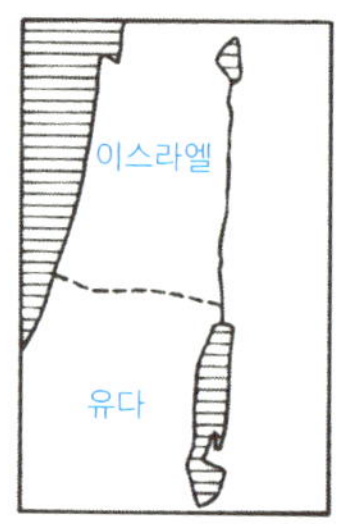

남왕국

유대인(Jews) 처음에 유대인은 유다 지파에 속한 사람을 의미했으나 신약시대에 이르러서는 아브라함의 후손이나 유대 종교를 따르는 사람들을 의미하게 되었다.

유대주의(Judaism) 유대 종교의 가르침. 유대주의는 참되신 하나님 한 분만을 예배하고 하나님이 선택하신 백성이라는 표시로 할례를 행하며, 안식일(당시 토요일)을 지키고 하나님의 율법에 순종하며, 전해오는 전통을 따르는 것에 기반을 두고 있다.

유업(inheritance) 다른 사람에게서 받는 돈, 재산이나 전통. 당시에는 다른 사람이 죽은 후에 유산을 받는 경우가 많았다. 하나님의 모든 소유는 예수 그리스도께 속한 것이며, 예수님이 십자가에서 죽으심으로 우리가 예수님과 함께 그 기업을 나누어 가질 수 있게 하셨다.

유월절(Passover) 유대인의 가장 중요한 명절 중 하나. 유대인은 매년 봄에 하나님이 그들을 이집트의 노예 생활에서 해방시키신 것을 기억하면서 유월절을 기념했다. 유월절이라는 단어는 죽음의 천사가 문설주에 어린 양의 피를 바른 이스라엘 백성의 집을 '뛰어넘어 지나간 것'에서 생겨난 말이다. 이집트 사람들은 어린 양의 피를 바르지 않았기 때문에 처음 난 것들이 모두 죽었다.

이 엄청난 재앙으로 완고했던 이집트 바로 왕이 마음을 바꿔 이스라엘 백성을 떠나보냈다. 유월절 축제 때 유대인은 누룩이 들어가지 않은 빵(무교병)과 쓴 나물과 양을 먹었다. 무교병은 빵이 부풀기까지 기다릴 시간이 없던 때, 즉 이스라엘 백성이 이집트에서 급하게 떠났던 것을 기억하게 한다.

쓴 나물은 그들이 이집트에서 고통당했던 것을 기억하게 한다.

양은 그들이 첫 번째 유월절에 죽였던 양들을 생각나게 한다.

예수님이 십자가에서 죽임을 당하시기 전, 유월절에 제자들과 함께 마지막 만찬을 하셨다.

유월절 양(Passover Lamb) 유월절에 어린 양이 죽임을 당했다. 성경은 예수 그리스도가 우리의 유월절 어린 양이라고 말한다. 그분은 우리를 죄에서 구하시려고 죽음의 희생을 당하셨다. 이는 첫 번째 유월절에 어린 양이 이스라엘을 죽음에서 구해내고 그들을 이집트에서 벗어나게 하기 위해 희생된 것과 같다.

유혹(temptation) 성경에서 유혹이라는 단어는 두 가지 의미가 있다. 1. 어떤 사람의 영적인 힘을 키우기 위해 그 사람을 시험하는 것. 2. 어떤 사람이 잘못된 일을 하게 만드는 것.

유향(frankincense) 테레빈 나무의 수액으로 만드는 아주 비싸고 구하기 힘든 나무의 진. 당시 유향은 향수를 만드는 데 쓰였는데, 이스라엘 사람들은 종교적인 의식에 유향을 사용했다. 동방박사들이 예수님께 드린 특별한 선물 중 하나가 유향이었다.

육적인(sensual) 1. 몸의 감각에 호소하는. 2. 육체적인 기쁨에 지나치게 관심을 갖는.

율법(law) 율법은 성경에서 몇 가지 의미를 지닌다. 1. 하나님께서 그의 백성들이 하나님을 알고 사랑하며 서로 행복하게 살도록 돕기 위해서 주신 모든 규율을 의미한다. 십계명도 하나님의 율법 중 일부다. 2. 성경의 처음 다섯 권을 율법이라고 부른다. 3. 때때로 구약성경 전체를 율법이라고 한다. 4. 하나님이 정한 것이든 사람이 정한 것이든 지켜야만 하는 모든 규율을 율법이라고 한다. 5. 구약성경에 나오는 하나님의 규율과 유대 종교지도자들이 만든 다른 규율들을 합해 율법이라고 부르기도 한다.

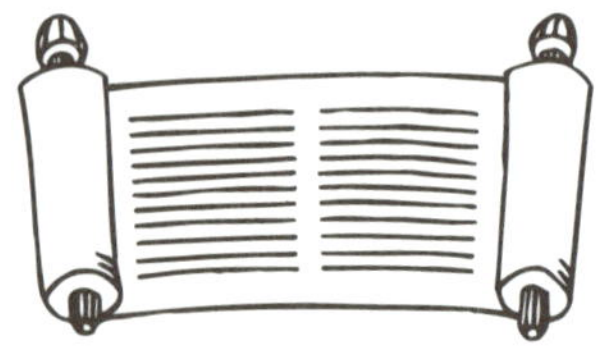

의(justice) 옳고 공정한 것. 성경 속 대부분의 예언자들은 하나님은 의로우시며, 그 백성이 의롭게 행하기를 원하신다고 강조했다. 지도자들과 백성이 다른 사람, 특히 가난한 사람들을 착취하는 불의를 행했기 때문에 예언자들은 그들에게 여러 번 경고했다.

의로운(righteous) 바르고 거룩한 것을 생각하고 행한다는 뜻. 이는 성경에서 세 가지로 사용된다. 1. 하나님이 어떤 분이신가? 의로우신 분이다. 즉 하나님만이 바르고 거룩한 것을 행하신다. 2. 예수님을 구세주로 믿고 받아들인 사람을 하나님이 죄로부터 해방된 자로 보시는 것. 하나님은 그 사람을 의로운 자라 하신다. 3. 하나님의 가족이 된 사람은 의롭게 살아감으로써 하나님께 자신의 사랑을 증명한다. 즉 의롭고 바르고 거룩한 일을 한다.

의롭다 함(justification) 하나님이 예수 그리스도를 믿는 죄인들을 마치 죄 짓지 않은 사람처럼 대해 주시는 것. 하나님은 또

그들에게 바르고 거룩하게 살 힘을 주신다. 의롭다는 것은 예수 그리스도가 죄를 위해 죽음의 형벌을 받으셨기 때문에 가능하다.

은혜(grace) 그것을 받을 만하지 않은 사람에게 사랑과 친절을 보여 주는 것. 즉 받을 자격이 없는 죄인에게 하나님이 보여 주시는 죄 용서와 사랑, 자비를 총칭하는 단어. 우리는 죄를 지었기 때문에 하나님의 은혜를 받을 자격이 없으나, 하나님은 아들 예수 그리스도를 우리의 구세주로 보내심으로써 모든 사람에게 은혜를 부어 주셨다. 하나님의 은혜는 우리가 그분의 가족이 되는 것을 허락하신다(엡 2:8). 하나님의 은혜는 또 우리가 하나님이 원하시는 대로 살아갈 수 있는 힘을 주시고 도와주신다(행 20:32). 사람이 착한 일을 한다고 해서 하나님의 은혜를 받을 수 있는 것이 아니다. 은혜는 하나님이 거저 주시는 선물이다.

음부(Hades) '죽음의 장소'를 의미하는 그리스 단어. 성경에서 음부와 같은 의미의 다른 단어는 '지옥'이다.

이교도(pagan) 참되신 하나님을 예배하지 않는 사람. 특히 우상을 숭배하는 사람.

이방인(Gentiles) 유대인이 아닌 다른 민족, 다른 국가 사람.

이삭을 줍다(glean) 추수할 때 떨어진 열매나 곡식을 줍는 것. 성경은 농부들에게 배고픈 사람들이 이삭을 주워 먹을 수 있도록 밭에 곡식을 남겨 두라고 말했다.

이스라엘(Israel) 성경에서 이스라엘은 몇 가지 의미를 갖는다.

1. 하나님이 야곱에게 주신 특별한 이름이다('하나님과 겨루어 이긴 자'라는 의미).

이스라엘(야곱)

2. 히브리 민족의 다른 이름이다. 즉 하나님이 선택하신 민족이라는 뜻이다.

이스라엘 민족

3. 사사들과 처음 세 임금(사울, 다윗, 솔로몬)이 다스렸던 나라의 이름이다. '통일 왕국' 지도를 보라.

4. 솔로몬 사후 여로보암이 이끌던 열 지파로 이루어진 북 왕국(남 왕국=유다). '분열 왕국' 지도를 보라.

5. 북왕국 이스라엘이 앗시리아에 점령된 이후, '이스라엘'은 남왕국을 의미하는 말

로도 가끔 사용되었다.

6. 하나님의 백성에게 사용하는 이름이다. 성경은 야곱의 후손이라는 의미로 '이스라엘 자손'이라는 말을 자주 사용한다.

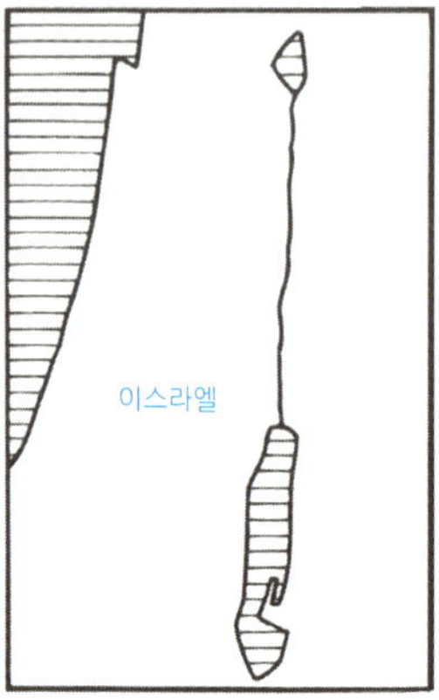

통일 왕국

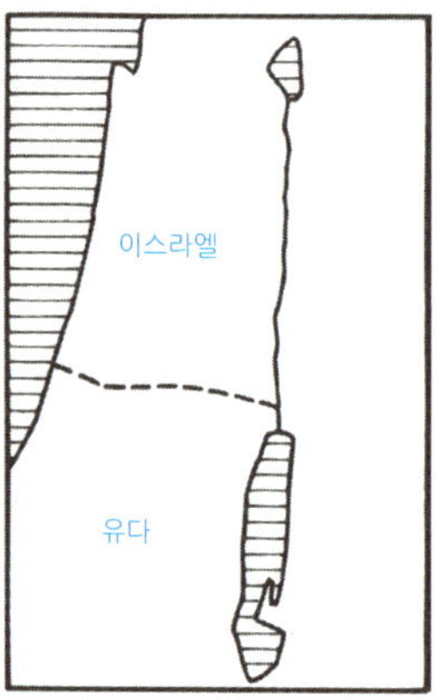

분열 왕국

이스라엘 백성(Israelites) 이스라엘 국민. 야곱(이스라엘)의 후손.

이적(wonder) 하나님의 능력으로 일어나는 사건이나 놀라운 일들.

인자(Son of Man) 예수님의 이름 중 하나. 예수님은 자신을 여러 번 '인자'라고 칭하셨다. 이 말을 사용하실 때 예수님은 인성을 강조하실 뿐만 아니라 앞으로 당하실 고난을 암시적으로 나타내 보이신 것이기도 하다. 또 다니엘 7:13에서 예언된, 하나님이 보내시기로 약속하신 분이라는 뜻이다.

인장(seal) 도장이라고도 하는, 한 면에 도안을 새겨 넣은 작은 도구나 반지. 인장의 주인은 자신만의 특별한 도안을 가지고 있었다. 그 주인이 어떤 것에 자신의 특별한 표시를 새기고자 할 때, 그는 뜨거운 밀랍이나 부드러운 진흙에 인장을 눌렀다. 초나 진흙이 굳으면 거기에 도안이 남는데, 인장은 여러 가지로 사용되었다. 이는 두 사람이 약속을 했다는 것을 보여 주기 위해, 편지를 봉하기 위해, 어떤 것의 소유주를 보여 주기 위해 사용되었다.

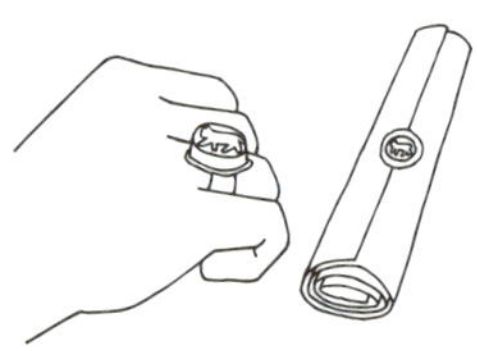

임마누엘(Immanuel) '하나님이 우리와 함께 계시다'라는 뜻을 지닌 예수님의 이름.

자백하다(confess, 고백하다) 자백한다는 것은 어떤 것이 사실이라고 말하거나 그것에 동의한다는 뜻이다. 때때로 고백은 하나님께 우리의 죄를 사실대로 말하고 고하는 것을 뜻한다. 또 고백은 다른 사람 앞에서 예수님은 하나님의 아들이며 그분이 우리 죄를 위하여 죽으시고 다시 사셨음을 믿는다고 이야기하는 것을 의미하기도 한다.

자비(mercy) 어떤 사람이 기대 이상으로 베풀어 주는 사랑과 친절.

자손(offspring) (사람의) 자식이나 (짐승의) 새끼를 말한다.

잠언(proverb) 짧고 지혜로운 말. 성경의 잠언은 많은 지혜로운 말씀들로 채워져 있다.

장로(elder) 성경에서 장로라는 단어는 여러 가지 의미가 있다. 1. 구약성경에서 가족이나 지파, 또는 마을의 연장자를 장로라고 불렀다. 2. 구약시대에 각 마을에는 나이 든 사람들로 구성된 장로회가 있었다. 3. 신약성경의 복음서에 나오는 장로는 산헤드린 공의회의 일원을 주로 언급한 것이다. 4. 초대교회에서 교회 지도자들을 종종 장로라고 불렀다.

장자(firstborn) 한 가정에 처음 태어난 아이. 처음 난 아들은 특별한 권리와 권력을 부여받았다. 그는 아버지가 돌아가신 후에 다른 형제들보다 돈과 재산을 두 배나 상속받았고 가족의 우두머리가 되었다.

장자권(birthrigth) 히브리인 가정에서 큰 아들이 누렸던 특별한 권리. 아버지가 돌아가셨을 때 맏아들은 아버지의 재산을 다른 자식들의 두 배로 상속받았고, 온 가족의 문제를 결정할 권리를 받았다. 에서는 그의 장자권을 팥죽 한 그릇에 야곱에게 팔았다.

재앙(affliction) 큰 문제나 고통.

저주(curse) 성경에서 저주는 욕을 하거나 나쁜 말을 하는 것을 뜻하지 않는다. 성경에서의 저주는 악하거나 좋지 않은 일이 일어나기를 바라는 것을 뜻한다. 하나님이 저주하신다는 것은 그에 대한 심판을 선언하셨음을 말한다.

적그리스도(antichrist) 메시아를 가장하는 예수 그리스도의 가장 큰 적. 성경은 우리에게 예수 그리스도의 재림 이전에 적그리스도가 세상을 지배하게 될 것이라고 말한다.

절기(feasts, 축제) 1. 성경에서 저녁식사나 축하연, 또는 잔치 등을 일컫는 말 2. 유대인들의 종교적 휴일이나 기념일.

정하게 하다(purge) 깨끗하고 순수하게 하다.

제단(altar) 하나님을 예배하기 위해 희생 제물을 드리는 곳. 제단은 흙이나 돌, 벽돌, 나무, 대리석, 철이나 다른 금속으로 만들 수 있었다.

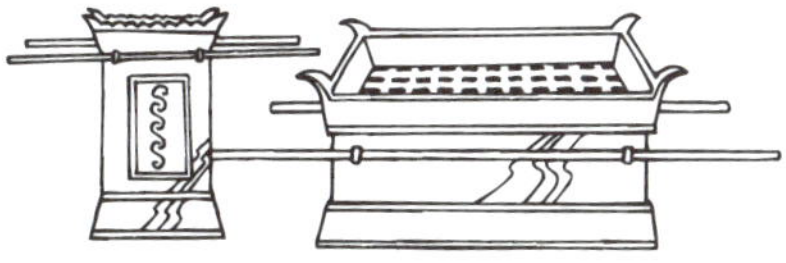

제물(offering) 어떤 사람이 하나님을 사랑하는 마음으로 드리는 돈이나 시간, 또는 다른 소유물. 구약시대에는 하나님께 제물로 드리려고 성막이나 성전에 음식과 가축들을 가져왔다. 제물은 제단에서 불태워졌으며, 가축은 항상 죽여서 제물로 드렸다. 죄는 제물의 피와 죽음으로 용서받는다는 상징이다. 그리스도인들은 더 이상 죄를 용서받기 위해 희생 제물을 드릴 필요가 없다. 왜냐하면 예수님의 죽음은 우리의 죄가 용서될 수 있도록 단번에 완전히 드려진 희생 제물이기 때문이다.

제사장(priest) 백성을 위해 기도와 희생 제물을 드리는 사람. 이들은 성막에서, 후에는 성전에서 공중 예배를 인도했다. 때로 제사장들은 백성에게 하나님의 율법을 가르쳤다. 이스라엘의 제사장은 모두 아론의 후손이었다. 신약성경은 이제 예수 그리스도가 우리의 대제사장이시고, 자기 자신을 우리 죄를 위해 흠 없는 희생 제물로 드리셨다고 말한다(히 8-9장). 또 모든 그리스도인들은 제사장이다(벧전 2:9).

제자(disciple) 교훈을 따르고 다른 사람의 모범이 되는 사람. 1. 신약성경에서 제자는 예수님이 하나님의 아들이라 믿고 그를 사랑하며 순종하는 사람을 뜻한다. 2. 예수님의 열두 제자를 말한다. 베드로, 야고보, 요한, 안드레, 빌립, 바돌로매, 마태, 도마, 알패오의 아들 야고보, 다대오, 가나안인 시몬, 가룟 유다 등이 그들이다. 3. 예수님을 사랑하고 그분의 교훈에 순종하는 모든 사람을 뜻한다.

조상(forefather) 할아버지 이상의 선조를 말한다. 성경에는 열조, 선조라고도 번역되었다.

조서(edict) 왕이나 통치자가 내린 명령이나 법을 기록한 것.

종(servant) 남의 집에서 대대로 천한 일을 하던 사람. 고대 이스라엘에서 종은 재산으로 상속되었다. 또 주인의 대를 잇기도 했다. 신약성경에서 예수님은 자신을 종이라고 말씀하셨다. 그분은 제자들에게 높아지려고 애쓰지 말고 서로 종이 되라고 가르치셨다. 종은 자신의 생명에 대한 결정권이나 신분의 자유 없이 주인의 뜻에 자신을 전적으로 맡기는 사람을 말한다.

죄(sin) 하나님께서 우리에게 원하시는 것에 반대되는 행동이나 생각, 범죄, 악, 도덕적 위반, 규범의 위반을 총칭하는 말이다. 성경은 모든 사람이 죄를 지었다고 말한다. 죄는 우리를 하나님으로부터 멀어지게 한다. 하나님은 예수님을 보내셔서 우리 대신 죄의 형벌을 받고 죽게 하셨다. 예수님이 우리 대신 죽으셨기 때문에 하나님과 우리 사이의 담은 허물어졌고, 이를 믿는 모든 사람들은 죄 사함을 받고 하나님께 나아갈 수 있게 되었다.

중보자(mediator) 적대적인 관계의 둘 사이에서 일을 주선하는 사람. 요나단은 다윗과 사울의 중보자였다. 모세는 하나님과 이스라엘의 중보자였다. 예수님은 죄의 형벌을 받으심으로써 우리와 하나님을 화평케 하는 중보자가 되셨다.

중상하다(slander) 어떤 사람의 명예를 상하게 하기 위해서 사실이 아닌 것을 말하는 것. 성경은 중상이 죄라고 말한다.

중풍병자(paralytic) 팔이나 다리 등을 움직일 힘과 능력을 잃어버린 환자.

증거(testimony) 성경이 말하는 증거는 한 가지 이상의 의미를 갖는다. 1. 구약성경에서 증거는 하나님의 율법을 의미한다. 2. 신약성경에서 증거는 보통 어떤 것이 진실이라고 증명하는 것을 의미한다.

증인(witness) 본 것을 그대로 말하는 사람. 예수님은 제자들에게 증인이 되라고 말씀하셨다. 우리는 예수께서 우리 삶에서 행하신 일을 말하며 전하는 증인이 되어야 한다.

질투(jealous) 다른 사람을 시기하여 미워하는 감정. 1. 어떤 사람이 자기가 가진 것을 보호하고 지키려고 주의를 기울이는 것을 의미한다. 즉 성경에서 '질투하시는 하나님'이라고 이야기할 때 그 의미다. 그분은 백성을 사랑하시고 그들이 죄를 떠나서 하나님을 사랑하고 예배하기를 원하신다. 2. 갖고 싶어 하는 것을 다른 사람이 갖고 있을 때 화가 나고 기분이 나빠지는 감정을 뜻한다. 성경은 이러한 종류의 질투가 죄라고 말한다. 3. 어떤 사람의 사랑과 관심을 잃어버릴까 봐 두려워하는 마음을 말한다.

집사(deacon) 교회에서 돕는 자, 또는 섬기는 자. 신약성경에서는 교회의 가난한 사람들을 돕기 위해서 남자와 여자 집사를 뽑았다. 오늘날 교회에서 집사는 다양한 많은 일들을 섬긴다.

창기(harlot, prostitute) 매춘부. 다른 남자들과 직업적으로 성적인 관계를 가짐으로써 돈을 버는 여자. 성경은 매춘이 죄라고 이야기한다. 그러나 다른 죄들과 마찬가지로 용서받을 수 있다. 때때로 성경은 음녀(창기)라는 단어를, 하나님에게서 멀어져 우상숭배로 돌아선 사람을 이야기하는 데 사용했다.

창조하다(create) 어떤 것이 새롭게 존재하거나 일어나도록 하는 것. 하나님은 존재하는 모든 것을 창조하셨다.

채찍질하다(flog) 채찍이나 회초리로 때리는 것.

책망하다(condemn) 1. 어떤 사람이 잘못한 죄를 밝히고 벌을 주는 것. 2. 어떤 일이 옳지 않고 명백한 잘못이기 때문에 반대하거나 비난하는 것.

천국(kingdom of heaven, 하나님 나라) 하나님이 통치하시는 나라, 그 나라의 백성, 하나님의 통치가 미치는 영역을 말한다. 그리스도인들(하나님을 사랑하고 섬기기를 원하는 모든 사람들)은 하나님의 통치를 받는데, 하나님 나라에 들어가기 위해서는 거듭나야 한다. 예수님이 다시 오실 때, 하나님의 나라를 모든 사람이 볼 수 있게 될 것이다.

천사(angels) 아담과 하와를 만드시기 전에 하나님이 창조하신 신성한 존재. 천사는 하나님의 말씀을 사람들에게 전해 주는 일을 하며, 하나님을 경배하는 존재들이다.

천사장(archangel) 천사들의 지도자. 천사들 중에 제일 높은 자.

첫 열매(firstfruits) 이스라엘 백성이 그들의 밭에서 거두어 하나님께 드리는 첫 채소나 열매, 과일. 백성은 모든 것을 주신 하나님께 감사하기 위해 첫 열매를 드렸다.

총독(proconsul) 로마 정부의 지도자. 로마 제국은 지방이나 주로 나누어져 있었다. 각 지역에서 가장 높은 로마 관리를 총독이라고 불렀다.

추방하다(exile) 자기 나라를 떠나 다른 곳에서 살게 하는 것. 유대인들은 70년 동안 바벨론에 포로로 있었다.

추수(harvest) 익은 열매, 채소, 곡식이나 다른 작물을 밭에서 거둬들이는 것.

축복하다(bless) '축복하다'는 단어는 성경에서 세 가지 의미로 쓰인다. 1. 다른 사람에게 하나님이 좋은 일을 해 주시도록 그를 위해 구하는 것. 2. 하나님께 감사하고 경배하며 찬양하는 것. 3. 선한 일을 하거나 친절을 보이는 것. 성경은 하나님이 많은 좋은 것들을 주시고 크신 은혜와 자비를 통해 모든 사람을 축복하신다고 말한다.

친족(kinsman) 친척.

키질하다(winnow) 쓸모없는 껍질에서 알곡을 골라내는 것. 강한 바람이 불 때 곡식을 흔들어서, 껍질은 바람에 날려가고 알곡은 바닥에 떨어지게 했다.

타락한(vile) 몹시 나쁜, 또는 악한.

타작마당(threshing floor) 곡식을 소가 밟거나 막대기로 쳐서 껍질과 알곡을 나누는 곳. 타작마당은 보통 크고 편편한 바위나 단단한 진흙으로 된 지역이었고, 바람이 겨를 날려 보내고 알곡은 남길 수 있는 곳에 만들어졌다.

탈취(plunder) (전쟁 중에) 부정 이익을 취하거나 도둑질하는 것.

탐심(covet) 다른 사람이 가진 것을 매우 갖고 싶어 하는 마음.

통곡하다(wail) 오랫동안 큰 소리로 울며 슬퍼하는 것.

포위(siege) 아무것도 들어가거나 나올 수 없도록 도시나 마을을 군대로 둘러싸다. 포위하는 목적은 그 도시나 마을 혹은 그곳에 사는 사람들이 항복하게 하는 데 있다.

피난처(refuge) 위험으로부터 안전한 장소. 안식처.(→도피성)

하나님의 궤(ark of God) 언약궤. 금으로 겉을 입힌 나무로 만든 큰 궤. 하나님은 모세에게 언약궤 만드는 방법을 말씀하셨다. 높이 약 1.2m, 가로 약 75cm, 세로 약 75cm로, 꼭대기에는 금으로 만든 두 천사장이 마주보고 있었다. 언약궤 안에는 십계명이 새겨진 두 돌판과 만나 항아리 그리고 싹이 난 아론의 지팡이가 있었다. 언약궤는 성전의 지성소에 놓아두었는데, 여기에서 하나님과 만났으며 하나님이 자신의 뜻을 계시하셨다. 또 언약궤는 이스라엘을 인도하시는 하나님의 임재를 상징했다.

하나님의 어린양(Lamb of God) 예수님이 우리의 죄를 없애기 위해 죽으셨음을 보여 주는 예수님의 이름. 유대인은 죄를 지었을 때 하나님께 드리는 희생 제물로 양을 바쳤다. 예수님이 자기 자신을 우리 죄를 용서하시기 위한 희생 제물로 드리셨을 때, 그분은 하나님의 어린양이 되셨다.

할렐루야(Halleluijh) '주님을 찬양하라'는 의미의 히브리어.

할례(circumcise) 남자의 성기에서 표피 중 불필요한 일부분을 잘라 내는 의식. 할례는 하나님의 명령으로 이스라엘이 행했는데, 이는 하나님과 이스라엘 사이의 언약의 표시였다. 그들이 하나님을 경배하고 순종한다면 하나님은 그들의 하나님이 되시고 그들은 하나님의 백성이 되었다. 아브라함은 히브리인들에게 첫 할례를 주었는데, 아브라함 이후에 히브리인 사내아이들은 태어난 지 8일 만에 할례를 받았다. 하지만 초대교회 지도자들은 하나님의 가족이 되기 위해서 남자들이 반드시 할례를 받아야 할 필요는 없다고 말했다.

향(incense) 나무나 식물에서 뽑아낸 진하고 끈적거리는 수액으로 혼합한 향료. 향긋한 냄새를 내기 위해서 향을 태웠다. 또 성막과 성전에서 하나님을 경배하기 위해 작은 금 제단에서 향을 태웠다.

향목(balsam trees) 여리고 평원에서 자라는 나무. 이 나무의 향기 나는 수액과 열매의 기름은 의약품으로 사용되었다.

향유(balm) 상처를 치료하고 고통을 없애기 위한 약으로 사용되었던 끈적끈적하고 달콤한 냄새가 나는 수액. 이 액체를 뽑아냈던 식물이나 나무는 오늘날에는 알려져 있지 않다.

헤롯(Herod) 로마 황제가 신약시대의 이스라엘 지방을 다스리도록 지명했던 왕. 헤롯 가문은 오랫동안 이스라엘을 다스렸다. 예수님은 헤롯 대왕이 다스리던 시기에 태어나셨다. 헤롯 대왕의 사후에는 그의 아들과 손자가 다스렸는데, 그들의 이름은 헤롯 아켈라오, 헤롯 안티파스, 헤롯 아그립바 1세, 그리고 헤롯 아그립바 2세다.

호산나(Hosanna) '지금 구원하소서'라는 의미를 지닌 히브리어. 히브리인들은 중요하고 귀한 누군가를 찬양하거나 칭송할 때 '호산나'를 외쳤다.

혼(soul) 성경에서 혼은 생각하고 느끼고 행동하는 것을 조절하는 사람의 보이지 않는 한 부분을 말한다. 때로는 살아 있는 한 사람 그 자체를 의미하기도 한다.

홀(scepter) 가장 권위 있고 권력 있는 사람이라는 것을 보여 주기 위해 왕이나 여왕이 들었던 짧은 막대기.

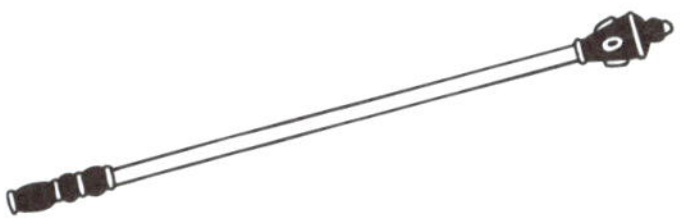

화해시키다(reconcile) 원수였던 사람들이 친구가 되도록 도와주는 것. 신약성경에서 이는 보통 하나님과 사람들이 예수 그리스도의 생애와 죽음과 부활을 통해 다시 가까워진 것을 말한다. 죄는 하나님과 사람을 분리시켰지만, 예수께서 죽으심으로써 죄의 형벌을 담당하셨다. 한 사람이 예수님을 믿고 알고 또 사랑하게 될 때, 그는 하나님과 원수가 아니라 하나님을 사랑하는 것을 배우게 되고, 그럴 때 그는 하나님과 화해하게 된다. 이는 우리를 위해 죽으신 예수 그리스도의 온전한 공로라고 할 수 있다.

환상(vision, 이상) 다른 방법으로는 사람이 알 수 없는 진리와 하나님의 메시지를 하나님께서 사람에게 직접 보여 주신 방법 중 하나다. 하나님은 환상을 통해 진리의 말씀을 그림과 장면, 영상 등으로 보여 주셨다. 때로는 사람이 잠들어 있을 때 꿈을 통해 환상을 보여 주기도 하셨다.

황충(locusts) 메뚜기와 같은 큰 곤충. 황충은 엄청난 무리로 이동하면서 보이는 모든 식물을 먹어 치웠다. 성경시대에는 황충을 음식으로 먹기도 했다.

회개하다(repent) 회개는 '돌이키다, 그리고 반대방향으로 가다'라는 의미다. 성경에서 회개는 잘못된 행동과 악한 일을 멈추고 하나님께서 옳다고 말씀하신 것을 행하기 시작하는 것을 말한다. 참된 회개는 늘 죄로부터 떠나 하나님께로 향하는 변화가 따라야 한다.

회당(synagogue) 유대인들이 구약성경을 공부하고 읽고, 하나님께 예배하기 위해 함께 모였던 곳이다.

회복하다(restore) 1. 도로 찾다, 다시 세우다. 2. 이전의 상태 혹은 원래의 상태로 되돌리다. 3. 잃었거나 도둑맞았거나 빼앗겼던 어떤 것을 되찾다.

회심자(convert) 믿음이나 생각을 다른 방향으로 바꾼 사람. 자신의 길 대신에 하나님의 길을 따르기로 결정한 사람을 회심자라고 할 수 있다.

흉패(breastplate) 1. 대제사장이 성소에 들어갈 때 입었던 네모난 베옷. 흉패는 12개의 보석으로 장식했다. 이 보석들은 이스라엘의 열두 지파를 대표하는 것으로서 각 보석에는 지파의 이름이 새겨져 있었다. 대제사장은 흉패를 달고 성소에 들어갔는데, 이는 하나님이 이스라엘 백성을 기억하시게 하기 위함이다. 2. 병사의 가슴과 배를 보호하는 철갑옷.

흠(blemish) 어떤 것을 불완전하게 만드는 얼룩이나 표.

희생 제물(sacrifice) 하나님께 드리는 선물이나 제물. 희생 제물은 죄 값을 치르기 위한 짐승의 죽음을 의미했다. 신약성경은 우리에게 예수께서 죄인들을 위해 단 번의 완전한 희생 제물로 죽으셨기에 더 이상 죄를 위한 희생 제물이 필요없다고 이야기한다.

히브리 사람(Hebrew) 하나님이 그분의 특별한 백성으로 선택하신 민족. 이스라엘.

사진 출처

Frances Blankenbaker : 56-57쪽, 181쪽 위, 183쪽 아래, 254쪽 아래, 257쪽
Sonia Halliday Photographs : 58-59쪽, 256쪽 위
Zev Radovan : 110-111쪽
Joyce Thimsen: 112, 181쪽 아래-183쪽 위, 184쪽, 254쪽 위, 255쪽 위, 256쪽 아래
Patt o'conner : 113쪽 위
Garo Nalbandian : 113쪽 아래
Werner Braun : 254쪽 아래